# 乡村振兴

## 法律法规及相关文件汇编

中国乡村发展协会　编

中国政法大学出版社

2023·北京

**图书在版编目（ＣＩＰ）数据**

乡村振兴法律法规及相关文件汇编/中国乡村发展协会编. —北京：中国政法大学出版社，2023.3

ISBN 978-7-5764-0764-8

Ⅰ.①乡… Ⅱ.①中… Ⅲ.①农村－社会主义建设－法律－案例－中国 Ⅳ.①D922.45

中国国家版本馆CIP数据核字(2023)第021350号

---

| 书　名 | 乡村振兴法律法规及相关文件汇编 |
| --- | --- |
| | XIANGCUN ZHENXING FALÜ FAGUI JI |
| | XIANGGUAN WENJIAN HUIBIAN |
| 出版者 | 中国政法大学出版社 |
| 地　址 | 北京市海淀区西土城路 25 号 |
| 邮　箱 | fadapress@163.com |
| 网　址 | http://www.cuplpress.com（网络实名：中国政法大学出版社） |
| 电　话 | 010-58908466(第七编辑部) 58908334(邮购部) |
| 承　印 | 固安华明印业有限公司 |
| 开　本 | 880mm×1230mm　1/32 |
| 印　张 | 13 |
| 字　数 | 325 千字 |
| 版　次 | 2023 年 3 月第 1 版 |
| 印　次 | 2023 年 3 月第 1 次印刷 |
| 定　价 | 68.00 元 |

# 编委会

# 目　录

## 第三部分　有关产业振兴的文件

## 第四部分　有关人才振兴的文件

## 第五部分　有关文化振兴的文件

## 第六部分　有关生态振兴的文件

# 第七部分 有关组织振兴的文件

# 第一部分

# 国家有关法律法规

# 中华人民共和国乡村振兴促进法

(2021 年 4 月 29 日第十三届全国人民代表大会
常务委员会第二十八次会议通过)

## 第一章　总　　则

**第一条**　为了全面实施乡村振兴战略，促进农业全面升级、农村全面进步、农民全面发展，加快农业农村现代化，全面建设社会主义现代化国家，制定本法。

**第二条**　全面实施乡村振兴战略，开展促进乡村产业振兴、人才振兴、文化振兴、生态振兴、组织振兴，推进城乡融合发展等活动，适用本法。

本法所称乡村，是指城市建成区以外具有自然、社会、经济特征和生产、生活、生态、文化等多重功能的地域综合体，包括乡镇和村庄等。

**第三条**　促进乡村振兴应当按照产业兴旺、生态宜居、乡风文明、治理有效、生活富裕的总要求，统筹推进农村经济建设、政治建设、文化建设、社会建设、生态文明建设和党的建设，充分发挥乡村在保障农产品供给和粮食安全、保护生态环境、传承发展中华民族优秀传统文化等方面的特有功能。

**第四条**　全面实施乡村振兴战略，应当坚持中国共产党的领导，贯彻创新、协调、绿色、开放、共享的新发展理念，走中国特色社会主义乡村振兴道路，促进共同富裕，遵循以下原则：

（一）坚持农业农村优先发展，在干部配备上优先考虑，在要素配置上优先满足，在资金投入上优先保障，在公共服务上优先安排；

（二）坚持农民主体地位，充分尊重农民意愿，保障农民民主权利和其他合法权益，调动农民的积极性、主动性、创造性，维护农民根本利益；

（三）坚持人与自然和谐共生，统筹山水林田湖草沙系统治理，推动绿色发展，推进生态文明建设；

（四）坚持改革创新，充分发挥市场在资源配置中的决定性作用，更好发挥政府作用，推进农业供给侧结构性改革和高质量发展，不断解放和发展乡村社会生产力，激发农村发展活力；

（五）坚持因地制宜、规划先行、循序渐进，顺应村庄发展规律，根据乡村的历史文化、发展现状、区位条件、资源禀赋、产业基础分类推进。

**第五条** 国家巩固和完善以家庭承包经营为基础、统分结合的双层经营体制，发展壮大农村集体所有制经济。

**第六条** 国家建立健全城乡融合发展的体制机制和政策体系，推动城乡要素有序流动、平等交换和公共资源均衡配置，坚持以工补农、以城带乡，推动形成工农互促、城乡互补、协调发展、共同繁荣的新型工农城乡关系。

**第七条** 国家坚持以社会主义核心价值观为引领，大力弘扬民族精神和时代精神，加强乡村优秀传统文化保护和公共文化服务体系建设，繁荣发展乡村文化。

每年农历秋分日为中国农民丰收节。

**第八条** 国家实施以我为主、立足国内、确保产能、适度进口、科技支撑的粮食安全战略，坚持藏粮于地、藏粮于技，采取措施不断提高粮食综合生产能力，建设国家粮食安全产业带，完善粮食加工、流通、储备体系，确保谷物基本自给、口粮绝对安全，保障国家粮食安全。

国家完善粮食加工、储存、运输标准，提高粮食加工出品率和利用率，推动节粮减损。

**第九条** 国家建立健全中央统筹、省负总责、市县乡抓落实的乡村振兴工作机制。

各级人民政府应当将乡村振兴促进工作纳入国民经济和社会发展规划，并建立乡村振兴考核评价制度、工作年度报告制度和监督检查制度。

**第十条**　国务院农业农村主管部门负责全国乡村振兴促进工作的统筹协调、宏观指导和监督检查；国务院其他有关部门在各自职责范围内负责有关的乡村振兴促进工作。

县级以上地方人民政府农业农村主管部门负责本行政区域内乡村振兴促进工作的统筹协调、指导和监督检查；县级以上地方人民政府其他有关部门在各自职责范围内负责有关的乡村振兴促进工作。

**第十一条**　各级人民政府及其有关部门应当采取多种形式，广泛宣传乡村振兴促进相关法律法规和政策，鼓励、支持人民团体、社会组织、企事业单位等社会各方面参与乡村振兴促进相关活动。

对在乡村振兴促进工作中作出显著成绩的单位和个人，按照国家有关规定给予表彰和奖励。

## 第二章　产业发展

**第十二条**　国家完善农村集体产权制度，增强农村集体所有制经济发展活力，促进集体资产保值增值，确保农民受益。

各级人民政府应当坚持以农民为主体，以乡村优势特色资源为依托，支持、促进农村一二三产业融合发展，推动建立现代农业产业体系、生产体系和经营体系，推进数字乡村建设，培育新产业、新业态、新模式和新型农业经营主体，促进小农户和现代农业发展有机衔接。

**第十三条**　国家采取措施优化农业生产力布局，推进农业结构调整，发展优势特色产业，保障粮食和重要农产品有效供给和质量安全，推动品种培优、品质提升、品牌打造和标准化生产，推动农业对外开放，提高农业质量、效益和竞争力。

国家实行重要农产品保障战略，分品种明确保障目标，构建科学合理、安全高效的重要农产品供给保障体系。

**第十四条** 国家建立农用地分类管理制度，严格保护耕地，严格控制农用地转为建设用地，严格控制耕地转为林地、园地等其他类型农用地。省、自治区、直辖市人民政府应当采取措施确保耕地总量不减少、质量有提高。

国家实行永久基本农田保护制度，建设粮食生产功能区、重要农产品生产保护区，建设并保护高标准农田。

地方各级人民政府应当推进农村土地整理和农用地科学安全利用，加强农田水利等基础设施建设，改善农业生产条件。

**第十五条** 国家加强农业种质资源保护利用和种质资源库建设，支持育种基础性、前沿性和应用技术研究，实施农作物和畜禽等良种培育、育种关键技术攻关，鼓励种业科技成果转化和优良品种推广，建立并实施种业国家安全审查机制，促进种业高质量发展。

**第十六条** 国家采取措施加强农业科技创新，培育创新主体，构建以企业为主体、产学研协同的创新机制，强化高等学校、科研机构、农业企业创新能力，建立创新平台，加强新品种、新技术、新装备、新产品研发，加强农业知识产权保护，推进生物种业、智慧农业、设施农业、农产品加工、绿色农业投入品等领域创新，建设现代农业产业技术体系，推动农业农村创新驱动发展。

国家健全农业科研项目评审、人才评价、成果产权保护制度，保障对农业科技基础性、公益性研究的投入，激发农业科技人员创新积极性。

**第十七条** 国家加强农业技术推广体系建设，促进建立有利于农业科技成果转化推广的激励机制和利益分享机制，鼓励企业、高等学校、职业学校、科研机构、科学技术社会团体、农民专业合作社、农业专业化社会化服务组织、农业科技人员等创新推广方式，开展农业技术推广服务。

**第十八条**　国家鼓励农业机械生产研发和推广应用，推进主要农作物生产全程机械化，提高设施农业、林草业、畜牧业、渔业和农产品初加工的装备水平，推动农机农艺融合、机械化信息化融合，促进机械化生产与农田建设相适应、服务模式与农业适度规模经营相适应。

国家鼓励农业信息化建设，加强农业信息监测预警和综合服务，推进农业生产经营信息化。

**第十九条**　各级人民政府应当发挥农村资源和生态优势，支持特色农业、休闲农业、现代农产品加工业、乡村手工业、绿色建材、红色旅游、乡村旅游、康养和乡村物流、电子商务等乡村产业的发展；引导新型经营主体通过特色化、专业化经营，合理配置生产要素，促进乡村产业深度融合；支持特色农产品优势区、现代农业产业园、农业科技园、农村创业园、休闲农业和乡村旅游重点村镇等的建设；统筹农产品生产地、集散地、销售地市场建设，加强农产品流通骨干网络和冷链物流体系建设；鼓励企业获得国际通行的农产品认证，增强乡村产业竞争力。

发展乡村产业应当符合国土空间规划和产业政策、环境保护的要求。

**第二十条**　各级人民政府应当完善扶持政策，加强指导服务，支持农民、返乡入乡人员在乡村创业创新，促进乡村产业发展和农民就业。

**第二十一条**　各级人民政府应当建立健全有利于农民收入稳定增长的机制，鼓励支持农民拓宽增收渠道，促进农民增加收入。

国家采取措施支持农村集体经济组织发展，为本集体成员提供生产生活服务，保障成员从集体经营收入中获得收益分配的权利。

国家支持农民专业合作社、家庭农场和涉农企业、电子商务企业、农业专业化社会化服务组织等以多种方式与农民建立紧密型利益联结机制，让农民共享全产业链增值收益。

第二十二条　各级人民政府应当加强国有农（林、牧、渔）场规划建设，推进国有农（林、牧、渔）场现代农业发展，鼓励国有农（林、牧、渔）场在农业农村现代化建设中发挥示范引领作用。

第二十三条　各级人民政府应当深化供销合作社综合改革，鼓励供销合作社加强与农民利益联结，完善市场运作机制，强化为农服务功能，发挥其为农服务综合性合作经济组织的作用。

# 第三章　人才支撑

第二十四条　国家健全乡村人才工作体制机制，采取措施鼓励和支持社会各方面提供教育培训、技术支持、创业指导等服务，培养本土人才，引导城市人才下乡，推动专业人才服务乡村，促进农业农村人才队伍建设。

第二十五条　各级人民政府应当加强农村教育工作统筹，持续改善农村学校办学条件，支持开展网络远程教育，提高农村基础教育质量，加大乡村教师培养力度，采取公费师范教育等方式吸引高等学校毕业生到乡村任教，对长期在乡村任教的教师在职称评定等方面给予优待，保障和改善乡村教师待遇，提高乡村教师学历水平、整体素质和乡村教育现代化水平。

各级人民政府应当采取措施加强乡村医疗卫生队伍建设，支持县乡村医疗卫生人员参加培训、进修，建立县乡村上下贯通的职业发展机制，对在乡村工作的医疗卫生人员实行优惠待遇，鼓励医学院校毕业生到乡村工作，支持医师到乡村医疗卫生机构执业、开办乡村诊所、普及医疗卫生知识，提高乡村医疗卫生服务能力。

各级人民政府应当采取措施培育农业科技人才、经营管理人才、法律服务人才、社会工作人才，加强乡村文化人才队伍建设，培育乡村文化骨干力量。

**第二十六条**　各级人民政府应当采取措施，加强职业教育和继续教育，组织开展农业技能培训、返乡创业就业培训和职业技能培训，培养有文化、懂技术、善经营、会管理的高素质农民和农村实用人才、创新创业带头人。

**第二十七条**　县级以上人民政府及其教育行政部门应当指导、支持高等学校、职业学校设置涉农相关专业，加大农村专业人才培养力度，鼓励高等学校、职业学校毕业生到农村就业创业。

**第二十八条**　国家鼓励城市人才向乡村流动，建立健全城乡、区域、校地之间人才培养合作与交流机制。

县级以上人民政府应当建立鼓励各类人才参与乡村建设的激励机制，搭建社会工作和乡村建设志愿服务平台，支持和引导各类人才通过多种方式服务乡村振兴。

乡镇人民政府和村民委员会、农村集体经济组织应当为返乡入乡人员和各类人才提供必要的生产生活服务。农村集体经济组织可以根据实际情况提供相关的福利待遇。

## 第四章　文化繁荣

**第二十九条**　各级人民政府应当组织开展新时代文明实践活动，加强农村精神文明建设，不断提高乡村社会文明程度。

**第三十条**　各级人民政府应当采取措施丰富农民文化体育生活，倡导科学健康的生产生活方式，发挥村规民约积极作用，普及科学知识，推进移风易俗，破除大操大办、铺张浪费等陈规陋习，提倡孝老爱亲、勤俭节约、诚实守信，促进男女平等，创建文明村镇、文明家庭，培育文明乡风、良好家风、淳朴民风，建设文明乡村。

第三十一条 各级人民政府应当健全完善乡村公共文化体育设施网络和服务运行机制，鼓励开展形式多样的农民群众性文化体育、节日民俗等活动，充分利用广播电视、视听网络和书籍报刊，拓展乡村文化服务渠道，提供便利可及的公共文化服务。

各级人民政府应当支持农业农村农民题材文艺创作，鼓励制作反映农民生产生活和乡村振兴实践的优秀文艺作品。

第三十二条 各级人民政府应当采取措施保护农业文化遗产和非物质文化遗产，挖掘优秀农业文化深厚内涵，弘扬红色文化，传承和发展优秀传统文化。

县级以上地方人民政府应当加强对历史文化名镇名村、传统村落和乡村风貌、少数民族特色村寨的保护，开展保护状况监测和评估，采取措施防御和减轻火灾、洪水、地震等灾害。

第三十三条 县级以上地方人民政府应当坚持规划引导、典型示范，有计划地建设特色鲜明、优势突出的农业文化展示区、文化产业特色村落，发展乡村特色文化体育产业，推动乡村地区传统工艺振兴，积极推动智慧广电乡村建设，活跃繁荣农村文化市场。

## 第五章　生态保护

第三十四条 国家健全重要生态系统保护制度和生态保护补偿机制，实施重要生态系统保护和修复工程，加强乡村生态保护和环境治理，绿化美化乡村环境，建设美丽乡村。

第三十五条 国家鼓励和支持农业生产者采用节水、节肥、节药、节能等先进的种植养殖技术，推动种养结合、农业资源综合开发，优先发展生态循环农业。

各级人民政府应当采取措施加强农业面源污染防治，推进农业投入品减量化、生产清洁化、废弃物资源化、产业模式生态化，引导全社会形成节约适度、绿色低碳、文明健康的生产生活和消费方式。

　　**第三十六条**　各级人民政府应当实施国土综合整治和生态修复，加强森林、草原、湿地等保护修复，开展荒漠化、石漠化、水土流失综合治理，改善乡村生态环境。

　　**第三十七条**　各级人民政府应当建立政府、村级组织、企业、农民等各方面参与的共建共管共享机制，综合整治农村水系，因地制宜推广卫生厕所和简便易行的垃圾分类，治理农村垃圾和污水，加强乡村无障碍设施建设，鼓励和支持使用清洁能源、可再生能源，持续改善农村人居环境。

　　**第三十八条**　国家建立健全农村住房建设质量安全管理制度和相关技术标准体系，建立农村低收入群体安全住房保障机制。建设农村住房应当避让灾害易发区域，符合抗震、防洪等基本安全要求。

　　县级以上地方人民政府应当加强农村住房建设管理和服务，强化新建农村住房规划管控，严格禁止违法占用耕地建房；鼓励农村住房设计体现地域、民族和乡土特色，鼓励农村住房建设采用新型建造技术和绿色建材，引导农民建设功能现代、结构安全、成本经济、绿色环保、与乡村环境相协调的宜居住房。

　　**第三十九条**　国家对农业投入品实行严格管理，对剧毒、高毒、高残留的农药、兽药采取禁用限用措施。农产品生产经营者不得使用国家禁用的农药、兽药或者其他有毒有害物质，不得违反农产品质量安全标准和国家有关规定超剂量、超范围使用农药、兽药、肥料、饲料添加剂等农业投入品。

　　**第四十条**　国家实行耕地养护、修复、休耕和草原森林河流湖泊休养生息制度。县级以上人民政府及其有关部门依法划定江河湖海限捕、禁捕的时间和区域，并可以根据地下水超采情况，划定禁止、限制开采地下水区域。

　　禁止违法将污染环境、破坏生态的产业、企业向农村转移。禁止违法将城镇垃圾、工业固体废物、未经达标处理的城镇污水等向农业农村转移。禁止向农用地排放重金属或者其他有毒有害物质含量超标的污水、污泥，以及可能造成土壤污染的清淤底泥、尾矿、矿渣等；禁止将有毒有害废物用作肥料或者用于造田和土地复垦。

地方各级人民政府及其有关部门应当采取措施，推进废旧农膜和农药等农业投入品包装废弃物回收处理，推进农作物秸秆、畜禽粪污的资源化利用，严格控制河流湖库、近岸海域投饵网箱养殖。

## 第六章　组织建设

第四十一条　建立健全党委领导、政府负责、民主协商、社会协同、公众参与、法治保障、科技支撑的现代乡村社会治理体制和自治、法治、德治相结合的乡村社会治理体系，建设充满活力、和谐有序的善治乡村。

地方各级人民政府应当加强乡镇人民政府社会管理和服务能力建设，把乡镇建成乡村治理中心、农村服务中心、乡村经济中心。

第四十二条　中国共产党农村基层组织，按照中国共产党章程和有关规定发挥全面领导作用。村民委员会、农村集体经济组织等应当在乡镇党委和村党组织的领导下，实行村民自治，发展集体所有制经济，维护农民合法权益，并应当接受村民监督。

第四十三条　国家建立健全农业农村工作干部队伍的培养、配备、使用、管理机制，选拔优秀干部充实到农业农村工作干部队伍，采取措施提高农业农村工作干部队伍的能力和水平，落实农村基层干部相关待遇保障，建设懂农业、爱农村、爱农民的农业农村工作干部队伍。

第四十四条　地方各级人民政府应当构建简约高效的基层管理体制，科学设置乡镇机构，加强乡村干部培训，健全农村基层服务体系，夯实乡村治理基础。

第四十五条 乡镇人民政府应当指导和支持农村基层群众性自治组织规范化、制度化建设，健全村民委员会民主决策机制和村务公开制度，增强村民自我管理、自我教育、自我服务、自我监督能力。

第四十六条 各级人民政府应当引导和支持农村集体经济组织发挥依法管理集体资产、合理开发集体资源、服务集体成员等方面的作用，保障农村集体经济组织的独立运营。

县级以上地方人民政府应当支持发展农民专业合作社、家庭农场、农业企业等多种经营主体，健全农业农村社会化服务体系。

第四十七条 县级以上地方人民政府应当采取措施加强基层群团组织建设，支持、规范和引导农村社会组织发展，发挥基层群团组织、农村社会组织团结群众、联系群众、服务群众等方面的作用。

第四十八条 地方各级人民政府应当加强基层执法队伍建设，鼓励乡镇人民政府根据需要设立法律顾问和公职律师，鼓励有条件的地方在村民委员会建立公共法律服务工作室，深入开展法治宣传教育和人民调解工作，健全乡村矛盾纠纷调处化解机制，推进法治乡村建设。

第四十九条 地方各级人民政府应当健全农村社会治安防控体系，加强农村警务工作，推动平安乡村建设；健全农村公共安全体系，强化农村公共卫生、安全生产、防灾减灾救灾、应急救援、应急广播、食品、药品、交通、消防等安全管理责任。

## 第七章 城乡融合

第五十条 各级人民政府应当协同推进乡村振兴战略和新型城镇化战略的实施，整体筹划城镇和乡村发展，科学有序统筹安排生态、农业、城镇等功能空间，优化城乡产业发展、基础设施、公共服务设施等布局，逐步健全全民覆盖、普惠共享、城乡一体的基本公共服务体系，加快县域城乡融合发展，促进农业高质高效、乡村宜居宜业、农民富裕富足。

第五十一条　县级人民政府和乡镇人民政府应当优化本行政区域内乡村发展布局，按照尊重农民意愿、方便群众生产生活、保持乡村功能和特色的原则，因地制宜安排村庄布局，依法编制村庄规划，分类有序推进村庄建设，严格规范村庄撤并，严禁违背农民意愿、违反法定程序撤并村庄。

第五十二条　县级以上地方人民政府应当统筹规划、建设、管护城乡道路以及垃圾污水处理、供水供电供气、物流、客运、信息通信、广播电视、消防、防灾减灾等公共基础设施和新型基础设施，推动城乡基础设施互联互通，保障乡村发展能源需求，保障农村饮用水安全，满足农民生产生活需要。

第五十三条　国家发展农村社会事业，促进公共教育、医疗卫生、社会保障等资源向农村倾斜，提升乡村基本公共服务水平，推进城乡基本公共服务均等化。

国家健全乡村便民服务体系，提升乡村公共服务数字化智能化水平，支持完善村级综合服务设施和综合信息平台，培育服务机构和服务类社会组织，完善服务运行机制，促进公共服务与自我服务有效衔接，增强生产生活服务功能。

第五十四条　国家完善城乡统筹的社会保障制度，建立健全保障机制，支持乡村提高社会保障管理服务水平；建立健全城乡居民基本养老保险待遇确定和基础养老金标准正常调整机制，确保城乡居民基本养老保险待遇随经济社会发展逐步提高。

国家支持农民按照规定参加城乡居民基本养老保险、基本医疗保险，鼓励具备条件的灵活就业人员和农业产业化从业人员参加职工基本养老保险、职工基本医疗保险等社会保险。

国家推进城乡最低生活保障制度统筹发展，提高农村特困人员供养等社会救助水平，加强对农村留守儿童、妇女和老年人以及残疾人、困境儿童的关爱服务，支持发展农村普惠型养老服务和互助性养老。

**第五十五条**　国家推动形成平等竞争、规范有序、城乡统一的人力资源市场，健全城乡均等的公共就业创业服务制度。

县级以上地方人民政府应当采取措施促进在城镇稳定就业和生活的农民自愿有序进城落户，不得以退出土地承包经营权、宅基地使用权、集体收益分配权等作为农民进城落户的条件；推进取得居住证的农民及其随迁家属享受城镇基本公共服务。

国家鼓励社会资本到乡村发展与农民利益联结型项目，鼓励城市居民到乡村旅游、休闲度假、养生养老等，但不得破坏乡村生态环境，不得损害农村集体经济组织及其成员的合法权益。

**第五十六条**　县级以上人民政府应当采取措施促进城乡产业协同发展，在保障农民主体地位的基础上健全联农带农激励机制，实现乡村经济多元化和农业全产业链发展。

**第五十七条**　各级人民政府及其有关部门应当采取措施鼓励农民进城务工，全面落实城乡劳动者平等就业、同工同酬，依法保障农民工工资支付和社会保障权益。

## 第八章　扶持措施

**第五十八条**　国家建立健全农业支持保护体系和实施乡村振兴战略财政投入保障制度。县级以上人民政府应当优先保障用于乡村振兴的财政投入，确保投入力度不断增强、总量持续增加、与乡村振兴目标任务相适应。

省、自治区、直辖市人民政府可以依法发行政府债券，用于现代农业设施建设和乡村建设。

各级人民政府应当完善涉农资金统筹整合长效机制，强化财政资金监督管理，全面实施预算绩效管理，提高财政资金使用效益。

第五十九条　各级人民政府应当采取措施增强脱贫地区内生发展能力，建立农村低收入人口、欠发达地区帮扶长效机制，持续推进脱贫地区发展；建立健全易返贫致贫人口动态监测预警和帮扶机制，实现巩固拓展脱贫攻坚成果同乡村振兴有效衔接。

国家加大对革命老区、民族地区、边疆地区实施乡村振兴战略的支持力度。

第六十条　国家按照增加总量、优化存量、提高效能的原则，构建以高质量绿色发展为导向的新型农业补贴政策体系。

第六十一条　各级人民政府应当坚持取之于农、主要用之于农的原则，按照国家有关规定调整完善土地使用权出让收入使用范围，提高农业农村投入比例，重点用于高标准农田建设、农田水利建设、现代种业提升、农村供水保障、农村人居环境整治、农村土地综合整治、耕地及永久基本农田保护、村庄公共设施建设和管护、农村教育、农村文化和精神文明建设支出，以及与农业农村直接相关的山水林田湖草沙生态保护修复、以工代赈工程建设等。

第六十二条　县级以上人民政府设立的相关专项资金、基金应当按照规定加强对乡村振兴的支持。

国家支持以市场化方式设立乡村振兴基金，重点支持乡村产业发展和公共基础设施建设。

县级以上地方人民政府应当优化乡村营商环境，鼓励创新投融资方式，引导社会资本投向乡村。

第六十三条　国家综合运用财政、金融等政策措施，完善政府性融资担保机制，依法完善乡村资产抵押担保权能，改进、加强乡村振兴的金融支持和服务。

财政出资设立的农业信贷担保机构应当主要为从事农业生产和与农业生产直接相关的经营主体服务。

第六十四条　国家健全多层次资本市场，多渠道推动涉农企业股权融资，发展并规范债券市场，促进涉农企业利用多种方式融资；丰富农产品期货品种，发挥期货市场价格发现和风险分散功能。

第六十五条　国家建立健全多层次、广覆盖、可持续的农村金融服务体系，完善金融支持乡村振兴考核评估机制，促进农村普惠金融发展，鼓励金融机构依法将更多资源配置到乡村发展的重点领域和薄弱环节。

政策性金融机构应当在业务范围内为乡村振兴提供信贷支持和其他金融服务，加大对乡村振兴的支持力度。

商业银行应当结合自身职能定位和业务优势，创新金融产品和服务模式，扩大基础金融服务覆盖面，增加对农民和农业经营主体的信贷规模，为乡村振兴提供金融服务。

农村商业银行、农村合作银行、农村信用社等农村中小金融机构应当主要为本地农业农村农民服务，当年新增可贷资金主要用于当地农业农村发展。

第六十六条　国家建立健全多层次农业保险体系，完善政策性农业保险制度，鼓励商业性保险公司开展农业保险业务，支持农民和农业经营主体依法开展互助合作保险。

县级以上人民政府应当采取保费补贴等措施，支持保险机构适当增加保险品种，扩大农业保险覆盖面，促进农业保险发展。

第六十七条　县级以上地方人民政府应当推进节约集约用地，提高土地使用效率，依法采取措施盘活农村存量建设用地，激活农村土地资源，完善农村新增建设用地保障机制，满足乡村产业、公共服务设施和农民住宅用地合理需求。

县级以上地方人民政府应当保障乡村产业用地，建设用地指标应当向乡村发展倾斜，县域内新增耕地指标应当优先用于折抵乡村产业发展所需建设用地指标，探索灵活多样的供地新方式。

经国土空间规划确定为工业、商业等经营性用途并依法登记的集体经营性建设用地，土地所有权人可以依法通过出让、出租等方式交由单位或者个人使用，优先用于发展集体所有制经济和乡村产业。

## 第九章　监督检查

**第六十八条**　国家实行乡村振兴战略实施目标责任制和考核评价制度。上级人民政府应当对下级人民政府实施乡村振兴战略的目标完成情况等进行考核，考核结果作为地方人民政府及其负责人综合考核评价的重要内容。

**第六十九条**　国务院和省、自治区、直辖市人民政府有关部门建立客观反映乡村振兴进展的指标和统计体系。县级以上地方人民政府应当对本行政区域内乡村振兴战略实施情况进行评估。

**第七十条**　县级以上各级人民政府应当向本级人民代表大会或者其常务委员会报告乡村振兴促进工作情况。乡镇人民政府应当向本级人民代表大会报告乡村振兴促进工作情况。

**第七十一条**　地方各级人民政府应当每年向上一级人民政府报告乡村振兴促进工作情况。

县级以上人民政府定期对下一级人民政府乡村振兴促进工作情况开展监督检查。

**第七十二条**　县级以上人民政府发展改革、财政、农业农村、审计等部门按照各自职责对农业农村投入优先保障机制落实情况、乡村振兴资金使用情况和绩效等实施监督。

**第七十三条**　各级人民政府及其有关部门在乡村振兴促进工作中不履行或者不正确履行职责的，依照法律法规和国家有关规定追究责任，对直接负责的主管人员和其他直接责任人员依法给予处分。

违反有关农产品质量安全、生态环境保护、土地管理等法律法规的，由有关主管部门依法予以处罚；构成犯罪的，依法追究刑事责任。

## 第十章 附 则

**第七十四条** 本法自 2021 年 6 月 1 日起施行。

# 中华人民共和国土地管理法实施条例

(1998年12月27日中华人民共和国国务院令第256号发布 根据2011年1月8日《国务院关于废止和修改部分行政法规的决定》第一次修订 根据2014年7月29日《国务院关于修改部分行政法规的决定》第二次修订 2021年7月2日中华人民共和国国务院令第743号第三次修订)

## 第一章 总 则

**第一条** 根据《中华人民共和国土地管理法》(以下简称《土地管理法》),制定本条例。

## 第二章 国土空间规划

**第二条** 国家建立国土空间规划体系。

土地开发、保护、建设活动应当坚持规划先行。经依法批准的国土空间规划是各类开发、保护、建设活动的基本依据。

已经编制国土空间规划的,不再编制土地利用总体规划和城乡规划。在编制国土空间规划前,经依法批准的土地利用总体规划和城乡规划继续执行。

**第三条** 国土空间规划应当细化落实国家发展规划提出的国土空间开发保护要求,统筹布局农业、生态、城镇等功能空间,划定落实永久基本农田、生态保护红线和城镇开发边界。

国土空间规划应当包括国土空间开发保护格局和规划用地布局、结构、用途管制要求等内容,明确耕地保有量、建设用地规模、禁止开垦的范围等要求,统筹基础设施和公共设施用地布局,综合利用地上地下空间,合理确定并严格控制新增建设用地规模,提高土地节约集约利用水平,保障土地的可持续利用。

**第四条**　土地调查应当包括下列内容：

（一）土地权属以及变化情况；

（二）土地利用现状以及变化情况；

（三）土地条件。

全国土地调查成果，报国务院批准后向社会公布。地方土地调查成果，经本级人民政府审核，报上一级人民政府批准后向社会公布。全国土地调查成果公布后，县级以上地方人民政府方可自上而下逐级依次公布本行政区域的土地调查成果。

土地调查成果是编制国土空间规划以及自然资源管理、保护和利用的重要依据。

土地调查技术规程由国务院自然资源主管部门会同有关部门制定。

**第五条**　国务院自然资源主管部门会同有关部门制定土地等级评定标准。

县级以上人民政府自然资源主管部门应当会同有关部门根据土地等级评定标准，对土地等级进行评定。地方土地等级评定结果经本级人民政府审核，报上一级人民政府自然资源主管部门批准后向社会公布。

根据国民经济和社会发展状况，土地等级每五年重新评定一次。

**第六条**　县级以上人民政府自然资源主管部门应当加强信息化建设，建立统一的国土空间基础信息平台，实行土地管理全流程信息化管理，对土地利用状况进行动态监测，与发展改革、住房和城乡建设等有关部门建立土地管理信息共享机制，依法公开土地管理信息。

**第七条**　县级以上人民政府自然资源主管部门应当加强地籍管理，建立健全地籍数据库。

## 第三章　耕地保护

**第八条**　国家实行占用耕地补偿制度。在国土空间规划确定的城市和村庄、集镇建设用地范围内经依法批准占用耕地，以及在国土空间规划确定的城市和村庄、集镇建设用地范围外的能源、交通、水利、矿山、军事设施等建设项目经依法批准占用耕地的，分别由县级人民政府、农村集体经济组织和建设单位负责开垦与所占用耕地的数量和质量相当的耕地；没有条件开垦或者开垦的耕地不符合要求的，应当按照省、自治区、直辖市的规定缴纳耕地开垦费，专款用于开垦新的耕地。

省、自治区、直辖市人民政府应当组织自然资源主管部门、农业农村主管部门对开垦的耕地进行验收，确保开垦的耕地落实到地块。划入永久基本农田的还应当纳入国家永久基本农田数据库严格管理。占用耕地补充情况应当按照国家有关规定向社会公布。

个别省、直辖市需要易地开垦耕地的，依照《土地管理法》第三十二条的规定执行。

**第九条**　禁止任何单位和个人在国土空间规划确定的禁止开垦的范围内从事土地开发活动。

按照国土空间规划，开发未确定土地使用权的国有荒山、荒地、荒滩从事种植业、林业、畜牧业、渔业生产的，应当向土地所在地的县级以上地方人民政府自然资源主管部门提出申请，按照省、自治区、直辖市规定的权限，由县级以上地方人民政府批准。

**第十条**　县级人民政府应当按照国土空间规划关于统筹布局农业、生态、城镇等功能空间的要求，制定土地整理方案，促进耕地保护和土地节约集约利用。

县、乡（镇）人民政府应当组织农村集体经济组织，实施土地整理方案，对闲散地和废弃地有计划地整治、改造。土地整理新增耕地，可以用作建设所占用耕地的补充。

鼓励社会主体依法参与土地整理。

**第十一条**　县级以上地方人民政府应当采取措施，预防和治理耕地土壤流失、污染，有计划地改造中低产田，建设高标准农田，提高耕地质量，保护黑土地等优质耕地，并依法对建设所占用耕地耕作层的土壤利用作出合理安排。

非农业建设依法占用永久基本农田的，建设单位应当按照省、自治区、直辖市的规定，将所占用耕地耕作层的土壤用于新开垦耕地、劣质地或者其他耕地的土壤改良。

县级以上地方人民政府应当加强对农业结构调整的引导和管理，防止破坏耕地耕作层；设施农业用地不再使用的，应当及时组织恢复种植条件。

**第十二条**　国家对耕地实行特殊保护，严守耕地保护红线，严格控制耕地转为林地、草地、园地等其他农用地，并建立耕地保护补偿制度，具体办法和耕地保护补偿实施步骤由国务院自然资源主管部门会同有关部门规定。

非农业建设必须节约使用土地，可以利用荒地的，不得占用耕地；可以利用劣地的，不得占用好地。禁止占用耕地建窑、建坟或者擅自在耕地上建房、挖砂、采石、采矿、取土等。禁止占用永久基本农田发展林果业和挖塘养鱼。

耕地应当优先用于粮食和棉、油、糖、蔬菜等农产品生产。按照国家有关规定需要将耕地转为林地、草地、园地等其他农用地的，应当优先使用难以长期稳定利用的耕地。

**第十三条**　省、自治区、直辖市人民政府对本行政区域耕地保护负总责，其主要负责人是本行政区域耕地保护的第一责任人。

省、自治区、直辖市人民政府应当将国务院确定的耕地保有量和永久基本农田保护任务分解下达，落实到具体地块。

国务院对省、自治区、直辖市人民政府耕地保护责任目标落实情况进行考核。

## 第四章　建设用地

### 第一节　一般规定

**第十四条**　建设项目需要使用土地的，应当符合国土空间规划、土地利用年度计划和用途管制以及节约资源、保护生态环境的要求，并严格执行建设用地标准，优先使用存量建设用地，提高建设用地使用效率。

从事土地开发利用活动，应当采取有效措施，防止、减少土壤污染，并确保建设用地符合土壤环境质量要求。

**第十五条**　各级人民政府应当依据国民经济和社会发展规划及年度计划、国土空间规划、国家产业政策以及城乡建设、土地利用的实际状况等，加强土地利用计划管理，实行建设用地总量控制，推动城乡存量建设用地开发利用，引导城镇低效用地再开发，落实建设用地标准控制制度，开展节约集约用地评价，推广应用节地技术和节地模式。

**第十六条**　县级以上地方人民政府自然资源主管部门应当将本级人民政府确定的年度建设用地供应总量、结构、时序、地块、用途等在政府网站上向社会公布，供社会公众查阅。

**第十七条**　建设单位使用国有土地，应当以有偿使用方式取得；但是，法律、行政法规规定可以以划拨方式取得的除外。

国有土地有偿使用的方式包括：

（一）国有土地使用权出让；

（二）国有土地租赁；

（三）国有土地使用权作价出资或者入股。

**第十八条**　国有土地使用权出让、国有土地租赁等应当依照国家有关规定通过公开的交易平台进行交易，并纳入统一的公共资源交易平台体系。除依法可以采取协议方式外，应当采取招标、拍卖、挂牌等竞争性方式确定土地使用者。

**第十九条**　《土地管理法》第五十五条规定的新增建设用地的土地有偿使用费，是指国家在新增建设用地中应取得的平均土地纯收益。

**第二十条**　建设项目施工、地质勘查需要临时使用土地的，应当尽量不占或者少占耕地。

临时用地由县级以上人民政府自然资源主管部门批准，期限一般不超过二年；建设周期较长的能源、交通、水利等基础设施建设使用的临时用地，期限不超过四年；法律、行政法规另有规定的除外。

土地使用者应当自临时用地期满之日起一年内完成土地复垦，使其达到可供利用状态，其中占用耕地的应当恢复种植条件。

**第二十一条**　抢险救灾、疫情防控等急需使用土地的，可以先行使用土地。其中，属于临时用地的，用后应当恢复原状并交还原土地使用者使用，不再办理用地审批手续；属于永久性建设用地的，建设单位应当在不晚于应急处置工作结束六个月内申请补办建设用地审批手续。

**第二十二条**　具有重要生态功能的未利用地应当依法划入生态保护红线，实施严格保护。

建设项目占用国土空间规划确定的未利用地的，按照省、自治区、直辖市的规定办理。

### 第二节　农用地转用

**第二十三条**　在国土空间规划确定的城市和村庄、集镇建设用地范围内，为实施该规划而将农用地转为建设用地的，由市、县人民政府组织自然资源等部门拟订农用地转用方案，分批次报有批准权的人民政府批准。

农用地转用方案应当重点对建设项目安排、是否符合国土空间规划和土地利用年度计划以及补充耕地情况作出说明。

农用地转用方案经批准后，由市、县人民政府组织实施。

**第二十四条** 建设项目确需占用国土空间规划确定的城市和村庄、集镇建设用地范围外的农用地，涉及占用永久基本农田的，由国务院批准；不涉及占用永久基本农田的，由国务院或者国务院授权的省、自治区、直辖市人民政府批准。具体按照下列规定办理：

（一）建设项目批准、核准前或者备案前后，由自然资源主管部门对建设项目用地事项进行审查，提出建设项目用地预审意见。建设项目需要申请核发选址意见书的，应当合并办理建设项目用地预审与选址意见书，核发建设项目用地预审与选址意见书。

（二）建设单位持建设项目的批准、核准或者备案文件，向市、县人民政府提出建设用地申请。市、县人民政府组织自然资源等部门拟订农用地转用方案，报有批准权的人民政府批准；依法应当由国务院批准的，由省、自治区、直辖市人民政府审核后上报。农用地转用方案应当重点对是否符合国土空间规划和土地利用年度计划以及补充耕地情况作出说明，涉及占用永久基本农田的，还应当对占用永久基本农田的必要性、合理性和补划可行性作出说明。

（三）农用地转用方案经批准后，由市、县人民政府组织实施。

**第二十五条** 建设项目需要使用土地的，建设单位原则上应当一次申请，办理建设用地审批手续，确需分期建设的项目，可以根据可行性研究报告确定的方案，分期申请建设用地，分期办理建设用地审批手续。建设过程中用地范围确需调整的，应当依法办理建设用地审批手续。

农用地转用涉及征收土地的，还应当依法办理征收土地手续。

### 第三节　土地征收

**第二十六条**　需要征收土地，县级以上地方人民政府认为符合《土地管理法》第四十五条规定的，应当发布征收土地预公告，并开展拟征收土地现状调查和社会稳定风险评估。

征收土地预公告应当包括征收范围、征收目的、开展土地现状调查的安排等内容。征收土地预公告应当采用有利于社会公众知晓的方式，在拟征收土地所在的乡（镇）和村、村民小组范围内发布，预公告时间不少于十个工作日。自征收土地预公告发布之日起，任何单位和个人不得在拟征收范围内抢栽抢建；违反规定抢栽抢建的，对抢栽抢建部分不予补偿。

土地现状调查应当查明土地的位置、权属、地类、面积，以及农村村民住宅、其他地上附着物和青苗等的权属、种类、数量等情况。

社会稳定风险评估应当对征收土地的社会稳定风险状况进行综合研判，确定风险点，提出风险防范措施和处置预案。社会稳定风险评估应当有被征地的农村集体经济组织及其成员、村民委员会和其他利害关系人参加，评估结果是申请征收土地的重要依据。

**第二十七条**　县级以上地方人民政府应当依据社会稳定风险评估结果，结合土地现状调查情况，组织自然资源、财政、农业农村、人力资源和社会保障等有关部门拟定征地补偿安置方案。

征地补偿安置方案应当包括征收范围、土地现状、征收目的、补偿方式和标准、安置对象、安置方式、社会保障等内容。

**第二十八条**　征地补偿安置方案拟定后，县级以上地方人民政府应当在拟征收土地所在的乡（镇）和村、村民小组范围内公告，公告时间不少于三十日。

征地补偿安置公告应当同时载明办理补偿登记的方式和期

限、异议反馈渠道等内容。

多数被征地的农村集体经济组织成员认为拟定的征地补偿安置方案不符合法律、法规规定的，县级以上地方人民政府应当组织听证。

第二十九条　县级以上地方人民政府根据法律、法规规定和听证会等情况确定征地补偿安置方案后，应当组织有关部门与拟征收土地的所有权人、使用权人签订征地补偿安置协议。征地补偿安置协议示范文本由省、自治区、直辖市人民政府制定。

对个别确实难以达成征地补偿安置协议的，县级以上地方人民政府应当在申请征收土地时如实说明。

第三十条　县级以上地方人民政府完成本条例规定的征地前期工作后，方可提出征收土地申请，依照《土地管理法》第四十六条的规定报有批准权的人民政府批准。

有批准权的人民政府应当对征收土地的必要性、合理性、是否符合《土地管理法》第四十五条规定的为了公共利益确需征收土地的情形以及是否符合法定程序进行审查。

第三十一条　征收土地申请经依法批准后，县级以上地方人民政府应当自收到批准文件之日起十五个工作日内在拟征收土地所在的乡（镇）和村、村民小组范围内发布征收土地公告，公布征收范围、征收时间等具体工作安排，对个别未达成征地补偿安置协议的应当作出征地补偿安置决定，并依法组织实施。

第三十二条　省、自治区、直辖市应当制定公布区片综合地价，确定征收农用地的土地补偿费、安置补助费标准，并制定土地补偿费、安置补助费分配办法。

地上附着物和青苗等的补偿费用，归其所有权人所有。

社会保障费用主要用于符合条件的被征地农民的养老保险等社会保险缴费补贴，按照省、自治区、直辖市的规定单独列支。

申请征收土地的县级以上地方人民政府应当及时落实土地补偿费、安置补助费、农村村民住宅以及其他地上附着物和青苗等的补偿费用、社会保障费用等，并保证足额到位，专款专用。有关费用未足额到位的，不得批准征收土地。

### 第四节 宅基地管理

**第三十三条** 农村居民点布局和建设用地规模应当遵循节约集约、因地制宜的原则合理规划。县级以上地方人民政府应当按照国家规定安排建设用地指标，合理保障本行政区域农村村民宅基地需求。

乡（镇）、县、市国土空间规划和村庄规划应当统筹考虑农村村民生产、生活需求，突出节约集约用地导向，科学划定宅基地范围。

**第三十四条** 农村村民申请宅基地的，应当以户为单位向农村集体经济组织提出申请；没有设立农村集体经济组织的，应当向所在的村民小组或者村民委员会提出申请。宅基地申请依法经农村村民集体讨论通过并在本集体范围内公示后，报乡（镇）人民政府审核批准。

涉及占用农用地的，应当依法办理农用地转用审批手续。

**第三十五条** 国家允许进城落户的农村村民依法自愿有偿退出宅基地。乡（镇）人民政府和农村集体经济组织、村民委员会等应当将退出的宅基地优先用于保障该农村集体经济组织成员的宅基地需求。

**第三十六条** 依法取得的宅基地和宅基地上的农村村民住宅及其附属设施受法律保护。

禁止违背农村村民意愿强制流转宅基地，禁止违法收回农村村民依法取得的宅基地，禁止以退出宅基地作为农村村民进城落户的条件，禁止强迫农村村民搬迁退出宅基地。

### 第五节 集体经营性建设用地管理

**第三十七条** 国土空间规划应当统筹并合理安排集体经营性建设用地布局和用途,依法控制集体经营性建设用地规模,促进集体经营性建设用地的节约集约利用。

鼓励乡村重点产业和项目使用集体经营性建设用地。

**第三十八条** 国土空间规划确定为工业、商业等经营性用途,且已依法办理土地所有权登记的集体经营性建设用地,土地所有权人可以通过出让、出租等方式交由单位或者个人在一定年限内有偿使用。

**第三十九条** 土地所有权人拟出让、出租集体经营性建设用地的,市、县人民政府自然资源主管部门应当依据国土空间规划提出拟出让、出租的集体经营性建设用地的规划条件,明确土地界址、面积、用途和开发建设强度等。

市、县人民政府自然资源主管部门应当会同有关部门提出产业准入和生态环境保护要求。

**第四十条** 土地所有权人应当依据规划条件、产业准入和生态环境保护要求等,编制集体经营性建设用地出让、出租等方案,并依照《土地管理法》第六十三条的规定,由本集体经济组织形成书面意见,在出让、出租前不少于十个工作日报市、县人民政府。市、县人民政府认为该方案不符合规划条件或者产业准入和生态环境保护要求等的,应当在收到方案后五个工作日内提出修改意见。土地所有权人应当按照市、县人民政府的意见进行修改。

集体经营性建设用地出让、出租等方案应当载明宗地的土地界址、面积、用途、规划条件、产业准入和生态环境保护要求、使用期限、交易方式、入市价格、集体收益分配安排等内容。

**第四十一条** 土地所有权人应当依据集体经营性建设用地

出让、出租等方案，以招标、拍卖、挂牌或者协议等方式确定土地使用者，双方应当签订书面合同，载明土地界址、面积、用途、规划条件、使用期限、交易价款支付、交地时间和开工竣工期限、产业准入和生态环境保护要求，约定提前收回的条件、补偿方式、土地使用权届满续期和地上建筑物、构筑物等附着物处理方式，以及违约责任和解决争议的方法等，并报市、县人民政府自然资源主管部门备案。未依法将规划条件、产业准入和生态环境保护要求纳入合同的，合同无效；造成损失的，依法承担民事责任。合同示范文本由国务院自然资源主管部门制定。

第四十二条　集体经营性建设用地使用者应当按照约定及时支付集体经营性建设用地价款，并依法缴纳相关税费，对集体经营性建设用地使用权以及依法利用集体经营性建设用地建造的建筑物、构筑物及其附属设施的所有权，依法申请办理不动产登记。

第四十三条　通过出让等方式取得的集体经营性建设用地使用权依法转让、互换、出资、赠与或者抵押的，双方应当签订书面合同，并书面通知土地所有权人。

集体经营性建设用地的出租，集体建设用地使用权的出让及其最高年限、转让、互换、出资、赠与、抵押等，参照同类用途的国有建设用地执行，法律、行政法规另有规定的除外。

## 第五章　监督检查

第四十四条　国家自然资源督察机构根据授权对省、自治区、直辖市人民政府以及国务院确定的城市人民政府下列土地利用和土地管理情况进行督察：

（一）耕地保护情况；

（二）土地节约集约利用情况；

（三）国土空间规划编制和实施情况；

（四）国家有关土地管理重大决策落实情况；

（五）土地管理法律、行政法规执行情况；

（六）其他土地利用和土地管理情况。

**第四十五条** 国家自然资源督察机构进行督察时，有权向有关单位和个人了解督察事项有关情况，有关单位和个人应当支持、协助督察机构工作，如实反映情况，并提供有关材料。

**第四十六条** 被督察的地方人民政府违反土地管理法律、行政法规，或者落实国家有关土地管理重大决策不力的，国家自然资源督察机构可以向被督察的地方人民政府下达督察意见书，地方人民政府应当认真组织整改，并及时报告整改情况；国家自然资源督察机构可以约谈被督察的地方人民政府有关负责人，并可以依法向监察机关、任免机关等有关机关提出追究相关责任人责任的建议。

**第四十七条** 土地管理监督检查人员应当经过培训，经考核合格，取得行政执法证件后，方可从事土地管理监督检查工作。

**第四十八条** 自然资源主管部门、农业农村主管部门按照职责分工进行监督检查时，可以采取下列措施：

（一）询问违法案件涉及的单位或者个人；

（二）进入被检查单位或者个人涉嫌土地违法的现场进行拍照、摄像；

（三）责令当事人停止正在进行的土地违法行为；

（四）对涉嫌土地违法的单位或者个人，在调查期间暂停办理与该违法案件相关的土地审批、登记等手续；

（五）对可能被转移、销毁、隐匿或者篡改的文件、资料予以封存，责令涉嫌土地违法的单位或者个人在调查期间不得变卖、转移与案件有关的财物；

（六）《土地管理法》第六十八条规定的其他监督检查措施。

**第四十九条** 依照《土地管理法》第七十三条的规定给予

处分的，应当按照管理权限由责令作出行政处罚决定或者直接给予行政处罚的上级人民政府自然资源主管部门或者其他任免机关、单位作出。

**第五十条**　县级以上人民政府自然资源主管部门应当会同有关部门建立信用监管、动态巡查等机制，加强对建设用地供应交易和供后开发利用的监管，对建设用地市场重大失信行为依法实施惩戒，并依法公开相关信息。

# 第六章　法律责任

**第五十一条**　违反《土地管理法》第三十七条的规定，非法占用永久基本农田发展林果业或者挖塘养鱼的，由县级以上人民政府自然资源主管部门责令限期改正；逾期不改正的，按占用面积处耕地开垦费 2 倍以上 5 倍以下的罚款；破坏种植条件的，依照《土地管理法》第七十五条的规定处罚。

**第五十二条**　违反《土地管理法》第五十七条的规定，在临时使用的土地上修建永久性建筑物的，由县级以上人民政府自然资源主管部门责令限期拆除，按占用面积处土地复垦费 5 倍以上 10 倍以下的罚款；逾期不拆除的，由作出行政决定的机关依法申请人民法院强制执行。

**第五十三条**　违反《土地管理法》第六十五条的规定，对建筑物、构筑物进行重建、扩建的，由县级以上人民政府自然资源主管部门责令限期拆除；逾期不拆除的，由作出行政决定的机关依法申请人民法院强制执行。

**第五十四条**　依照《土地管理法》第七十四条的规定处以罚款的，罚款额为违法所得的 10% 以上 50% 以下。

**第五十五条**　依照《土地管理法》第七十五条的规定处以罚款的，罚款额为耕地开垦费的 5 倍以上 10 倍以下；破坏黑土地等优质耕地的，从重处罚。

**第五十六条**　依照《土地管理法》第七十六条的规定处以

罚款的，罚款额为土地复垦费的 2 倍以上 5 倍以下。

违反本条例规定，临时用地期满之日起一年内未完成复垦或者未恢复种植条件的，由县级以上人民政府自然资源主管部门责令限期改正，依照《土地管理法》第七十六条的规定处罚，并由县级以上人民政府自然资源主管部门会同农业农村主管部门代为完成复垦或者恢复种植条件。

**第五十七条** 依照《土地管理法》第七十七条的规定处以罚款的，罚款额为非法占用土地每平方米 100 元以上 1000 元以下。

违反本条例规定，在国土空间规划确定的禁止开垦的范围内从事土地开发活动的，由县级以上人民政府自然资源主管部门责令限期改正，并依照《土地管理法》第七十七条的规定处罚。

**第五十八条** 依照《土地管理法》第七十四条、第七十七条的规定，县级以上人民政府自然资源主管部门没收在非法转让或者非法占用的土地上新建的建筑物和其他设施的，应当于九十日内交由本级人民政府或者其指定的部门依法管理和处置。

**第五十九条** 依照《土地管理法》第八十一条的规定处以罚款的，罚款额为非法占用土地每平方米 100 元以上 500 元以下。

**第六十条** 依照《土地管理法》第八十二条的规定处以罚款的，罚款额为违法所得的 10% 以上 30% 以下。

**第六十一条** 阻碍自然资源主管部门、农业农村主管部门的工作人员依法执行职务，构成违反治安管理行为的，依法给予治安管理处罚。

**第六十二条** 违反土地管理法律、法规规定，阻挠国家建设征收土地的，由县级以上地方人民政府责令交出土地；拒不交出土地的，依法申请人民法院强制执行。

**第六十三条** 违反本条例规定，侵犯农村村民依法取得的宅基地权益的，责令限期改正，对有关责任单位通报批评、给予警告；造成损失的，依法承担赔偿责任；对直接负责的主管人员和其他直接责任人员，依法给予处分。

**第六十四条**　贪污、侵占、挪用、私分、截留、拖欠征地补偿安置费用和其他有关费用的，责令改正，追回有关款项，限期退还违法所得，对有关责任单位通报批评、给予警告；造成损失的，依法承担赔偿责任；对直接负责的主管人员和其他直接责任人员，依法给予处分。

**第六十五条**　各级人民政府及自然资源主管部门、农业农村主管部门工作人员玩忽职守、滥用职权、徇私舞弊的，依法给予处分。

**第六十六条**　违反本条例规定，构成犯罪的，依法追究刑事责任。

## 第七章　附　则

**第六十七条**　本条例自 2021 年 9 月 1 日起施行。

# 中华人民共和国职业教育法

（1996 年 5 月 15 日第八届全国人民代表大会常务委员会第十九次会议通过　2022 年 4 月 20 日第十三届全国人民代表大会常务委员会第三十四次会议修订）

## 第一章　总　　则

**第一条**　为了推动职业教育高质量发展，提高劳动者素质和技术技能水平，促进就业创业，建设教育强国、人力资源强国和技能型社会，推进社会主义现代化建设，根据宪法，制定本法。

**第二条**　本法所称职业教育，是指为了培养高素质技术技能人才，使受教育者具备从事某种职业或者实现职业发展所需要的职业道德、科学文化与专业知识、技术技能等职业综合素质和行动能力而实施的教育，包括职业学校教育和职业培训。

机关、事业单位对其工作人员实施的专门培训由法律、行政法规另行规定。

**第三条**　职业教育是与普通教育具有同等重要地位的教育类型，是国民教育体系和人力资源开发的重要组成部分，是培养多样化人才、传承技术技能、促进就业创业的重要途径。

国家大力发展职业教育，推进职业教育改革，提高职业教育质量，增强职业教育适应性，建立健全适应社会主义市场经济和社会发展需要、符合技术技能人才成长规律的职业教育制度体系，为全面建设社会主义现代化国家提供有力人才和技能支撑。

**第四条**　职业教育必须坚持中国共产党的领导，坚持社会主义办学方向，贯彻国家的教育方针，坚持立德树人、德技并修，坚持产教融合、校企合作，坚持面向市场、促进就业，坚持面向实践、强化能力，坚持面向人人、因材施教。

实施职业教育应当弘扬社会主义核心价值观，对受教育者进行思想政治教育和职业道德教育，培育劳模精神、劳动精神、工匠精神，传授科学文化与专业知识，培养技术技能，进行职业指导，全面提高受教育者的素质。

**第五条**　公民有依法接受职业教育的权利。

**第六条**　职业教育实行政府统筹、分级管理、地方为主、行业指导、校企合作、社会参与。

**第七条**　各级人民政府应当将发展职业教育纳入国民经济和社会发展规划，与促进就业创业和推动发展方式转变、产业结构调整、技术优化升级等整体部署、统筹实施。

**第八条**　国务院建立职业教育工作协调机制，统筹协调全国职业教育工作。

国务院教育行政部门负责职业教育工作的统筹规划、综合协调、宏观管理。国务院教育行政部门、人力资源社会保障行政部门和其他有关部门在国务院规定的职责范围内，分别负责有关的职业教育工作。

省、自治区、直辖市人民政府应当加强对本行政区域内职业教育工作的领导，明确设区的市、县级人民政府职业教育具体工作职责，统筹协调职业教育发展，组织开展督导评估。

县级以上地方人民政府有关部门应当加强沟通配合，共同推进职业教育工作。

**第九条**　国家鼓励发展多种层次和形式的职业教育，推进多元办学，支持社会力量广泛、平等参与职业教育。

国家发挥企业的重要办学主体作用，推动企业深度参与职业教育，鼓励企业举办高质量职业教育。

有关行业主管部门、工会和中华职业教育社等群团组织、行业组织、企业、事业单位等应当依法履行实施职业教育的义务，参与、支持或者开展职业教育。

第十条　国家采取措施，大力发展技工教育，全面提高产业工人素质。

国家采取措施，支持举办面向农村的职业教育，组织开展农业技能培训、返乡创业就业培训和职业技能培训，培养高素质乡村振兴人才。

国家采取措施，扶持革命老区、民族地区、边远地区、欠发达地区职业教育的发展。

国家采取措施，组织各类转岗、再就业、失业人员以及特殊人群等接受各种形式的职业教育，扶持残疾人职业教育的发展。

国家保障妇女平等接受职业教育的权利。

第十一条　实施职业教育应当根据经济社会发展需要，结合职业分类、职业标准、职业发展需求，制定教育标准或者培训方案，实行学历证书及其他学业证书、培训证书、职业资格证书和职业技能等级证书制度。

国家实行劳动者在就业前或者上岗前接受必要的职业教育的制度。

第十二条　国家采取措施，提高技术技能人才的社会地位和待遇，弘扬劳动光荣、技能宝贵、创造伟大的时代风尚。

国家对在职业教育工作中做出显著成绩的单位和个人按照有关规定给予表彰、奖励。

每年5月的第二周为职业教育活动周。

第十三条　国家鼓励职业教育领域的对外交流与合作，支持引进境外优质资源发展职业教育，鼓励有条件的职业教育机构赴境外办学，支持开展多种形式的职业教育学习成果互认。

## 第二章　职业教育体系

第十四条　国家建立健全适应经济社会发展需要，产教深度融合，职业学校教育和职业培训并重，职业教育与普通教育相互融通，不同层次职业教育有效贯通，服务全民终身学习的现代职业教育体系。

国家优化教育结构，科学配置教育资源，在义务教育后的不同阶段因地制宜、统筹推进职业教育与普通教育协调发展。

**第十五条**　职业学校教育分为中等职业学校教育、高等职业学校教育。

中等职业学校教育由高级中等教育层次的中等职业学校（含技工学校）实施。

高等职业学校教育由专科、本科及以上教育层次的高等职业学校和普通高等学校实施。根据高等职业学校设置制度规定，将符合条件的技师学院纳入高等职业学校序列。

其他学校、教育机构或者符合条件的企业、行业组织按照教育行政部门的统筹规划，可以实施相应层次的职业学校教育或者提供纳入人才培养方案的学分课程。

**第十六条**　职业培训包括就业前培训、在职培训、再就业培训及其他职业性培训，可以根据实际情况分级分类实施。

职业培训可以由相应的职业培训机构、职业学校实施。

其他学校或者教育机构以及企业、社会组织可以根据办学能力、社会需求，依法开展面向社会的、多种形式的职业培训。

**第十七条**　国家建立健全各级各类学校教育与职业培训学分、资历以及其他学习成果的认证、积累和转换机制，推进职业教育国家学分银行建设，促进职业教育与普通教育的学习成果融通、互认。

军队职业技能等级纳入国家职业资格认证和职业技能等级评价体系。

**第十八条**　残疾人职业教育除由残疾人教育机构实施外，各级各类职业学校和职业培训机构及其他教育机构应当按照国家有关规定接纳残疾学生，并加强无障碍环境建设，为残疾学生学习、生活提供必要的帮助和便利。

国家采取措施，支持残疾人教育机构、职业学校、职业培训机构及其他教育机构开展或者联合开展残疾人职业教育。

从事残疾人职业教育的特殊教育教师按照规定享受特殊教育津贴。

第十九条　县级以上人民政府教育行政部门应当鼓励和支持普通中小学、普通高等学校，根据实际需要增加职业教育相关教学内容，进行职业启蒙、职业认知、职业体验，开展职业规划指导、劳动教育，并组织、引导职业学校、职业培训机构、企业和行业组织等提供条件和支持。

## 第三章　职业教育的实施

第二十条　国务院教育行政部门会同有关部门根据经济社会发展需要和职业教育特点，组织制定、修订职业教育专业目录，完善职业教育教学等标准，宏观管理指导职业学校教材建设。

第二十一条　县级以上地方人民政府应当举办或者参与举办发挥骨干和示范作用的职业学校、职业培训机构，对社会力量依法举办的职业学校和职业培训机构给予指导和扶持。

国家根据产业布局和行业发展需要，采取措施，大力发展先进制造等产业需要的新兴专业，支持高水平职业学校、专业建设。

国家采取措施，加快培养托育、护理、康养、家政等方面技术技能人才。

第二十二条　县级人民政府可以根据县域经济社会发展的需要，设立职业教育中心学校，开展多种形式的职业教育，实施实用技术培训。

教育行政部门可以委托职业教育中心学校承担教育教学指导、教育质量评价、教师培训等职业教育公共管理和服务工作。

第二十三条　行业主管部门按照行业、产业人才需求加强对职业教育的指导，定期发布人才需求信息。

行业主管部门、工会和中华职业教育社等群团组织、行业组织可以根据需要，参与制定职业教育专业目录和相关职业教育标准，开展人才需求预测、职业生涯发展研究及信息咨询，培育供需匹配的产教融合服务组织，举办或者联合举办职业学校、职业培训机构，组织、协调、指导相关企业、事业单位、社会组织举办职业学校、职业培训机构。

第二十四条　企业应当根据本单位实际，有计划地对本单位的职工和准备招用的人员实施职业教育，并可以设置专职或者兼职实施职业教育的岗位。

企业应当按照国家有关规定实行培训上岗制度。企业招用的从事技术工种的劳动者，上岗前必须进行安全生产教育和技术培训；招用的从事涉及公共安全、人身健康、生命财产安全等特定职业（工种）的劳动者，必须经过培训并依法取得职业资格或者特种作业资格。

企业开展职业教育的情况应当纳入企业社会责任报告。

第二十五条　企业可以利用资本、技术、知识、设施、设备、场地和管理等要素，举办或者联合举办职业学校、职业培训机构。

第二十六条　国家鼓励、指导、支持企业和其他社会力量依法举办职业学校、职业培训机构。

地方各级人民政府采取购买服务，向学生提供助学贷款、奖助学金等措施，对企业和其他社会力量依法举办的职业学校和职业培训机构予以扶持；对其中的非营利性职业学校和职业培训机构还可以采取政府补贴、基金奖励、捐资激励等扶持措施，参照同级同类公办学校生均经费等相关经费标准和支持政策给予适当补助。

第二十七条　对深度参与产教融合、校企合作，在提升技术技能人才培养质量、促进就业中发挥重要主体作用的企业，按照规定给予奖励；对符合条件认定为产教融合型企业的，按照规定给予金融、财政、土地等支持，落实教育费附加、地方教育附加减免及其他税费优惠。

第二十八条　联合举办职业学校、职业培训机构的，举办者应当签订联合办学协议，约定各方权利义务。

地方各级人民政府及行业主管部门支持社会力量依法参与联合办学，举办多种形式的职业学校、职业培训机构。

行业主管部门、工会等群团组织、行业组织、企业、事业单位等委托学校、职业培训机构实施职业教育的，应当签订委托合同。

第二十九条　县级以上人民政府应当加强职业教育实习实训基地建设，组织行业主管部门、工会等群团组织、行业组织、企业等根据区域或者行业职业教育的需要建设高水平、专业化、开放共享的产教融合实习实训基地，为职业学校、职业培训机构开展实习实训和企业开展培训提供条件和支持。

第三十条　国家推行中国特色学徒制，引导企业按照岗位总量的一定比例设立学徒岗位，鼓励和支持有技术技能人才培养能力的企业特别是产教融合型企业与职业学校、职业培训机构开展合作，对新招用职工、在岗职工和转岗职工进行学徒培训，或者与职业学校联合招收学生，以工学结合的方式进行学徒培养。有关企业可以按照规定享受补贴。

企业与职业学校联合招收学生，以工学结合的方式进行学徒培养的，应当签订学徒培养协议。

第三十一条　国家鼓励行业组织、企业等参与职业教育专业教材开发，将新技术、新工艺、新理念纳入职业学校教材，并可以通过活页式教材等多种方式进行动态更新；支持运用信息技术和其他现代化教学方式，开发职业教育网络课程等学习资源，创新教学方式和学校管理方式，推动职业教育信息化建设与融合应用。

第三十二条　国家通过组织开展职业技能竞赛等活动，为技术技能人才提供展示技能、切磋技艺的平台，持续培养更多高素质技术技能人才、能工巧匠和大国工匠。

## 第四章　职业学校和职业培训机构

第三十三条　职业学校的设立，应当符合下列基本条件：

（一）有组织机构和章程；

（二）有合格的教师和管理人员；

（三）有与所实施职业教育相适应、符合规定标准和安全要求的教学及实习实训场所、设施、设备以及课程体系、教育教学资源等；

（四）有必备的办学资金和与办学规模相适应的稳定经费来源。

设立中等职业学校，由县级以上地方人民政府或者有关部门按照规定的权限审批；设立实施专科层次教育的高等职业学校，由省、自治区、直辖市人民政府审批，报国务院教育行政部门备案；设立实施本科及以上层次教育的高等职业学校，由国务院教育行政部门审批。

专科层次高等职业学校设置的培养高端技术技能人才的部分专业，符合产教深度融合、办学特色鲜明、培养质量较高等条件的，经国务院教育行政部门审批，可以实施本科层次的职业教育。

第三十四条　职业培训机构的设立，应当符合下列基本条件：

（一）有组织机构和管理制度；

（二）有与培训任务相适应的课程体系、教师或者其他授课人员、管理人员；

（三）有与培训任务相适应、符合安全要求的场所、设施、设备；

（四）有相应的经费。

职业培训机构的设立、变更和终止，按照国家有关规定执行。

**第三十五条**　公办职业学校实行中国共产党职业学校基层组织领导的校长负责制，中国共产党职业学校基层组织按照中国共产党章程和有关规定，全面领导学校工作，支持校长独立负责地行使职权。民办职业学校依法健全决策机制，强化学校的中国共产党基层组织政治功能，保证其在学校重大事项决策、监督、执行各环节有效发挥作用。

校长全面负责本学校教学、科学研究和其他行政管理工作。校长通过校长办公会或者校务会议行使职权，依法接受监督。

职业学校可以通过咨询、协商等多种形式，听取行业组织、企业、学校毕业生等方面代表的意见，发挥其参与学校建设、支持学校发展的作用。

**第三十六条**　职业学校应当依法办学，依据章程自主管理。

职业学校在办学中可以开展下列活动：

（一）根据产业需求，依法自主设置专业；

（二）基于职业教育标准制定人才培养方案，依法自主选用或者编写专业课程教材；

（三）根据培养技术技能人才的需要，自主设置学习制度，安排教学过程；

（四）在基本学制基础上，适当调整修业年限，实行弹性学习制度；

（五）依法自主选聘专业课教师。

**第三十七条**　国家建立符合职业教育特点的考试招生制度。

中等职业学校可以按照国家有关规定，在有关专业实行与高等职业学校教育的贯通招生和培养。

高等职业学校可以按照国家有关规定，采取文化素质与职业技能相结合的考核方式招收学生；对有突出贡献的技术技能人才，经考核合格，可以破格录取。

省级以上人民政府教育行政部门会同同级人民政府有关部门建立职业教育统一招生平台，汇总发布实施职业教育的学校及其专业设置、招生情况等信息，提供查询、报考等服务。

**第三十八条** 职业学校应当加强校风学风、师德师风建设，营造良好学习环境，保证教育教学质量。

**第三十九条** 职业学校应当建立健全就业创业促进机制，采取多种形式为学生提供职业规划、职业体验、求职指导等就业创业服务，增强学生就业创业能力。

**第四十条** 职业学校、职业培训机构实施职业教育应当注重产教融合，实行校企合作。

职业学校、职业培训机构可以通过与行业组织、企业、事业单位等共同举办职业教育机构、组建职业教育集团、开展订单培养等多种形式进行合作。

国家鼓励职业学校在招生就业、人才培养方案制定、师资队伍建设、专业规划、课程设置、教材开发、教学设计、教学实施、质量评价、科学研究、技术服务、科技成果转化以及技术技能创新平台、专业化技术转移机构、实习实训基地建设等方面，与相关行业组织、企业、事业单位等建立合作机制。开展合作的，应当签订协议，明确双方权利义务。

**第四十一条** 职业学校、职业培训机构开展校企合作、提供社会服务或者以实习实训为目的举办企业、开展经营活动取得的收入用于改善办学条件；收入的一定比例可以用于支付教师、企业专家、外聘人员和受教育者的劳动报酬，也可以作为绩效工资来源，符合国家规定的可以不受绩效工资总量限制。

职业学校、职业培训机构实施前款规定的活动，符合国家有关规定的，享受相关税费优惠政策。

**第四十二条** 职业学校按照规定的收费标准和办法，收取学费和其他必要费用；符合国家规定条件的，应当予以减免；不得以介绍工作、安排实习实训等名义违法收取费用。

职业培训机构、职业学校面向社会开展培训的，按照国家有关规定收取费用。

**第四十三条** 职业学校、职业培训机构应当建立健全教育质量评价制度，吸纳行业组织、企业等参与评价，并及时公开相关信息，接受教育督导和社会监督。

县级以上人民政府教育行政部门应当会同有关部门、行业组织建立符合职业教育特点的质量评价体系，组织或者委托行业组织、企业和第三方专业机构，对职业学校的办学质量进行评估，并将评估结果及时公开。

职业教育质量评价应当突出就业导向，把受教育者的职业道德、技术技能水平、就业质量作为重要指标，引导职业学校培养高素质技术技能人才。

有关部门应当按照各自职责，加强对职业学校、职业培训机构的监督管理。

## 第五章　职业教育的教师与受教育者

**第四十四条** 国家保障职业教育教师的权利，提高其专业素质与社会地位。

县级以上人民政府及其有关部门应当将职业教育教师的培养培训工作纳入教师队伍建设规划，保证职业教育教师队伍适应职业教育发展的需要。

**第四十五条** 国家建立健全职业教育教师培养培训体系。

各级人民政府应当采取措施，加强职业教育教师专业化培养培训，鼓励设立专门的职业教育师范院校，支持高等学校设立相关专业，培养职业教育教师；鼓励行业组织、企业共同参与职业教育教师培养培训。

产教融合型企业、规模以上企业应当安排一定比例的岗位，接纳职业学校、职业培训机构教师实践。

**第四十六条**　国家建立健全符合职业教育特点和发展要求的职业学校教师岗位设置和职务（职称）评聘制度。

职业学校的专业课教师（含实习指导教师）应当具有一定年限的相应工作经历或者实践经验，达到相应的技术技能水平。

具备条件的企业、事业单位经营管理和专业技术人员，以及其他有专业知识或者特殊技能的人员，经教育教学能力培训合格的，可以担任职业学校的专职或者兼职专业课教师；取得教师资格的，可以根据其技术职称聘任为相应的教师职务。取得职业学校专业课教师资格可以视情况降低学历要求。

**第四十七条**　国家鼓励职业学校聘请技能大师、劳动模范、能工巧匠、非物质文化遗产代表性传承人等高技能人才，通过担任专职或者兼职专业课教师、设立工作室等方式，参与人才培养、技术开发、技能传承等工作。

**第四十八条**　国家制定职业学校教职工配备基本标准。省、自治区、直辖市应当根据基本标准，制定本地区职业学校教职工配备标准。

县级以上地方人民政府应当根据教职工配备标准、办学规模等，确定公办职业学校教职工人员规模，其中一定比例可以用于支持职业学校面向社会公开招聘专业技术人员、技能人才担任专职或者兼职教师。

**第四十九条**　职业学校学生应当遵守法律、法规和学生行为规范，养成良好的职业道德、职业精神和行为习惯，努力学习，完成规定的学习任务，按照要求参加实习实训，掌握技术技能。

职业学校学生的合法权益，受法律保护。

**第五十条**　国家鼓励企业、事业单位安排实习岗位，接纳职业学校和职业培训机构的学生实习。接纳实习的单位应当保障学生在实习期间按照规定享受休息休假、获得劳动安全卫生保护、参加相关保险、接受职业技能指导等权利；对上岗实习的，应当签订实习协议，给予适当的劳动报酬。

职业学校和职业培训机构应当加强对实习实训学生的指导，加强安全生产教育，协商实习单位安排与学生所学专业相匹配的岗位，明确实习实训内容和标准，不得安排学生从事与所学专业无关的实习实训，不得违反相关规定通过人力资源服务机构、劳务派遣单位，或者通过非法从事人力资源服务、劳务派遣业务的单位或个人组织、安排、管理学生实习实训。

**第五十一条** 接受职业学校教育，达到相应学业要求，经学校考核合格的，取得相应的学业证书；接受职业培训，经职业培训机构或者职业学校考核合格的，取得相应的培训证书；经符合国家规定的专门机构考核合格的，取得相应的职业资格证书或者职业技能等级证书。

学业证书、培训证书、职业资格证书和职业技能等级证书，按照国家有关规定，作为受教育者从业的凭证。

接受职业培训取得的职业技能等级证书、培训证书等学习成果，经职业学校认定，可以转化为相应的学历教育学分；达到相应职业学校学业要求的，可以取得相应的学业证书。

接受高等职业学校教育，学业水平达到国家规定的学位标准的，可以依法申请相应学位。

**第五十二条** 国家建立对职业学校学生的奖励和资助制度，对特别优秀的学生进行奖励，对经济困难的学生提供资助，并向艰苦、特殊行业等专业学生适当倾斜。国家根据经济社会发展情况适时调整奖励和资助标准。

国家支持企业、事业单位、社会组织及公民个人按照国家有关规定设立职业教育奖学金、助学金，奖励优秀学生，资助经济困难的学生。

职业学校应当按照国家有关规定从事业收入或者学费收入中提取一定比例资金，用于奖励和资助学生。

省、自治区、直辖市人民政府有关部门应当完善职业学校资助资金管理制度，规范资助资金管理使用。

**第五十三条**　职业学校学生在升学、就业、职业发展等方面与同层次普通学校学生享有平等机会。

高等职业学校和实施职业教育的普通高等学校应当在招生计划中确定相应比例或者采取单独考试办法，专门招收职业学校毕业生。

各级人民政府应当创造公平就业环境。用人单位不得设置妨碍职业学校毕业生平等就业、公平竞争的报考、录用、聘用条件。机关、事业单位、国有企业在招录、招聘技术技能岗位人员时，应当明确技术技能要求，将技术技能水平作为录用、聘用的重要条件。事业单位公开招聘中有职业技能等级要求的岗位，可以适当降低学历要求。

## 第六章　职业教育的保障

**第五十四条**　国家优化教育经费支出结构，使职业教育经费投入与职业教育发展需求相适应，鼓励通过多种渠道依法筹集发展职业教育的资金。

**第五十五条**　各级人民政府应当按照事权和支出责任相适应的原则，根据职业教育办学规模、培养成本和办学质量等落实职业教育经费，并加强预算绩效管理，提高资金使用效益。

省、自治区、直辖市人民政府应当制定本地区职业学校生均经费标准或者公用经费标准。职业学校举办者应当按照生均经费标准或者公用经费标准按时、足额拨付经费，不断改善办学条件。不得以学费、社会服务收入冲抵生均拨款。

民办职业学校举办者应当参照同层次职业学校生均经费标准，通过多种渠道筹措经费。

财政专项安排、社会捐赠指定用于职业教育的经费，任何组织和个人不得挪用、克扣。

第五十六条 地方各级人民政府安排地方教育附加等方面的经费，应当将其中可用于职业教育的资金统筹使用；发挥失业保险基金作用，支持职工提升职业技能。

第五十七条 各级人民政府加大面向农村的职业教育投入，可以将农村科学技术开发、技术推广的经费适当用于农村职业培训。

第五十八条 企业应当根据国务院规定的标准，按照职工工资总额一定比例提取和使用职工教育经费。职工教育经费可以用于举办职业教育机构、对本单位的职工和准备招用人员进行职业教育等合理用途，其中用于企业一线职工职业教育的经费应当达到国家规定的比例。用人单位安排职工到职业学校或者职业培训机构接受职业教育的，应当在其接受职业教育期间依法支付工资，保障相关待遇。

企业设立具备生产与教学功能的产教融合实习实训基地所发生的费用，可以参照职业学校享受相应的用地、公用事业费等优惠。

第五十九条 国家鼓励金融机构通过提供金融服务支持发展职业教育。

第六十条 国家鼓励企业、事业单位、社会组织及公民个人对职业教育捐资助学，鼓励境外的组织和个人对职业教育提供资助和捐赠。提供的资助和捐赠，必须用于职业教育。

第六十一条 国家鼓励和支持开展职业教育的科学技术研究、教材和教学资源开发，推进职业教育资源跨区域、跨行业、跨部门共建共享。

国家逐步建立反映职业教育特点和功能的信息统计和管理体系。

县级以上人民政府及其有关部门应当建立健全职业教育服务和保障体系，组织、引导工会等群团组织、行业组织、企业、学校等开展职业教育研究、宣传推广、人才供需对接等活动。

第六十二条　新闻媒体和职业教育有关方面应当积极开展职业教育公益宣传，弘扬技术技能人才成长成才典型事迹，营造人人努力成才、人人皆可成才、人人尽展其才的良好社会氛围。

## 第七章　法律责任

第六十三条　在职业教育活动中违反《中华人民共和国教育法》、《中华人民共和国劳动法》等有关法律规定的，依照有关法律的规定给予处罚。

第六十四条　企业未依照本法规定对本单位的职工和准备招用的人员实施职业教育、提取和使用职工教育经费的，由有关部门责令改正；拒不改正的，由县级以上人民政府收取其应当承担的职工教育经费，用于职业教育。

第六十五条　职业学校、职业培训机构在职业教育活动中违反本法规定的，由教育行政部门或者其他有关部门责令改正；教育教学质量低下或者管理混乱，造成严重后果的，责令暂停招生、限期整顿；逾期不整顿或者经整顿仍达不到要求的，吊销办学许可证或者责令停止办学。

第六十六条　接纳职业学校和职业培训机构学生实习的单位违反本法规定，侵害学生休息休假、获得劳动安全卫生保护、参加相关保险、接受职业技能指导等权利的，依法承担相应的法律责任。

职业学校、职业培训机构违反本法规定，通过人力资源服务机构、劳务派遣单位或者非法从事人力资源服务、劳务派遣业务的单位或个人组织、安排、管理学生实习实训的，由教育行政部门、人力资源社会保障行政部门或者其他有关部门责令改正，没收违法所得，并处违法所得一倍以上五倍以下的罚款；违法所得不足一万元的，按一万元计算。

对前款规定的人力资源服务机构、劳务派遣单位或者非法从事人力资源服务、劳务派遣业务的单位或个人，由人力资源社会保障行政部门或者其他有关部门责令改正，没收违法所得，并处违法所得一倍以上五倍以下的罚款；违法所得不足一万元的，按一万元计算。

第六十七条 教育行政部门、人力资源社会保障行政部门或者其他有关部门的工作人员违反本法规定，滥用职权、玩忽职守、徇私舞弊的，依法给予处分；构成犯罪的，依法追究刑事责任。

## 第八章 附 则

第六十八条 境外的组织和个人在境内举办职业学校、职业培训机构，适用本法；法律、行政法规另有规定的，从其规定。

第六十九条 本法自 2022 年 5 月 1 日起施行。

# 第二部分

# 中共中央、国务院印发的有关文件

# 关于做好 2023 年全面推进乡村振兴
## 重点工作的意见

（2023 年 1 月 2 日）

党的二十大擘画了以中国式现代化全面推进中华民族伟大复兴的宏伟蓝图。全面建设社会主义现代化国家，最艰巨最繁重的任务仍然在农村。世界百年未有之大变局加速演进，我国发展进入战略机遇和风险挑战并存、不确定难预料因素增多的时期，守好"三农"基本盘至关重要、不容有失。党中央认为，必须坚持不懈把解决好"三农"问题作为全党工作重中之重，举全党全社会之力全面推进乡村振兴，加快农业农村现代化。强国必先强农，农强方能国强。要立足国情农情，体现中国特色，建设供给保障强、科技装备强、经营体系强、产业韧性强、竞争能力强的农业强国。

做好 2023 年和今后一个时期"三农"工作，要坚持以习近平新时代中国特色社会主义思想为指导，全面贯彻落实党的二十大精神，深入贯彻落实习近平总书记关于"三农"工作的重要论述，坚持和加强党对"三农"工作的全面领导，坚持农业农村优先发展，坚持城乡融合发展，强化科技创新和制度创新，坚决守牢确保粮食安全、防止规模性返贫等底线，扎实推进乡村发展、乡村建设、乡村治理等重点工作，加快建设农业强国，建设宜居宜业和美乡村，为全面建设社会主义现代化国家开好局起好步打下坚实基础。

## 一、抓紧抓好粮食和重要农产品稳产保供

（一）全力抓好粮食生产。确保全国粮食产量保持在 1.3 万

亿斤以上，各省（自治区、直辖市）都要稳住面积、主攻单产、力争多增产。全方位夯实粮食安全根基，强化藏粮于地、藏粮于技的物质基础，健全农民种粮挣钱得利、地方抓粮担责尽义的机制保障。实施新一轮千亿斤粮食产能提升行动。开展吨粮田创建。推动南方省份发展多熟制粮食生产，鼓励有条件的地方发展再生稻。支持开展小麦"一喷三防"。实施玉米单产提升工程。继续提高小麦最低收购价，合理确定稻谷最低收购价，稳定稻谷补贴，完善农资保供稳价应对机制。健全主产区利益补偿机制，增加产粮大县奖励资金规模。逐步扩大稻谷小麦玉米完全成本保险和种植收入保险实施范围。实施好优质粮食工程。鼓励发展粮食订单生产，实现优质优价。严防"割青毁粮"。严格省级党委和政府耕地保护和粮食安全责任制考核。推动出台粮食安全保障法。

（二）加力扩种大豆油料。深入推进大豆和油料产能提升工程。扎实推进大豆玉米带状复合种植，支持东北、黄淮海地区开展粮豆轮作，稳步开发利用盐碱地种植大豆。完善玉米大豆生产者补贴，实施好大豆完全成本保险和种植收入保险试点。统筹油菜综合性扶持措施，推行稻油轮作，大力开发利用冬闲田种植油菜。支持木本油料发展，实施加快油茶产业发展三年行动，落实油茶扩种和低产低效林改造任务。深入实施饲用豆粕减量替代行动。

（三）发展现代设施农业。实施设施农业现代化提升行动。加快发展水稻集中育秧中心和蔬菜集约化育苗中心。加快粮食烘干、农产品产地冷藏、冷链物流设施建设。集中连片推进老旧蔬菜设施改造提升。推进畜禽规模化养殖场和水产养殖池塘改造升级。在保护生态和不增加用水总量前提下，探索科学利用戈壁、沙漠等发展设施农业。鼓励地方对设施农业建设给予信贷贴息。

（四）构建多元化食物供给体系。树立大食物观，加快构建粮经饲统筹、农林牧渔结合、植物动物微生物并举的多元化食物供给体系，分领域制定实施方案。建设优质节水高产稳产饲草料生产基地，加快苜蓿等草产业发展。大力发展青贮饲料，加快推进秸秆养畜。发展林下种养。深入推进草原畜牧业转型升级，合理利用草地资源，推进划区轮牧。科学划定限养区，发展大水面生态渔业。建设现代海洋牧场，发展深水网箱、养殖工船等深远海养殖。培育壮大食用菌和藻类产业。加大食品安全、农产品质量安全监管力度，健全追溯管理制度。

（五）统筹做好粮食和重要农产品调控。加强粮食应急保障能力建设。强化储备和购销领域监管。落实生猪稳产保供省负总责，强化以能繁母猪为主的生猪产能调控。严格"菜篮子"市长负责制考核。完善棉花目标价格政策。继续实施糖料蔗良种良法技术推广补助政策。完善天然橡胶扶持政策。加强化肥等农资生产、储运调控。发挥农产品国际贸易作用，深入实施农产品进口多元化战略。深入开展粮食节约行动，推进全链条节约减损，健全常态化、长效化工作机制。提倡健康饮食。

## 二、加强农业基础设施建设

（六）加强耕地保护和用途管控。严格耕地占补平衡管理，实行部门联合开展补充耕地验收评定和"市县审核、省级复核、社会监督"机制，确保补充的耕地数量相等、质量相当、产能不降。严格控制耕地转为其他农用地。探索建立耕地种植用途管控机制，明确利用优先序，加强动态监测，有序开展试点。加大撂荒耕地利用力度。做好第三次全国土壤普查工作。

（七）加强高标准农田建设。完成高标准农田新建和改造提升年度任务，重点补上土壤改良、农田灌排设施等短板，统筹推进高效节水灌溉，健全长效管护机制。制定逐步把永久基本农田全部建成高标准农田的实施方案。加强黑土地保护和坡耕地综合治理。严厉打击盗挖黑土、电捕蚯蚓等破坏土壤行为。

强化干旱半干旱耕地、红黄壤耕地产能提升技术攻关，持续推动由主要治理盐碱地适应作物向更多选育耐盐碱植物适应盐碱地转变，做好盐碱地等耕地后备资源综合开发利用试点。

（八）加强水利基础设施建设。扎实推进重大水利工程建设，加快构建国家水网骨干网络。加快大中型灌区建设和现代化改造。实施一批中小型水库及引调水、抗旱备用水源等工程建设。加强田间地头渠系与灌区骨干工程连接等农田水利设施建设。支持重点区域开展地下水超采综合治理，推进黄河流域农业深度节水控水。在干旱半干旱地区发展高效节水旱作农业。强化蓄滞洪区建设管理、中小河流治理、山洪灾害防治，加快实施中小水库除险加固和小型水库安全监测。深入推进农业水价综合改革。

（九）强化农业防灾减灾能力建设。研究开展新一轮农业气候资源普查和农业气候区划工作。优化完善农业气象观测设施站网布局，分区域、分灾种发布农业气象灾害信息。加强旱涝灾害防御体系建设和农业生产防灾救灾保障。健全基层动植物疫病虫害监测预警网络。抓好非洲猪瘟等重大动物疫病常态化防控和重点人兽共患病源头防控。提升重点区域森林草原火灾综合防控水平。

### 三、强化农业科技和装备支撑

（十）推动农业关键核心技术攻关。坚持产业需求导向，构建梯次分明、分工协作、适度竞争的农业科技创新体系，加快前沿技术突破。支持农业领域国家实验室、全国重点实验室、制造业创新中心等平台建设，加强农业基础性长期性观测实验站（点）建设。完善农业科技领域基础研究稳定支持机制。

（十一）深入实施种业振兴行动。完成全国农业种质资源普查。构建开放协作、共享应用的种质资源精准鉴定评价机制。全面实施生物育种重大项目，扎实推进国家育种联合攻关和畜禽遗传改良计划，加快培育高产高油大豆、短生育期油菜、耐盐碱作物等新品种。加快玉米大豆生物育种产业化步伐，有序扩大试点范围，规范种植管理。

（十二）加快先进农机研发推广。加紧研发大型智能农机装备、丘陵山区适用小型机械和园艺机械。支持北斗智能监测终端及辅助驾驶系统集成应用。完善农机购置与应用补贴政策，探索与作业量挂钩的补贴办法，地方要履行法定支出责任。

（十三）推进农业绿色发展。加快农业投入品减量增效技术推广应用，推进水肥一体化，建立健全秸秆、农膜、农药包装废弃物、畜禽粪污等农业废弃物收集利用处理体系。推进农业绿色发展先行区和观测试验基地建设。健全耕地休耕轮作制度。加强农用地土壤镉等重金属污染源头防治。强化受污染耕地安全利用和风险管控。建立农业生态环境保护监测制度。出台生态保护补偿条例。严格执行休禁渔期制度，实施好长江十年禁渔，巩固退捕渔民安置保障成果。持续开展母亲河复苏行动，科学实施农村河湖综合整治。加强黄土高原淤地坝建设改造。加大草原保护修复力度。巩固退耕还林还草成果，落实相关补助政策。严厉打击非法引入外来物种行为，实施重大危害入侵物种防控攻坚行动，加强"异宠"交易与放生规范管理。

## 四、巩固拓展脱贫攻坚成果

（十四）坚决守住不发生规模性返贫底线。压紧压实各级巩固拓展脱贫攻坚成果责任，确保不松劲、不跑偏。强化防止返贫动态监测。对有劳动能力、有意愿的监测户，落实开发式帮扶措施。健全分层分类的社会救助体系，做好兜底保障。巩固提升"三保障"和饮水安全保障成果。

（十五）增强脱贫地区和脱贫群众内生发展动力。把增加脱贫群众收入作为根本要求，把促进脱贫县加快发展作为主攻方向，更加注重扶志扶智，聚焦产业就业，不断缩小收入差距、发展差距。中央财政衔接推进乡村振兴补助资金用于产业发展的比重力争提高到 60%以上，重点支持补上技术、设施、营销等短板。鼓励脱贫地区有条件的农户发展庭院经济。深入开展多种形式的消费帮扶，持续推进消费帮扶示范城市和产地示范区创建，支持脱贫地区打造区域公用品牌。财政资金和帮扶资金支持的经营性帮扶项目要健全利益联结机制，带动农民增收。管好用好扶贫项目资产。深化东西部劳务协作，实施防止返贫就业攻坚行动，确保脱贫劳动力就业规模稳定在 3000 万人以上。持续运营好就业帮扶车间和其他产业帮扶项目。充分发挥乡村公益性岗位就业保障作用。深入开展"雨露计划+"就业促进行动。在国家乡村振兴重点帮扶县实施一批补短板促振兴重点项目，深入实施医疗、教育干部人才"组团式"帮扶，更好发挥驻村干部、科技特派员产业帮扶作用。深入开展巩固易地搬迁脱贫成果专项行动和搬迁群众就业帮扶专项行动。

（十六）稳定完善帮扶政策。落实巩固拓展脱贫攻坚成果同乡村振兴有效衔接政策。开展国家乡村振兴重点帮扶县发展成效监测评价。保持脱贫地区信贷投放力度不减，扎实做好脱贫人口小额信贷工作。按照市场化原则加大对帮扶项目的金融支持。深化东西部协作，组织东部地区经济较发达县（市、区）与脱贫县开展携手促振兴行动，带动脱贫县更多承接和发展劳动密集型产业。持续做好中央单位定点帮扶，调整完善结对关系。深入推进"万企兴万村"行动。研究过渡期后农村低收入人口和欠发达地区常态化帮扶机制。

## 五、推动乡村产业高质量发展

（十七）做大做强农产品加工流通业。实施农产品加工业提升行动，支持家庭农场、农民合作社和中小微企业等发展农产品产地初加工，引导大型农业企业发展农产品精深加工。引导农产品加工企业向产地下沉、向园区集中，在粮食和重要农产品主产区统筹布局建设农产品加工产业园。完善农产品流通骨干网络，改造提升产地、集散地、销地批发市场，布局建设一批城郊大仓基地。支持建设产地冷链集配中心。统筹疫情防控和农产品市场供应，确保农产品物流畅通。

（十八）加快发展现代乡村服务业。全面推进县域商业体系建设。加快完善县乡村电子商务和快递物流配送体系，建设县域集采集配中心，推动农村客货邮融合发展，大力发展共同配送、即时零售等新模式，推动冷链物流服务网络向乡村下沉。发展乡村餐饮购物、文化体育、旅游休闲、养老托幼、信息中介等生活服务。鼓励有条件的地区开展新能源汽车和绿色智能家电下乡。

（十九）培育乡村新产业新业态。继续支持创建农业产业强镇、现代农业产业园、优势特色产业集群。支持国家农村产业融合发展示范园建设。深入推进农业现代化示范区建设。实施文化产业赋能乡村振兴计划。实施乡村休闲旅游精品工程，推动乡村民宿提质升级。深入实施"数商兴农"和"互联网+"农产品出村进城工程，鼓励发展农产品电商直采、定制生产等模式，建设农副产品直播电商基地。提升净菜、中央厨房等产业标准化和规范化水平。培育发展预制菜产业。

（二十）培育壮大县域富民产业。完善县乡村产业空间布局，提升县城产业承载和配套服务功能，增强重点镇集聚功能。实施"一县一业"强县富民工程。引导劳动密集型产业向中西部地区、向县域梯度转移，支持大中城市在周边县域布局关联产业和配套企业。支持国家级高新区、经开区、农高区托管联办县域产业园区。

## 六、拓宽农民增收致富渠道

（二十一）促进农民就业增收。强化各项稳岗纾困政策落实，加大对中小微企业稳岗倾斜力度，稳定农民工就业。促进农民工职业技能提升。完善农民工工资支付监测预警机制。维护好超龄农民工就业权益。加快完善灵活就业人员权益保障制度。加强返乡入乡创业园、农村创业孵化实训基地等建设。在政府投资重点工程和农业农村基础设施建设项目中推广以工代赈，适当提高劳务报酬发放比例。

（二十二）促进农业经营增效。深入开展新型农业经营主体提升行动，支持家庭农场组建农民合作社、合作社根据发展需要办企业，带动小农户合作经营、共同增收。实施农业社会化服务促进行动，大力发展代耕代种、代管代收、全程托管等社会化服务，鼓励区域性综合服务平台建设，促进农业节本增效、提质增效、营销增效。引导土地经营权有序流转，发展农业适度规模经营。总结地方"小田并大田"等经验，探索在农民自愿前提下，结合农田建设、土地整治逐步解决细碎化问题。完善社会资本投资农业农村指引，加强资本下乡引入、使用、退出的全过程监管。健全社会资本通过流转取得土地经营权的资格审查、项目审核和风险防范制度，切实保障农民利益。坚持为农服务和政事分开、社企分开，持续深化供销合作社综合改革。

（二十三）赋予农民更加充分的财产权益。深化农村土地制度改革，扎实搞好确权，稳步推进赋权，有序实现活权，让农民更多分享改革红利。研究制定第二轮土地承包到期后再延长30年试点工作指导意见。稳慎推进农村宅基地制度改革试点，切实摸清底数，加快房地一体宅基地确权登记颁证，加强规范管理，妥善化解历史遗留问题，探索宅基地"三权分置"有效实现形式。深化农村集体经营性建设用地入市试点，探索建立兼顾国家、农村集体经济组织和农民利益的土地增值收益有效调节机制。保障进城落户农民合法土地权益，鼓励依法自愿有偿转让。巩固提升农村集体产权制度改革成果，构建产权关系明晰、治理架构科学、经营方式稳健、收益分配合理的运行机制，探索资源发包、物业出租、居间服务、资产参股等多样化途径发展新型农村集体经济。健全农村集体资产监管体系。保障妇女在农村集体经济组织中的合法权益。继续深化集体林权制度改革。深入推进农村综合改革试点示范。

## 七、扎实推进宜居宜业和美乡村建设

（二十四）加强村庄规划建设。坚持县域统筹，支持有条件有需求的村庄分区分类编制村庄规划，合理确定村庄布局和建设边界。将村庄规划纳入村级议事协商目录。规范优化乡村地区行政区划设置，严禁违背农民意愿撤并村庄、搞大社区。推进以乡镇为单元的全域土地综合整治。积极盘活存量集体建设用地，优先保障农民居住、乡村基础设施、公共服务空间和产业用地需求，出台乡村振兴用地政策指南。编制村容村貌提升导则，立足乡土特征、地域特点和民族特色提升村庄风貌，防止大拆大建、盲目建牌楼亭廊"堆盆景"。实施传统村落集中连片保护利用示范，建立完善传统村落调查认定、撤并前置审查、灾毁防范等制度。制定农村基本具备现代生活条件建设指引。

（二十五）扎实推进农村人居环境整治提升。加大村庄公共空间整治力度，持续开展村庄清洁行动。巩固农村户厕问题摸排整改成果，引导农民开展户内改厕。加强农村公厕建设维护。以人口集中村镇和水源保护区周边村庄为重点，分类梯次推进农村生活污水治理。推动农村生活垃圾源头分类减量，及时清运处置。推进厕所粪污、易腐烂垃圾、有机废弃物就近就地资源化利用。持续开展爱国卫生运动。

（二十六）持续加强乡村基础设施建设。加强农村公路养护和安全管理，推动与沿线配套设施、产业园区、旅游景区、乡村旅游重点村一体化建设。推进农村规模化供水工程建设和小型供水工程标准化改造，开展水质提升专项行动。推进农村电网巩固提升，发展农村可再生能源。支持农村危房改造和抗震改造，基本完成农房安全隐患排查整治，建立全过程监管制度。开展现代宜居农房建设示范。深入实施数字乡村发展行动，推动数字化应用场景研发推广。加快农业农村大数据应用，推进智慧农业发展。落实村庄公共基础设施管护责任。加强农村应急管理基础能力建设，深入开展乡村交通、消防、经营性自建房等重点领域风险隐患治理攻坚。

（二十七）提升基本公共服务能力。推动基本公共服务资源下沉，着力加强薄弱环节。推进县域内义务教育优质均衡发展，提升农村学校办学水平。落实乡村教师生活补助政策。推进医疗卫生资源县域统筹，加强乡村两级医疗卫生、医疗保障服务能力建设。统筹解决乡村医生薪酬分配和待遇保障问题，推进乡村医生队伍专业化规范化。提高农村传染病防控和应急处置能力。做好农村新冠疫情防控工作，层层压实责任，加强农村老幼病残孕等重点人群医疗保障，最大程度维护好农村居民身体健康和正常生产生活秩序。优化低保审核确认流程，确保符合条件的困难群众"应保尽保"。深化农村社会工作服务。加快乡镇区域养老服务中心建设，推广日间照料、互助养老、探访关爱、老年食堂等养老服务。实施农村妇女素质提升计划，加强农村未成年人保护工作，健全农村残疾人社会保障制度和关爱服务体系，关心关爱精神障碍人员。

## 八、健全党组织领导的乡村治理体系

（二十八）强化农村基层党组织政治功能和组织功能。突出大抓基层的鲜明导向，强化县级党委抓乡促村责任，深入推进抓党建促乡村振兴。全面培训提高乡镇、村班子领导乡村振兴能力。派强用好驻村第一书记和工作队，强化派出单位联村帮扶。开展乡村振兴领域腐败和作风问题整治。持续开展市县巡察，推动基层纪检监察组织和村务监督委员会有效衔接，强化对村干部全方位管理和经常性监督。对农村党员分期分批开展集中培训。通过设岗定责等方式，发挥农村党员先锋模范作用。

（二十九）提升乡村治理效能。坚持以党建引领乡村治理，强化县乡村三级治理体系功能，压实县级责任，推动乡镇扩权赋能，夯实村级基础。全面落实县级领导班子成员包乡走村、乡镇领导班子成员包村联户、村干部经常入户走访制度。健全党组织领导的村民自治机制，全面落实"四议两公开"制度。加强乡村法治教育和法律服务，深入开展"民主法治示范村（社区）"创建。坚持和发展新时代"枫桥经验"，完善社会矛盾纠纷多元预防调处化解机制。完善网格化管理、精细化服务、信息化支撑的基层治理平台。推进农村扫黑除恶常态化。开展打击整治农村赌博违法犯罪专项行动。依法严厉打击侵害农村妇女儿童权利的违法犯罪行为。完善推广积分制、清单制、数字化、接诉即办等务实管用的治理方式。深化乡村治理体系建设试点，组织开展全国乡村治理示范村镇创建。

（三十）加强农村精神文明建设。深入开展社会主义核心价值观宣传教育，继续在乡村开展听党话、感党恩、跟党走宣传教育活动。深化农村群众性精神文明创建，拓展新时代文明实践中心、县级融媒体中心等建设，支持乡村自办群众性文化活动。注重家庭家教家风建设。深入实施农耕文化传承保护工程，加强重要农业文化遗产保护利用。办好中国农民丰收节。推动各地因地制宜制定移风易俗规范，强化村规民约约束作用，党员、干部带头示范，扎实开展高价彩礼、大操大办等重点领域突出问题专项治理。推进农村丧葬习俗改革。

## 九、强化政策保障和体制机制创新

（三十一）健全乡村振兴多元投入机制。坚持把农业农村作为一般公共预算优先保障领域，压实地方政府投入责任。稳步提高土地出让收益用于农业农村比例。将符合条件的乡村振兴项目纳入地方政府债券支持范围。支持以市场化方式设立乡村振兴基金。健全政府投资与金融、社会投入联动机制，鼓励将符合条件的项目打捆打包按规定由市场主体实施，撬动金融和社会资本按市场化原则更多投向农业农村。用好再贷款再贴现、差别化存款准备金、差异化金融监管和考核评估等政策，推动金融机构增加乡村振兴相关领域贷款投放，重点保障粮食安全信贷资金需求。引导信贷担保业务向农业农村领域倾斜，发挥全国农业信贷担保体系作用。加强农业信用信息共享。发挥多层次资本市场支农作用，优化"保险+期货"。加快农村信用社改革化险，推动村镇银行结构性重组。鼓励发展渔业保险。

（三十二）加强乡村人才队伍建设。实施乡村振兴人才支持计划，组织引导教育、卫生、科技、文化、社会工作、精神文明建设等领域人才到基层一线服务，支持培养本土急需紧缺人才。实施高素质农民培育计划，开展农村创业带头人培育行动，提高培训实效。大力发展面向乡村振兴的职业教育，深化产教融合和校企合作。完善城市专业技术人才定期服务乡村激励机制，对长期服务乡村的在职务晋升、职称评定方面予以适当倾斜。引导城市专业技术人员入乡兼职兼薪和离岗创业。允许符合一定条件的返乡回乡下乡就业创业人员在原籍地或就业创业地落户。继续实施农村订单定向医学生免费培养项目、教师"优师计划"、"特岗计划"、"国培计划"，实施"大学生乡村医生"专项计划。实施乡村振兴巾帼行动、青年人才开发行动。

（三十三）推进县域城乡融合发展。健全城乡融合发展体制机制和政策体系，畅通城乡要素流动。统筹县域城乡规划建设，推动县城城镇化补短板强弱项，加强中心镇市政、服务设施建设。深入推进县域农民工市民化，建立健全基本公共服务同常住人口挂钩、由常住地供给机制。做好农民工金融服务工作。梯度配置县乡村公共资源，发展城乡学校共同体、紧密型医疗卫生共同体、养老服务联合体，推动县域供电、供气、电信、邮政等普遍服务类设施城乡统筹建设和管护，有条件的地区推动市政管网、乡村微管网等往户延伸。扎实开展乡村振兴示范创建。

办好农村的事，实现乡村振兴，关键在党。各级党委和政府要认真学习宣传贯彻党的二十大精神，学深悟透习近平总书记关于"三农"工作的重要论述，把"三农"工作摆在突出位置抓紧抓好，不断提高"三农"工作水平。加强工作作风建设，党员干部特别是领导干部要树牢群众观点，贯彻群众路线，多到基层、多接地气，大兴调查研究之风。发挥农民主体作用，调动农民参与乡村振兴的积极性、主动性、创造性。强化系统观念，统筹解决好"三农"工作中两难、多难问题，把握好工作时度效。深化纠治乡村振兴中的各类形式主义、官僚主义等问题，切实减轻基层迎评送检、填表报数、过度留痕等负担，推动基层把主要精力放在谋发展、抓治理和为农民群众办实事上。全面落实乡村振兴责任制，坚持五级书记抓，统筹开展乡村振兴战略实绩考核、巩固拓展脱贫攻坚成果同乡村振兴有效衔接考核评估，将抓党建促乡村振兴情况作为市县乡党委书记抓基层党建述职评议考核的重要内容。加强乡村振兴统计监测。制定加快建设农业强国规划，做好整体谋划和系统安排，同现有规划相衔接，分阶段扎实稳步推进。

让我们紧密团结在以习近平同志为核心的党中央周围，坚定信心、踔厉奋发、埋头苦干，全面推进乡村振兴，加快建设农业强国，为全面建设社会主义现代化国家、全面推进中华民族伟大复兴作出新的贡献。

# 乡村振兴责任制实施办法

（2022 年 11 月 28 日）

## 第一章 总 则

**第一条** 为了全面落实乡村振兴责任制，根据《中国共产党农村工作条例》、《中华人民共和国乡村振兴促进法》，制定本办法。

**第二条** 实行乡村振兴责任制，坚持以习近平新时代中国特色社会主义思想为指导，增强"四个意识"、坚定"四个自信"、做到"两个维护"，实行中央统筹、省负总责、市县乡抓落实的乡村振兴工作机制，构建职责清晰、各负其责、合力推进的乡村振兴责任体系，举全党全社会之力全面推进乡村振兴，加快农业农村现代化。

**第三条** 坚持党对农村工作的全面领导，健全党委统一领导、政府负责、党委农村工作部门统筹协调的农村工作领导体制，省市县乡村五级书记抓乡村振兴。

**第四条** 在党中央领导下，中央农村工作领导小组负责巩固拓展脱贫攻坚成果、全面推进乡村振兴的牵头抓总、统筹协调，推动建立健全乡村振兴责任落实、组织推动、社会动员、要素保障、考核评价、工作报告、监督检查等机制并抓好组织实施。

## 第二章 部门责任

**第五条** 中央和国家机关有关部门乡村振兴责任主要包括：

（一）深入学习贯彻习近平总书记关于"三农"工作的重要论述和重要指示精神，认真落实党中央、国务院关于乡村振兴战略的方针政策和决策部署，以及相关法律法规要求，结合职责研究和组织实施乡村振兴战略。

（二）加快建设农业强国，扎实推动乡村产业、人才、文化、生态、组织振兴，拟订并组织实施乡村振兴战略规划、重大政策、重大工程等，组织起草有关法律法规草案，指导推进和综合协调乡村振兴中的重大问题。

（三）全方位夯实粮食安全根基，强化藏粮于地、藏粮于技物质基础，健全辅之以利、辅之以义保障机制，执行最严格的耕地保护制度，牢牢守住十八亿亩耕地红线，逐步把永久基本农田全部建成高标准农田，深入实施种业振兴行动，强化农业科技和装备支撑，健全种粮农民收益保障机制和主产区利益补偿机制，持续提高农业综合生产能力，确保粮食和重要农产品有效供给。树立大食物观，发展设施农业，构建多元化食物供给体系。深化农业供给侧结构性改革，推动品种培优、品质提升、品牌打造和标准化生产，提升农业质量效益和竞争力。

（四）巩固拓展脱贫攻坚成果，完善并组织实施配套政策，健全并推进实施防止返贫动态监测和帮扶机制，重点帮扶支持国家乡村振兴重点帮扶县、易地搬迁集中安置点等重点区域，持续做好中央单位定点帮扶工作，让脱贫攻坚成果更加扎实、更可持续。

（五）落实行业或者领域内乡村振兴各项任务，提出和落实推进乡村发展、乡村建设、乡村治理的主要目标和重大举措，针对存在的薄弱环节和突出问题，规范和健全制度措施、体制机制和政策体系。

（六）以处理好农民和土地的关系为主线深化农村改革，巩固和完善农村基本经营制度，发展新型农村集体经济，发展新型农业经营主体和社会化服务，发展农业适度规模经营。深化农村土地制度、农村集体产权制度改革，赋予农民更加充分的财产权益。完善农业支持保护制度，健全农村金融服务体系。

持续深化供销合作社、农垦、农业水价、集体林权、国有林场林区等重点领域改革，推动农村改革扩面、提速、集成。

（七）坚持农业农村优先发展，在干部配备、要素配置、资金投入、公共服务等方面对乡村振兴予以优先保障，健全城乡融合发展体制机制和政策体系，畅通城乡要素流动。

（八）总结推介乡村振兴经验典型。组织开展乡村振兴战略实施情况监测评价。按照规定组织开展乡村振兴有关督查考核、示范创建、表彰奖励等工作。

**第六条** 中央农村工作领导小组办公室根据中央农村工作领导小组安排部署，负责牵头组织开展乡村振兴重大政策研究、重大事项协调、重大任务督促落实等工作。

**第七条** 中央和国家机关有关部门应当根据有关党内法规、法律法规规定和职责分工落实乡村振兴各项任务，加强对本单位本系统乡村振兴工作的领导，建立健全乡村振兴工作机制，加强部门协同，形成工作合力。

中央和国家机关有关部门党组（党委）对本单位本系统乡村振兴工作负主体责任，领导班子主要负责人是第一责任人。

## 第三章　地方责任

**第八条** 地方党委和政府乡村振兴责任主要包括：

（一）深入学习贯彻习近平总书记关于"三农"工作的重要论述和重要指示精神，认真落实党中央、国务院关于乡村振兴战略的方针政策和决策部署，以及相关法律法规要求，结合本地区实际实施乡村振兴战略。

（二）以乡村振兴统揽新时代"三农"工作，将乡村振兴纳入本地区国民经济和社会发展规划、党委和政府工作重点统筹谋划部署，结合实际制定推动乡村振兴的政策措施、专项规划和年度任务并组织实施。

（三）把确保粮食和重要农产品供给作为首要任务，全面落实耕地保护和粮食安全党政同责，严格落实耕地和永久基本农田保护、高标准农田建设任务，保质保量完成粮食和重要农产品生产目标任务，调动农民种粮积极性，全面提高本地区粮食安全保障能力。

（四）把巩固拓展脱贫攻坚成果摆在突出位置，确保兜底保障水平稳步提高，确保"三保障"和饮水安全保障水平持续巩固提升，不断缩小收入差距、发展差距，增强脱贫地区和脱贫群众内生发展动力，切实运行好防止返贫动态监测和帮扶机制，守住不发生规模性返贫底线，努力让脱贫群众生活更上一层楼。

（五）立足本地区农业农村优势特色资源规划发展乡村产业，拓展农业多种功能、挖掘乡村多元价值，打造农业全产业链，促进农村一二三产业融合发展，推动建立现代农业产业体系、生产体系和经营体系，推动现代服务业同现代农业深度融合，把产业链延伸环节更多留在乡村，把产业发展的增值收益更多留给农民，拓宽农民增收致富渠道。

（六）鼓励和引导各类人才投身乡村振兴，选派优秀干部到乡村振兴一线岗位，大力培养本土人才，引导返乡回乡下乡就业创业人员参与乡村振兴，支持专业人才通过多种方式服务乡村，推动乡村振兴各领域人才规模不断壮大、素质稳步提升、结构持续优化。

（七）加强农村精神文明建设，组织开展新时代文明实践活动，深化群众性精神文明创建，广泛践行社会主义核心价值观，引导农民群众听党话、感党恩、跟党走。推进城乡精神文明建设融合发展，加强乡村公共文化服务体系建设，传承和发展优秀传统文化，持续推进农村移风易俗，推动形成文明乡风、良好家风、淳朴民风。

（八）加强农村生态文明建设，牢固树立和践行绿水青山就是金山银山的理念，加强乡村生态保护和环境治理修复，坚持山水林田湖草沙一体化保护和系统治理，持续抓好农业面源污染防治，加强土壤污染源头防控以及受污染耕地安全利用，健全耕地休耕轮作制度，防治外来物种侵害，促进农业农村绿色发展。

（九）组织实施乡村建设行动，结合农民群众实际需要，统筹乡村基础设施和公共服务布局，完善乡村水、电、路、气、通信、广播电视、物流等基础设施，提升农房建设质量，加强传统村落保护利用，加强村级综合服务设施建设，持续改善农村人居环境，提高农村教育、医疗、养老、文化、社会保障等服务水平，加快义务教育优质均衡发展和城乡一体化，加强县域商业体系建设，逐步使农村基本具备现代生活条件，建设宜居宜业和美乡村。

（十）加强农村基层组织建设，建立健全党委领导、政府负责、民主协商、社会协同、公众参与、法治保障、科技支撑的现代乡村社会治理体制和党组织领导的自治、法治、德治相结合的乡村治理体系。减轻基层组织负担。健全农村社会治安防控体系、公共安全体系和矛盾纠纷一站式、多元化解决机制，及时妥善处理信访事项，加强农业综合执法，及时处置自然灾害、公共卫生、安全生产、食品安全等风险隐患。持续整治侵害农民利益的不正之风和群众身边的腐败问题。

（十一）协同推进乡村振兴战略和新型城镇化战略的实施，以县域为重要切入点加快城乡融合发展，推进空间布局、产业发展、基础设施、基本公共服务等县域统筹。依法编制村庄规划，分类有序推进村庄建设，严格规范村庄撤并。加快农业转移人口市民化，持续推动农业转移人口融入城镇，积极推进城镇基本公共服务常住人口全覆盖，保障进城落户农民合法土地权益，鼓励依法自愿有偿转让。

（十二）坚持农村土地农民集体所有，坚持家庭经营基础性地位，坚持稳定土地承包关系，维护农户内家庭成员依法平等享有的各项权益，在守住土地公有制性质不改变、耕地不减少、粮食生产能力不减弱、农民利益不受损等底线基础上，充分尊重基层和群众创造，发挥农民主体作用，用好试点试验手段，推动农村重点领域和关键环节改革攻坚突破、落地见效。

（十三）统筹资源要素配置支持乡村振兴，优先保障乡村振兴财政投入，提高土地出让收入用于农业农村比例，县域新增贷款主要用于支持乡村振兴，落实政策性农业保险制度，确保投入力度与经济发展水平相同步、与乡村振兴目标任务相适应。完善农村新增建设用地保障机制，满足乡村产业、公共服务设施和农民住宅用地合理需求。

（十四）加强党对"三农"工作的全面领导，发挥各级党委农村工作领导小组牵头抓总、统筹协调等作用，推进议事协调规范化制度化建设，建立健全重点任务分工落实机制。加强各级党委农村工作部门建设，充实工作力量，完善运行机制，强化决策参谋、统筹协调、政策指导、推动落实、督导检查等职能。坚持大抓基层的鲜明导向，抓党建促乡村振兴。

**第九条**　省级党委和政府对本地区乡村振兴工作负总责，并确保乡村振兴责任制层层落实。

省级党委和政府主要负责人是本地区乡村振兴第一责任人，责任主要包括：

（一）结合本地区实际谋划确定乡村振兴阶段性目标任务和针对性政策措施，抓好乡村振兴重点任务分工、重大项目实施、重要资源配置等。

（二）每年主持召开党委农村工作会议，部署乡村振兴年度重点任务。定期主持召开党委常委会会议、政府常务会议听取工作汇报，研究决策重大事项，研究审议乡村振兴有关重要法规、规划、政策以及改革事项。定期组织党委理论学习中心组开展乡村振兴专题学习。

（三）组织开展乡村振兴督促指导和工作调研，总结推广典型经验，及时纠正和处理乡村振兴领域违纪违规问题。落实乡村振兴联系点制度，带头定点联系 1 个以上涉农县。

（四）推动完善考核监督、激励约束机制，督促党委常委会委员、政府领导班子成员根据职责分工抓好分管（含协管、联系，下同）行业（领域）或者部门（单位）乡村振兴具体工作。

**第十条** 市级党委和政府负责本地区乡村振兴工作，做好上下衔接、域内协调、督促检查，发挥好以市带县作用。

市级党委和政府主要负责人是本地区乡村振兴第一责任人，责任主要包括：

（一）研究提出推进乡村振兴的阶段目标、年度计划和具体安排，及时分解工作任务，指导县级抓好落实，对乡村振兴有关项目实施、资金使用和管理、目标任务完成情况进行督促、检查和监督。

（二）每年主持召开党委农村工作会议，部署年度重点任务。定期召开党委常委会会议、政府常务会议听取工作汇报，推进乡村振兴重点任务，及时研究解决乡村振兴重大问题。定期组织党委理论学习中心组开展乡村振兴专题学习。

（三）定点联系 1 个以上涉农乡镇，定期开展乡村振兴专题调研，总结经验做法、研究解决问题、指导推进工作。

（四）督促党委常委会委员、政府领导班子成员根据职责分工抓好分管行业（领域）或者部门（单位）乡村振兴具体工作。

**第十一条** 县级党委和政府是乡村振兴"一线指挥部"。

县级党委和政府主要负责人是本地区乡村振兴第一责任人，应当把主要精力放在乡村振兴工作上，责任主要包括：

（一）结合本地区实际谋划制定乡村振兴规划和年度实施方案，明确阶段性目标和年度目标任务，整合各类资源要素，做好乡村振兴进度安排、资金使用、项目实施、工作推进等，组织落实好各项政策措施。

（二）每年主持召开党委农村工作会议，部署年度重点任务。定期主持召开党委常委会会议、政府常务会议专题研究乡村振兴工作，不定期召开工作调度会、现场推进会，扎实推进乡村振兴重点任务。定期组织党委理论学习中心组开展乡村振兴专题学习。

（三）推动建立乡村振兴推进机制，组织攻坚重点任务，谋划推进落实乡村振兴重点任务、重大项目、重要政策，确保乡村振兴每年都有新进展。

（四）以县域为单位组织明确村庄分类，优化村庄布局，指导推动村庄规划编制，分类推进乡村振兴。建立乡村振兴相关项目库，健全乡村振兴资金项目信息公开制度，对乡村振兴资金项目管理负首要责任。

（五）深入基层联系群众，经常性调研乡村振兴工作，定点联系 1 个以上行政村，原则上任期内基本走遍辖区内所有行政村，协调解决乡村振兴推进过程中的困难和问题。

（六）督促党委常委会委员、政府领导班子成员根据职责分工抓好分管行业（领域）或者部门（单位）乡村振兴具体工作。

**第十二条**　乡镇党委和政府应当把乡村振兴作为中心任务，发挥基层基础作用，健全统一指挥和统筹协调机制，"一村一策"加强精准指导服务，组织编制村庄规划，抓好乡村振兴资金项目落地、重点任务落实。

乡镇党委和政府主要负责人是本地区乡村振兴第一责任人，谋划符合本地区实际的具体目标任务和抓手，每年制定工作计划，组织落实上级党委和政府部署的乡村振兴重点工作。经常性、制度化进村入户开展调研，原则上任期内走遍辖区所有自然村组。

**第十三条**　村党组织统一领导村级各类组织和各项工作，村民委员会和农村集体经济组织发挥基础性作用，全面落实"四议两公开"制度，组织动员农民群众共同参与乡村振兴。确定本村乡村振兴重点任务并组织实施，具体落实各级各部门下达的各类政策、项目、资金等。及时公开村级党务、村务、财务情况，公布惠农政策落实、土地征收征用以及土地流转、集体经营性建设用地入市、资金使用和项目建设等情况。

村党组织书记是本村乡村振兴第一责任人，带领村"两委"班子成员抓好具体任务落实，加强与驻村第一书记和工作队等帮扶力量沟通协调，经常性入户走访农民群众，原则上每年走遍或者联系本村所有农户，及时协调解决农民群众生产生活实际问题。

## 第四章 社会动员

**第十四条** 中央定点帮扶单位应当履行帮扶责任，聚焦巩固拓展脱贫攻坚成果和全面推进乡村振兴，制定年度计划，发挥自身优势创新帮扶举措，持续选派挂职干部和驻村第一书记，加强工作指导，督促政策落实，提高帮扶实效。

**第十五条** 东西部协作双方各级党委和政府应当坚持双向协作、互惠互利、多方共赢，统筹推进教育、文化、医疗卫生、科技等领域对口帮扶工作，深化区县、村企、学校、医院等结对帮扶，加强产业合作、资源互补、劳务对接、人才交流等，把帮扶重点转向巩固拓展脱贫攻坚成果和全面推进乡村振兴。

**第十六条** 工会、共青团、妇联、科协、残联等群团组织应当发挥优势和力量参与乡村振兴。鼓励和支持各民主党派、工商联以及无党派人士等在乡村振兴中发挥积极作用。

**第十七条** 支持军队持续推进定点帮扶工作，健全长效机制，巩固提升帮扶成效，协助建强基层组织，支持提高民生服务水平，深化军民共建社会主义精神文明活动，积极促进退役军人投身乡村振兴。

**第十八条** 企事业单位和社会组织应当积极履行社会责任，支持乡村振兴。深入实施"万企兴万村"行动，探索建立健全企业支持乡村振兴机制。发挥第三次分配作用，鼓励引导各类公益慈善资金支持乡村振兴。鼓励公民个人主动参与乡村振兴。

## 第五章　考核监督

**第十九条**　实行乡村振兴战略实绩考核制度。

中央农村工作领导小组负责组织开展省级党委和政府推进乡村振兴战略实绩考核，制定考核办法。坚持全面考核与突出重点相结合、统一规范与分类考核相结合、实绩考核与督导检查相结合，重点考核省级党委和政府落实乡村振兴责任制以及党中央、国务院部署的乡村振兴阶段性目标任务和年度重点工作完成情况。中央农村工作领导小组办公室、中央组织部、农业农村部每年制定考核工作方案，明确考核指标和具体程序，经中央农村工作领导小组审定后，会同中央和国家机关有关部门组织实施。考核结果报党中央、国务院审定后，向各省（自治区、直辖市）党委和政府通报，并作为对省级党委和政府领导班子以及有关领导干部综合考核评价的重要依据。

省级党委和政府参照上述规定，结合实际组织开展市县党政领导班子和领导干部推进乡村振兴战略实绩考核。

乡村振兴战略实绩考核应当实事求是、客观公正，坚持定量与定性相结合、以定量指标为主，探索采取第三方评估、暗访抽查、群众认可度调查等方式对各地乡村振兴工作进展情况进行评估评价。考核工作应当力戒形式主义、官僚主义，防止出现频繁报数据材料、过度留痕等问题，切实减轻基层负担。

**第二十条**　实行乡村振兴工作报告制度。

各级党委和政府应当每年向上级党委和政府报告实施乡村振兴战略进展情况。

各级党委应当将实施乡村振兴战略进展情况作为向本级党的代表大会、党委全体会议报告的重要内容。

**第二十一条**　中央农村工作领导小组每年对各省（自治区、直辖市）实施乡村振兴战略情况开展督查，督查结果纳入年度乡村振兴战略实绩考核；每年对中央和国家机关有关部门实施乡村振兴战略情况开展督查。

县级以上地方党委和政府定期对下级党委和政府乡村振兴战略实施情况开展监督，及时发现和解决存在的问题，推动政策举措落实落地。

第二十二条 中央纪委国家监委对乡村振兴决策部署落实情况进行监督执纪问责。国家发展改革委、财政部、农业农村部、审计署、国家乡村振兴局等部门和单位按照各自职责对乡村振兴政策落实、资金使用和项目实施等实施监督。

第二十三条 农业农村部、国家统计局依法建立客观反映乡村振兴进展的指标和统计体系。县级以上地方党委和政府应当对本地区乡村振兴战略实施情况进行评估。

## 第六章 奖 惩

第二十四条 地方党委和政府以及党委农村工作领导小组、中央和国家机关有关部门可以按照有关规定，对落实乡村振兴责任到位、工作成效显著的部门和个人，以及作出突出贡献的社会帮扶主体，以适当方式予以表彰激励。

第二十五条 各级党委和政府及其有关部门在乡村振兴工作中不履行或者不正确履行职责，存在形式主义、官僚主义等问题的，应当依照有关党内法规和法律法规，追究负有责任的领导人员和直接责任人员的责任；构成犯罪的，依法追究刑事责任。

第二十六条 建立常态化约谈机制，对乡村振兴工作中履职不力、工作滞后的，上级党委和政府应当约谈下级党委和政府，本级党委和政府应当约谈同级有关部门。

## 第七章　附　则

**第二十七条**　各省（自治区、直辖市）、新疆生产建设兵团可以根据本办法，结合本地区实际制定实施细则。

**第二十八条**　本办法由中央农村工作领导小组办公室负责解释。

**第二十九条**　本办法自发布之日起施行。

# 关于全面推进乡村振兴加快农业农村现代化的意见

（2021 年 1 月 4 日）

党的十九届五中全会审议通过的《中共中央关于制定国民经济和社会发展第十四个五年规划和二〇三五年远景目标的建议》，对新发展阶段优先发展农业农村、全面推进乡村振兴作出总体部署，为做好当前和今后一个时期"三农"工作指明了方向。

"十三五"时期，现代农业建设取得重大进展，乡村振兴实现良好开局。粮食年产量连续保持在 1.3 万亿斤以上，农民人均收入较 2010 年翻一番多。新时代脱贫攻坚目标任务如期完成，现行标准下农村贫困人口全部脱贫，贫困县全部摘帽，易地扶贫搬迁任务全面完成，消除了绝对贫困和区域性整体贫困，创造了人类减贫史上的奇迹。农村人居环境明显改善，农村改革向纵深推进，农村社会保持和谐稳定，农村即将同步实现全面建成小康社会目标。农业农村发展取得新的历史性成就，为党和国家战胜各种艰难险阻、稳定经济社会发展大局，发挥了"压舱石"作用。实践证明，以习近平同志为核心的党中央驰而不息重农强农的战略决策完全正确，党的"三农"政策得到亿万农民衷心拥护。

"十四五"时期，是乘势而上开启全面建设社会主义现代化国家新征程、向第二个百年奋斗目标进军的第一个五年。民族要复兴，乡村必振兴。全面建设社会主义现代化国家，实现中华民族伟大复兴，最艰巨最繁重的任务依然在农村，最广泛最深厚的基础依然在农村。解决好发展不平衡不充分问题，重点难点在"三农"，迫切需要补齐农业农村短板弱项，推动城乡协调发展；构建新发展格局，潜力后劲在"三农"，迫切需要扩大农村需求，畅通城乡经济循环；应对国内外各种风险挑战，基础支撑在"三农"，迫切需要稳住农业基本盘，守好"三农"基础。党中央认为，新发展阶段"三农"工作依然极端重要，须臾不可放松，务必抓紧抓实。要坚持把解决好"三农"问题作为全党工作重中之重，把全面推进乡村振兴作为实现中华民族伟大复兴的一项重大任务，举全党全社会之力加快农业农村现代化，让广大农民过上更加美好的生活。

## 一、总体要求

（一）指导思想。以习近平新时代中国特色社会主义思想为指导，全面贯彻党的十九大和十九届二中、三中、四中、五中全会精神，贯彻落实中央经济工作会议精神，统筹推进"五位一体"总体布局，协调推进"四个全面"战略布局，坚定不移贯彻新发展理念，坚持稳中求进工作总基调，坚持加强党对"三农"工作的全面领导，坚持农业农村优先发展，坚持农业现代化与农村现代化一体设计、一并推进，坚持创新驱动发展，以推动高质量发展为主题，统筹发展和安全，落实加快构建新发展格局要求，巩固和完善农村基本经营制度，深入推进农业供给侧结构性改革，把乡村建设摆在社会主义现代化建设的重要位置，全面推进乡村产业、人才、文化、生态、组织振兴，充分发挥农业产品供给、生态屏障、文化传承等功能，走中国特色社会主义乡村振兴道路，加快农业农村现代化，加快形成工农互促、城乡互补、协调发展、共同繁荣的新型工农城乡关系，促进农业高质高效、乡村宜居宜业、农民富裕富足，为全面建设社会主义现代化国家开好局、起好步提供有力支撑。

（二）目标任务。2021 年，农业供给侧结构性改革深入推进，粮食播种面积保持稳定、产量达到 1.3 万亿斤以上，生猪产业平稳发展，农产品质量和食品安全水平进一步提高，农民收入增长继续快于城镇居民，脱贫攻坚成果持续巩固。农业农村现代化规划启动实施，脱贫攻坚政策体系和工作机制同乡村振兴有效衔接、平稳过渡，乡村建设行动全面启动，农村人居环境整治提升，农村改革重点任务深入推进，农村社会保持和谐稳定。

到 2025 年，农业农村现代化取得重要进展，农业基础设施现代化迈上新台阶，农村生活设施便利化初步实现，城乡基本公共服务均等化水平明显提高。农业基础更加稳固，粮食和重要农产品供应保障更加有力，农业生产结构和区域布局明显优化，农业质量效益和竞争力明显提升，现代乡村产业体系基本形成，有条件的地区率先基本实现农业现代化。脱贫攻坚成果巩固拓展，城乡居民收入差距持续缩小。农村生产生活方式绿色转型取得积极进展，化肥农药使用量持续减少，农村生态环境得到明显改善。乡村建设行动取得明显成效，乡村面貌发生显著变化，乡村发展活力充分激发，乡村文明程度得到新提升，农村发展安全保障更加有力，农民获得感、幸福感、安全感明显提高。

## 二、实现巩固拓展脱贫攻坚成果同乡村振兴有效衔接

（三）设立衔接过渡期。脱贫攻坚目标任务完成后，对摆脱贫困的县，从脱贫之日起设立 5 年过渡期，做到扶上马送一程。过渡期内保持现有主要帮扶政策总体稳定，并逐项分类优化调整，合理把握节奏、力度和时限，逐步实现由集中资源支持脱贫攻坚向全面推进乡村振兴平稳过渡，推动"三农"工作重心历史性转移。抓紧出台各项政策完善优化的具体实施办法，确保工作不留空档、政策不留空白。

（四）持续巩固拓展脱贫攻坚成果。健全防止返贫动态监测和帮扶机制，对易返贫致贫人口及时发现、及时帮扶，守住防

止规模性返贫底线。以大中型集中安置区为重点，扎实做好易地搬迁后续帮扶工作，持续加大就业和产业扶持力度，继续完善安置区配套基础设施、产业园区配套设施、公共服务设施，切实提升社区治理能力。加强扶贫项目资产管理和监督。

（五）接续推进脱贫地区乡村振兴。实施脱贫地区特色种养业提升行动，广泛开展农产品产销对接活动，深化拓展消费帮扶。持续做好有组织劳务输出工作。统筹用好公益岗位，对符合条件的就业困难人员进行就业援助。在农业农村基础设施建设领域推广以工代赈方式，吸纳更多脱贫人口和低收入人口就地就近就业。在脱贫地区重点建设一批区域性和跨区域重大基础设施工程。加大对脱贫县乡村振兴支持力度。在西部地区脱贫县中确定一批国家乡村振兴重点帮扶县集中支持。支持各地自主选择部分脱贫县作为乡村振兴重点帮扶县。坚持和完善东西部协作和对口支援、社会力量参与帮扶等机制。

（六）加强农村低收入人口常态化帮扶。开展农村低收入人口动态监测，实行分层分类帮扶。对有劳动能力的农村低收入人口，坚持开发式帮扶，帮助其提高内生发展能力，发展产业、参与就业，依靠双手勤劳致富。对脱贫人口中丧失劳动能力且无法通过产业就业获得稳定收入的人口，以现有社会保障体系为基础，按规定纳入农村低保或特困人员救助供养范围，并按困难类型及时给予专项救助、临时救助。

## 三、加快推进农业现代化

（七）提升粮食和重要农产品供给保障能力。地方各级党委和政府要切实扛起粮食安全政治责任，实行粮食安全党政同责。深入实施重要农产品保障战略，完善粮食安全省长责任制和"菜篮子"市长负责制，确保粮、棉、油、糖、肉等供给安全。"十四五"时期各省（自治区、直辖市）要稳定粮食播种面积、提高单产水平。加强粮食生产功能区和重要农产品生产保护区建设。建设国家粮食安全产业带。稳定种粮农民补贴,让种粮有合理收益。坚持并完善稻谷、小麦最低收购价政策,完善玉米、大豆生产者补贴政策。深入推进农业结构调整,推动品种培优、品质提升、品牌打造和标准化生产。鼓励发展青贮玉米等优质饲草饲料,稳定大豆生产,多措并举发展油菜、花生等油料作物。健全产粮大县支持政策体系。扩大稻谷、小麦、玉米三大粮食作物完全成本保险和收入保险试点范围,支持有条件的省份降低产粮大县三大粮食作物农业保险保费县级补贴比例。深入推进优质粮食工程。加快构建现代养殖体系,保护生猪基础产能,健全生猪产业平稳有序发展长效机制,积极发展牛羊产业,继续实施奶业振兴行动,推进水产绿色健康养殖。推进渔港建设和管理改革。促进木本粮油和林下经济发展。优化农产品贸易布局,实施农产品进口多元化战略,支持企业融入全球农产品供应链。保持打击重点农产品走私高压态势。加强口岸检疫和外来入侵物种防控。开展粮食节约行动,减少生产、流通、加工、存储、消费环节粮食损耗浪费。

(八)打好种业翻身仗。农业现代化,种子是基础。加强农业种质资源保护开发利用,加快第三次农作物种质资源、畜禽种质资源调查收集,加强国家作物、畜禽和海洋渔业生物种质资源库建设。对育种基础性研究以及重点育种项目给予长期稳定支持。加快实施农业生物育种重大科技项目。深入实施农作物和畜禽良种联合攻关。实施新一轮畜禽遗传改良计划和现代种业提升工程。尊重科学、严格监管,有序推进生物育种产业化应用。加强育种领域知识产权保护。支持种业龙头企业建立健全商业化育种体系,加快建设南繁硅谷,加强制种基地和良种繁育体系建设,研究重大品种研发与推广后补助政策,促进育繁推一体化发展。

(九)坚决守住18亿亩耕地红线。统筹布局生态、农业、城镇等功能空间,科学划定各类空间管控边界,严格实行土地用途管制。采取"长牙齿"的措施，落实最严格的耕地保护制度。严禁违规占用耕地和违背自然规律绿化造林、挖湖造景，严格控制非农建设占用耕地，深入推进农村乱占耕地建房专项整治行动，坚决遏制耕地"非农化"、防止"非粮化"。明确耕地利用优先序，永久基本农田重点用于粮食特别是口粮生产，一般耕地主要用于粮食和棉、油、糖、蔬菜等农产品及饲草饲料生产。明确耕地和永久基本农田不同的管制目标和管制强度，严格控制耕地转为林地、园地等其他类型农用地，强化土地流转用途监管，确保耕地数量不减少、质量有提高。实施新一轮高标准农田建设规划，提高建设标准和质量，健全管护机制，多渠道筹集建设资金，中央和地方共同加大粮食主产区高标准农田建设投入，2021 年建设 1 亿亩旱涝保收、高产稳产高标准农田。在高标准农田建设中增加的耕地作为占补平衡补充耕地指标在省域内调剂，所得收益用于高标准农田建设。加强和改进建设占用耕地占补平衡管理，严格新增耕地核实认定和监管。健全耕地数量和质量监测监管机制，加强耕地保护督察和执法监督，开展"十三五"时期省级政府耕地保护责任目标考核。

（十）强化现代农业科技和物质装备支撑。实施大中型灌区续建配套和现代化改造。到 2025 年全部完成现有病险水库除险加固。坚持农业科技自立自强，完善农业科技领域基础研究稳定支持机制，深化体制改革，布局建设一批创新基地平台。深入开展乡村振兴科技支撑行动。支持高校为乡村振兴提供智力服务。加强农业科技社会化服务体系建设，深入推行科技特派员制度。打造国家热带农业科学中心。提高农机装备自主研制能力，支持高端智能、丘陵山区农机装备研发制造，加大购置补贴力度，开展农机作业补贴。强化动物防疫和农作物病虫害防治体系建设，提升防控能力。

（十一）构建现代乡村产业体系。依托乡村特色优势资源，打造农业全产业链，把产业链主体留在县城，让农民更多分享产业增值收益。加快健全现代农业全产业链标准体系，推动新型农业经营主体按标生产，培育农业龙头企业标准"领跑者"。立足县域布局特色农产品产地初加工和精深加工，建设现代农业产业园、农业产业强镇、优势特色产业集群。推进公益性农产品市场和农产品流通骨干网络建设。开发休闲农业和乡村旅游精品线路，完善配套设施。推进农村一二三产业融合发展示范园和科技示范园区建设。把农业现代化示范区作为推进农业现代化的重要抓手，围绕提高农业产业体系、生产体系、经营体系现代化水平，建立指标体系，加强资源整合、政策集成，以县（市、区）为单位开展创建，到2025年创建500个左右示范区，形成梯次推进农业现代化的格局。创建现代林业产业示范区。组织开展"万企兴万村"行动。稳步推进反映全产业链价值的农业及相关产业统计核算。

（十二）推进农业绿色发展。实施国家黑土地保护工程，推广保护性耕作模式。健全耕地休耕轮作制度。持续推进化肥农药减量增效，推广农作物病虫害绿色防控产品和技术。加强畜禽粪污资源化利用。全面实施秸秆综合利用和农膜、农药包装物回收行动，加强可降解农膜研发推广。在长江经济带、黄河流域建设一批农业面源污染综合治理示范县。支持国家农业绿色发展先行区建设。加强农产品质量和食品安全监管，发展绿色农产品、有机农产品和地理标志农产品，试行食用农产品达标合格证制度，推进国家农产品质量安全县创建。加强水生生物资源养护，推进以长江为重点的渔政执法能力建设，确保十年禁渔令有效落实，做好退捕渔民安置保障工作。发展节水农业和旱作农业。推进荒漠化、石漠化、坡耕地水土流失综合治理和土壤污染防治、重点区域地下水保护与超采治理。实施水系连通及农村水系综合整治，强化河湖长制。巩固退耕还林还草成果，完善政策、有序推进。实行林长制。科学开展大规模国土绿化行动。完善草原生态保护补助奖励政策，全面推进草原禁牧轮牧休牧，加强草原鼠害防治，稳步恢复草原生态环境。

（十三）推进现代农业经营体系建设。突出抓好家庭农场和农民合作社两类经营主体，鼓励发展多种形式适度规模经营。实施家庭农场培育计划，把农业规模经营户培育成有活力的家庭农场。推进农民合作社质量提升，加大对运行规范的农民合作社扶持力度。发展壮大农业专业化社会化服务组织，将先进适用的品种、投入品、技术、装备导入小农户。支持市场主体建设区域性农业全产业链综合服务中心。支持农业产业化龙头企业创新发展、做大做强。深化供销合作社综合改革，开展生产、供销、信用"三位一体"综合合作试点，健全服务农民生产生活综合平台。培育高素质农民，组织参加技能评价、学历教育，设立专门面向农民的技能大赛。吸引城市各方面人才到农村创业创新，参与乡村振兴和现代农业建设。

## 四、大力实施乡村建设行动

（十四）加快推进村庄规划工作。2021 年基本完成县级国土空间规划编制，明确村庄布局分类。积极有序推进"多规合一"实用性村庄规划编制，对有条件、有需求的村庄尽快实现村庄规划全覆盖。对暂时没有编制规划的村庄，严格按照县乡两级国土空间规划中确定的用途管制和建设管理要求进行建设。编制村庄规划要立足现有基础，保留乡村特色风貌，不搞大拆大建。按照规划有序开展各项建设，严肃查处违规乱建行为。健全农房建设质量安全法律法规和监管体制，3 年内完成安全隐患排查整治。完善建设标准和规范，提高农房设计水平和建设质量。继续实施农村危房改造和地震高烈度设防地区农房抗震改造。加强村庄风貌引导，保护传统村落、传统民居和历史文化名村名镇。加大农村地区文化遗产遗迹保护力度。乡村建设是为农民而建，要因地制宜、稳扎稳打，不刮风搞运动。严格规范村庄撤并，不得违背农民意愿、强迫农民上楼，把好事办好、把实事办实。

（十五）加强乡村公共基础设施建设。继续把公共基础设施建设的重点放在农村，着力推进往村覆盖、往户延伸。实施农村道路畅通工程。有序实施较大人口规模自然村（组）通硬化路。加强农村资源路、产业路、旅游路和村内主干道建设。推进农村公路建设项目更多向进村入户倾斜。继续通过中央车购税补助地方资金、成品油税费改革转移支付、地方政府债券等渠道，按规定支持农村道路发展。继续开展"四好农村路"示范创建。全面实施路长制。开展城乡交通一体化示范创建工作。加强农村道路桥梁安全隐患排查，落实管养主体责任。强化农村道路交通安全监管。实施农村供水保障工程。加强中小型水库等稳定水源工程建设和水源保护，实施规模化供水工程建设和小型工程标准化改造，有条件的地区推进城乡供水一体化，到2025年农村自来水普及率达到88%。完善农村水价水费形成机制和工程长效运营机制。实施乡村清洁能源建设工程。加大农村电网建设力度，全面巩固提升农村电力保障水平。推进燃气下乡，支持建设安全可靠的乡村储气罐站和微管网供气系统。发展农村生物质能源。加强煤炭清洁化利用。实施数字乡村建设发展工程。推动农村千兆光网、第五代移动通信（5G）、移动物联网与城市同步规划建设。完善电信普遍服务补偿机制，支持农村及偏远地区信息通信基础设施建设。加快建设农业农村遥感卫星等天基设施。发展智慧农业，建立农业农村大数据体系，推动新一代信息技术与农业生产经营深度融合。完善农业气象综合监测网络，提升农业气象灾害防范能力。加强乡村公共服务、社会治理等数字化智能化建设。实施村级综合服务设施提升工程。加强村级客运站点、文化体育、公共照明等服务设施建设。

（十六）实施农村人居环境整治提升五年行动。分类有序推进农村厕所革命，加快研发干旱、寒冷地区卫生厕所适用技术和产品，加强中西部地区农村户用厕所改造。统筹农村改厕和污水、黑臭水体治理，因地制宜建设污水处理设施。健全农村生活垃圾收运处置体系，推进源头分类减量、资源化处理利用，建设一批有机废弃物综合处置利用设施。健全农村人居环境设施管护机制。有条件的地区推广城乡环卫一体化第三方治理。深入推进村庄清洁和绿化行动。开展美丽宜居村庄和美丽庭院示范创建活动。

（十七）提升农村基本公共服务水平。建立城乡公共资源均衡配置机制，强化农村基本公共服务供给县乡村统筹，逐步实现标准统一、制度并轨。提高农村教育质量，多渠道增加农村普惠性学前教育资源供给，继续改善乡镇寄宿制学校办学条件，保留并办好必要的乡村小规模学校，在县城和中心镇新建改扩建一批高中和中等职业学校。完善农村特殊教育保障机制。推进县域内义务教育学校校长教师交流轮岗，支持建设城乡学校共同体。面向农民就业创业需求，发展职业技术教育与技能培训，建设一批产教融合基地。开展耕读教育。加快发展面向乡村的网络教育。加大涉农高校、涉农职业院校、涉农学科专业建设力度。全面推进健康乡村建设，提升村卫生室标准化建设和健康管理水平，推动乡村医生向执业（助理）医师转变，采取派驻、巡诊等方式提高基层卫生服务水平。提升乡镇卫生院医疗服务能力，选建一批中心卫生院。加强县级医院建设，持续提升县级疾控机构应对重大疫情及突发公共卫生事件能力。加强县域紧密型医共体建设，实行医保总额预算管理。加强妇幼、老年人、残疾人等重点人群健康服务。健全统筹城乡的就业政策和服务体系，推动公共就业服务机构向乡村延伸。深入实施新生代农民工职业技能提升计划。完善统一的城乡居民基本医疗保险制度，合理提高政府补助标准和个人缴费标准，健全重大疾病医疗保险和救助制度。落实城乡居民基本养老保险待遇确定和正常调整机制。推进城乡低保制度统筹发展，逐步提高特困人员供养服务质量。加强对农村留守儿童和妇女、老年人以及困境儿童的关爱服务。健全县乡村衔接的三级养老服务网络，推动村级幸福院、日间照料中心等养老服务设施建设，发展农村普惠型养老服务和互助性养老。推进农村公益性殡葬设施建设。推进城乡公共文化服务体系一体建设，创新实施文化惠民工程。

（十八）全面促进农村消费。加快完善县乡村三级农村物流体系，改造提升农村寄递物流基础设施，深入推进电子商务进农村和农产品出村进城，推动城乡生产与消费有效对接。促进农村居民耐用消费品更新换代。加快实施农产品仓储保鲜冷链物流设施建设工程，推进田头小型仓储保鲜冷链设施、产地低温直销配送中心、国家骨干冷链物流基地建设。完善农村生活性服务业支持政策，发展线上线下相结合的服务网点，推动便利化、精细化、品质化发展，满足农村居民消费升级需要，吸引城市居民下乡消费。

（十九）加快县域内城乡融合发展。推进以人为核心的新型城镇化，促进大中小城市和小城镇协调发展。把县域作为城乡融合发展的重要切入点，强化统筹谋划和顶层设计，破除城乡分割的体制弊端，加快打通城乡要素平等交换、双向流动的制度性通道。统筹县域产业、基础设施、公共服务、基本农田、生态保护、城镇开发、村落分布等空间布局，强化县城综合服务能力，把乡镇建设成为服务农民的区域中心，实现县乡村功能衔接互补。壮大县域经济，承接适宜产业转移，培育支柱产业。加快小城镇发展，完善基础设施和公共服务，发挥小城镇连接城市、服务乡村作用。推进以县城为重要载体的城镇化建设，有条件的地区按照小城市标准建设县城。积极推进扩权强镇，规划建设一批重点镇。开展乡村全域土地综合整治试点。推动在县域就业的农民工就地市民化，增加适应进城农民刚性需求的住房供给。鼓励地方建设返乡入乡创业园和孵化实训基地。

（二十）强化农业农村优先发展投入保障。继续把农业农村作为一般公共预算优先保障领域。中央预算内投资进一步向农业农村倾斜。制定落实提高土地出让收益用于农业农村比例考核办法，确保按规定提高用于农业农村的比例。各地区各部门要进一步完善涉农资金统筹整合长效机制。支持地方政府发行一般债券和专项债券用于现代农业设施建设和乡村建设行动，制定出台操作指引，做好高质量项目储备工作。发挥财政投入引领作用，支持以市场化方式设立乡村振兴基金，撬动金融资本、社会力量参与，重点支持乡村产业发展。坚持为农服务宗旨，持续深化农村金融改革。运用支农支小再贷款、再贴现等政策工具，实施最优惠的存款准备金率，加大对机构法人在县域、业务在县域的金融机构的支持力度，推动农村金融机构回归本源。鼓励银行业金融机构建立服务乡村振兴的内设机构。明确地方政府监管和风险处置责任，稳妥规范开展农民合作社内部信用合作试点。保持农村信用合作社等县域农村金融机构法人地位和数量总体稳定，做好监督管理、风险化解、深化改革工作。完善涉农金融机构治理结构和内控机制，强化金融监管部门的监管责任。支持市县构建域内共享的涉农信用信息数据库，用 3 年时间基本建成比较完善的新型农业经营主体信用体系。发展农村数字普惠金融。大力开展农户小额信用贷款、保单质押贷款、农机具和大棚设施抵押贷款业务。鼓励开发专属金融产品支持新型农业经营主体和农村新产业新业态，增加首贷、信用贷。加大对农业农村基础设施投融资的中长期信贷支持。加强对农业信贷担保放大倍数的量化考核，提高农业信贷担保规模。将地方优势特色农产品保险以奖代补做法逐步扩大到全国。健全农业再保险制度。发挥"保险+期货"在服务乡村产业发展中的作用。

（二十一）深入推进农村改革。完善农村产权制度和要素市场化配置机制，充分激发农村发展内生动力。坚持农村土地农民集体所有制不动摇，坚持家庭承包经营基础性地位不动摇，有序开展第二轮土地承包到期后再延长30年试点，保持农村土地承包关系稳定并长久不变，健全土地经营权流转服务体系。积极探索实施农村集体经营性建设用地入市制度。完善盘活农村存量建设用地政策，实行负面清单管理，优先保障乡村产业发展、乡村建设用地。根据乡村休闲观光等产业分散布局的实际需要，探索灵活多样的供地新方式。加强宅基地管理，稳慎推进农村宅基地制度改革试点，探索宅基地所有权、资格权、使用权分置有效实现形式。规范开展房地一体宅基地日常登记颁证工作。规范开展城乡建设用地增减挂钩，完善审批实施程序、节余指标调剂及收益分配机制。2021年基本完成农村集体产权制度改革阶段性任务，发展壮大新型农村集体经济。保障进城落户农民土地承包权、宅基地使用权、集体收益分配权，研究制定依法自愿有偿转让的具体办法。加强农村产权流转交易和管理信息网络平台建设，提供综合性交易服务。加快农业综合行政执法信息化建设。深入推进农业水价综合改革。继续深化农村集体林权制度改革。

## 五、加强党对"三农"工作的全面领导

（二十二）强化五级书记抓乡村振兴的工作机制。全面推进乡村振兴的深度、广度、难度都不亚于脱贫攻坚，必须采取更有力的举措，汇聚更强大的力量。要深入贯彻落实《中国共产党农村工作条例》，健全中央统筹、省负总责、市县乡抓落实的农村工作领导体制，将脱贫攻坚工作中形成的组织推动、要素保障、政策支持、协作帮扶、考核督导等工作机制，根据实际需要运用到推进乡村振兴，建立健全上下贯通、精准施策、一抓到底的乡村振兴工作体系。省、市、县级党委要定期研究乡村振兴工作。县委书记应当把主要精力放在"三农"工作上。

建立乡村振兴联系点制度，省、市、县级党委和政府负责同志都要确定联系点。开展县乡村三级党组织书记乡村振兴轮训。加强党对乡村人才工作的领导，将乡村人才振兴纳入党委人才工作总体部署，健全适合乡村特点的人才培养机制，强化人才服务乡村激励约束。加快建设政治过硬、本领过硬、作风过硬的乡村振兴干部队伍，选派优秀干部到乡村振兴一线岗位，把乡村振兴作为培养锻炼干部的广阔舞台，对在艰苦地区、关键岗位工作表现突出的干部优先重用。

（二十三）加强党委农村工作领导小组和工作机构建设。充分发挥各级党委农村工作领导小组牵头抓总、统筹协调作用，成员单位出台重要涉农政策要征求党委农村工作领导小组意见并进行备案。各地要围绕"五大振兴"目标任务，设立由党委和政府负责同志领导的专项小组或工作专班，建立落实台账，压实工作责任。强化党委农村工作领导小组办公室决策参谋、统筹协调、政策指导、推动落实、督促检查等职能，每年分解"三农"工作重点任务，落实到各责任部门，定期调度工作进展。加强党委农村工作领导小组办公室机构设置和人员配置。

（二十四）加强党的农村基层组织建设和乡村治理。充分发挥农村基层党组织领导作用，持续抓党建促乡村振兴。有序开展乡镇、村集中换届，选优配强乡镇领导班子、村"两委"成员特别是村党组织书记。在有条件的地方积极推行村党组织书记通过法定程序担任村民委员会主任，因地制宜、不搞"一刀切"。与换届同步选优配强村务监督委员会成员，基层纪检监察组织加强与村务监督委员会的沟通协作、有效衔接。坚决惩治侵害农民利益的腐败行为。坚持和完善向重点乡村选派驻村第一书记和工作队制度。加大在优秀农村青年中发展党员力度，加强对农村基层干部激励关怀，提高工资补助待遇，改善工作生活条件，切实帮助解决实际困难。推进村委会规范化建设和村务公开"阳光工程"。开展乡村治理试点示范创建工作。创建民主法治示范村，培育农村学法用法示范户。加强乡村人民调解组织队伍建设，推动就地化解矛盾纠纷。深入推进平安乡村建设。建立健全农村地区扫黑除恶常态化机制。加强县乡村应急管理和消防安全体系建设，做好对自然灾害、公共卫生、安全隐患等重大事件的风险评估、监测预警、应急处置。

（二十五）加强新时代农村精神文明建设。弘扬和践行社会主义核心价值观，以农民群众喜闻乐见的方式，深入开展习近平新时代中国特色社会主义思想学习教育。拓展新时代文明实践中心建设，深化群众性精神文明创建活动。建强用好县级融媒体中心。在乡村深入开展"听党话、感党恩、跟党走"宣讲活动。深入挖掘、继承创新优秀传统乡土文化，把保护传承和开发利用结合起来，赋予中华农耕文明新的时代内涵。持续推进农村移风易俗，推广积分制、道德评议会、红白理事会等做法，加大高价彩礼、人情攀比、厚葬薄养、铺张浪费、封建迷信等不良风气治理，推动形成文明乡风、良好家风、淳朴民风。加大对农村非法宗教活动和境外渗透活动的打击力度，依法制止利用宗教干预农村公共事务。办好中国农民丰收节。

（二十六）健全乡村振兴考核落实机制。各省（自治区、直辖市）党委和政府每年向党中央、国务院报告实施乡村振兴战略进展情况。对市县党政领导班子和领导干部开展乡村振兴实绩考核，纳入党政领导班子和领导干部综合考核评价内容，加强考核结果应用，注重提拔使用乡村振兴实绩突出的市县党政领导干部。对考核排名落后、履职不力的市县党委和政府主要负责同志进行约谈，建立常态化约谈机制。将巩固拓展脱贫攻坚成果纳入乡村振兴考核。强化乡村振兴督查，创新完善督查方式，及时发现和解决存在的问题，推动政策举措落实落地。持续纠治形式主义、官僚主义，将减轻村级组织不合理负担纳入中央基层减负督查重点内容。坚持实事求是、依法行政，把握好农村各项工作的时度效。加强乡村振兴宣传工作，在全社会营造共同推进乡村振兴的浓厚氛围。

让我们紧密团结在以习近平同志为核心的党中央周围，开拓进取，真抓实干，全面推进乡村振兴，加快农业农村现代化，努力开创"三农"工作新局面，为全面建设社会主义现代化国家、实现第二个百年奋斗目标作出新的贡献！

# 关于加强基层治理体系和治理能力
# 现代化建设的意见

（2021 年 4 月 28 日）

基层治理是国家治理的基石，统筹推进乡镇（街道）和城乡社区治理，是实现国家治理体系和治理能力现代化的基础工程。为深入贯彻党的十九大和十九届二中、三中、四中、五中全会精神，夯实国家治理根基，现就加强基层治理体系和治理能力现代化建设提出如下意见。

## 一、总体要求

（一）指导思想。以习近平新时代中国特色社会主义思想为指导，坚持和加强党的全面领导，坚持以人民为中心，以增进人民福祉为出发点和落脚点，以加强基层党组织建设、增强基层党组织政治功能和组织力为关键，以加强基层政权建设和健全基层群众自治制度为重点，以改革创新和制度建设、能力建设为抓手，建立健全基层治理体制机制，推动政府治理同社会调节、居民自治良性互动，提高基层治理社会化、法治化、智能化、专业化水平。

（二）工作原则。坚持党对基层治理的全面领导，把党的领导贯穿基层治理全过程、各方面。坚持全周期管理理念，强化系统治理、依法治理、综合治理、源头治理。坚持因地制宜、分类指导、分层推进、分步实施，向基层放权赋能，减轻基层负担。坚持共建共治共享，建设人人有责、人人尽责、人人享有的基层治理共同体。

（三）主要目标。力争用 5 年左右时间，建立起党组织统一领导、政府依法履责、各类组织积极协同、群众广泛参与，自治、法治、德治相结合的基层治理体系，健全常态化管理和应急管理动态衔接的基层治理机制，构建网格化管理、精细化服务、信息化支撑、开放共享的基层管理服务平台；党建引领基层治理机制全面完善，基层政权坚强有力，基层群众自治充满活力，基层公共服务精准高效，党的执政基础更加坚实，基层治理体系和治理能力现代化水平明显提高。在此基础上力争再用 10 年时间，基本实现基层治理体系和治理能力现代化，中国特色基层治理制度优势充分展现。

## 二、完善党全面领导基层治理制度

（一）加强党的基层组织建设，健全基层治理党的领导体制。把抓基层、打基础作为长远之计和固本之举，把基层党组织建设成为领导基层治理的坚强战斗堡垒，使党建引领基层治理的作用得到强化和巩固。加强乡镇（街道）、村（社区）党组织对基层各类组织和各项工作的统一领导，以提升组织力为重点，健全在基层治理中坚持和加强党的领导的有关制度，涉及基层治理重要事项、重大问题都要由党组织研究讨论后按程序决定。积极推行村（社区）党组织书记通过法定程序担任村（居）民委员会主任、村（社区）"两委"班子成员交叉任职。注重把党组织推荐的优秀人选通过一定程序明确为各类组织负责人，确保依法把党的领导和党的建设有关要求写入各类组织章程。创新党组织设置和活动方式，不断扩大党的组织覆盖和工作覆盖，持续整顿软弱涣散基层党组织。推动全面从严治党向基层延伸，加强日常监督，持续整治群众身边的不正之风和腐败问题。

（二）构建党委领导、党政统筹、简约高效的乡镇（街道）管理体制。深化基层机构改革，统筹党政机构设置、职能配置和编制资源，设置综合性内设机构。除党中央明确要求实行派驻体制的机构外，县直部门设在乡镇（街道）的机构原则上实行属地管理。继续实行派驻体制的，要纳入乡镇（街道）统一指挥协调。

（三）完善党建引领的社会参与制度。坚持党建带群建，更好履行组织、宣传、凝聚、服务群众职责。统筹基层党组织和群团组织资源配置，支持群团组织承担公共服务职能。培育扶持基层公益性、服务性、互助性社会组织。支持党组织健全、管理规范的社会组织优先承接政府转移职能和服务项目。搭建区域化党建平台，推行机关企事业单位与乡镇（街道）、村（社区）党组织联建共建，组织党员、干部下沉参与基层治理、有效服务群众。

### 三、加强基层政权治理能力建设

（一）增强乡镇（街道）行政执行能力。加强乡镇（街道）党（工）委对基层政权建设的领导。依法赋予乡镇（街道）综合管理权、统筹协调权和应急处置权，强化其对涉及本区域重大决策、重大规划、重大项目的参与权和建议权。根据本地实际情况，依法赋予乡镇（街道）行政执法权，整合现有执法力量和资源。推行乡镇（街道）行政执法公示制度，实行"双随机、一公开"监管模式。优化乡镇（街道）行政区划设置，确保管理服务有效覆盖常住人口。

（二）增强乡镇（街道）为民服务能力。市、县级政府要规范乡镇（街道）政务服务、公共服务、公共安全等事项，将直接面向群众、乡镇（街道）能够承接的服务事项依法下放。乡镇要围绕全面推进乡村振兴、巩固拓展脱贫攻坚成果等任务，做好农业产业发展、人居环境建设及留守儿童、留守妇女、留守老人关爱服务等工作。街道要做好市政市容管理、物业管理、流动人口服务管理、社会组织培育引导等工作。加强基层医疗卫生机构和乡村卫生健康人才队伍建设。优化乡镇（街道）政务服务流程，全面推进一窗式受理、一站式办理，加快推行市域通办，逐步推行跨区域办理。

（三）增强乡镇（街道）议事协商能力。完善基层民主协商制度，县级党委和政府围绕涉及群众切身利益的事项确定乡镇（街道）协商重点，由乡镇（街道）党（工）委主导开展议事协商，完善座谈会、听证会等协商方式，注重发挥人大代表、政协委员作用。探索建立社会公众列席乡镇（街道）有关会议制度。

（四）增强乡镇（街道）应急管理能力。强化乡镇（街道）属地责任和相应职权，构建多方参与的社会动员响应体系。健全基层应急管理组织体系，细化乡镇（街道）应急预案，做好风险研判、预警、应对等工作。建立统一指挥的应急管理队伍，加强应急物资储备保障。每年组织开展综合应急演练。市、县级政府要指导乡镇（街道）做好应急准备工作，强化应急状态下对乡镇（街道）人、财、物支持。

（五）增强乡镇（街道）平安建设能力。坚持和发展新时代"枫桥经验"，加强乡镇（街道）综治中心规范化建设，发挥其整合社会治理资源、创新社会治理方式的平台作用。完善基层社会治安防控体系，健全防范涉黑涉恶长效机制。健全乡镇（街道）矛盾纠纷一站式、多元化解决机制和心理疏导服务机制。

## 四、健全基层群众自治制度

（一）加强村（居）民委员会规范化建设。坚持党组织领导基层群众性自治组织的制度，建立基层群众性自治组织法人备案制度，加强集体资产管理。规范撤销村民委员会改设社区居民委员会的条件和程序，合理确定村（社区）规模，不盲目求大。发挥村（居）民委员会下设的人民调解、治安保卫、公共卫生等委员会作用，村民委员会应设妇女和儿童工作等委员会，社区居民委员会可增设环境和物业管理等委员会，并做好相关工作。完善村（居）民委员会成员履职承诺和述职制度。

（二）健全村（居）民自治机制。强化党组织领导把关作用，规范村（居）民委员会换届选举，全面落实村（社区）"两委"班子成员资格联审机制，坚决防止政治上的两面人，受过刑事处罚、存在"村霸"和涉黑涉恶及涉及宗族恶势力等问题人员，非法宗教与邪教的组织者、实施者、参与者等进入村（社区）"两委"班子。在基层公共事务和公益事业中广泛实行群众自我管理、自我服务、自我教育、自我监督，拓宽群众反映意见和建议的渠道。聚焦群众关心的民生实事和重要事项，定期开展民主协商。完善党务、村（居）务、财务公开制度，及时公开权力事项，接受群众监督。强化基层纪检监察组织与村（居）务监督委员会的沟通协作、有效衔接，形成监督合力。

（三）增强村（社区）组织动员能力。健全村（社区）"两委"班子成员联系群众机制，经常性开展入户走访。加强群防群治、联防联治机制建设，完善应急预案。在应急状态下，由村（社区）"两委"统筹调配本区域各类资源和力量，组织开展应急工作。改进网格化管理服务，依托村（社区）统一划分综合网格，明确网格管理服务事项。

（四）优化村（社区）服务格局。市、县级政府要规范村（社区）公共服务和代办政务服务事项，由基层党组织主导整合资源为群众提供服务。推进城乡社区综合服务设施建设，依托其开展就业、养老、医疗、托幼等服务，加强对困难群体和特殊人群关爱照护，做好传染病、慢性病防控等工作。加强综合服务、兜底服务能力建设。完善支持社区服务业发展政策，采取项目示范等方式，实施政府购买社区服务，鼓励社区服务机构与市场主体、社会力量合作。开展"新时代新社区新生活"服务质量提升活动，推进社区服务标准化。

## 五、推进基层法治和德治建设

（一）推进基层治理法治建设。提升基层党员、干部法治素养，引导群众积极参与、依法支持和配合基层治理。完善基层公共法律服务体系，加强和规范村（居）法律顾问工作。乡镇（街道）指导村（社区）依法制定村规民约、居民公约，健全备案和履行机制，确保符合法律法规和公序良俗。

（二）加强思想道德建设。培育践行社会主义核心价值观，推动习近平新时代中国特色社会主义思想进社区、进农村、进家庭。健全村（社区）道德评议机制，开展道德模范评选表彰活动，注重发挥家庭家教家风在基层治理中的重要作用。组织开展科学常识、卫生防疫知识、应急知识普及和诚信宣传教育，深入开展爱国卫生运动，遏制各类陈规陋习，抵制封建迷信活动。

（三）发展公益慈善事业。完善社会力量参与基层治理激励政策，创新社区与社会组织、社会工作者、社区志愿者、社会慈善资源的联动机制，支持建立乡镇（街道）购买社会工作服务机制和设立社区基金会等协作载体，吸纳社会力量参加基层应急救援。完善基层志愿服务制度，大力开展邻里互助服务和互动交流活动，更好满足群众需求。

## 六、加强基层智慧治理能力建设

（一）做好规划建设。市、县级政府要将乡镇（街道）、村（社区）纳入信息化建设规划，统筹推进智慧城市、智慧社区基础设施、系统平台和应用终端建设，强化系统集成、数据融合和网络安全保障。健全基层智慧治理标准体系，推广智能感知等技术。

（二）整合数据资源。实施"互联网+基层治理"行动，完善乡镇（街道）、村（社区）地理信息等基础数据，共建全国基层治理数据库，推动基层治理数据资源共享，根据需要向基层开放使用。完善乡镇（街道）与部门政务信息系统数据资源共享交换机制。推进村（社区）数据资源建设，实行村（社区）数据综合采集，实现一次采集、多方利用。

（三）拓展应用场景。加快全国一体化政务服务平台建设，推动各地政务服务平台向乡镇（街道）延伸，建设开发智慧社区信息系统和简便应用软件，提高基层治理数字化智能化水平，提升政策宣传、民情沟通、便民服务效能，让数据多跑路、群众少跑腿。充分考虑老年人习惯，推行适老化和无障碍信息服务，保留必要的线下办事服务渠道。

## 七、加强组织保障

（一）压实各级党委和政府责任。各级党委和政府要加强对基层治理的组织领导，完善议事协调机制，强化统筹协调，定期研究基层治理工作，整体谋划城乡社区建设、治理和服务，及时帮助基层解决困难和问题。加强对基层治理工作成效的评估，评估结果作为市、县级党政领导班子和领导干部考核，以及党委书记抓基层党建述职评议考核的重要内容。市、县级党委和政府要发挥一线指挥部作用，乡镇（街道）要提高抓落实能力。组织、政法、民政等部门要及时向党委和政府提出政策建议。

（二）改进基层考核评价。市、县级党委和政府要规范乡镇（街道）、村（社区）权责事项，并为权责事项以外委托工作提供相应支持。未经党委和政府统一部署，各职能部门不得将自身权责事项派交乡镇（街道）、村（社区）承担。完善考核评价体系和激励办法，加强对乡镇（街道）、村（社区）的综合考核，严格控制考核总量和频次。统筹规范面向基层的督查检查，清理规范工作台账、报表以及"一票否决"、签订责任状、出具证明事项、创建示范等项目，切实减轻基层负担。做好容错纠错工作，保护基层干部干事创业的积极性。

（三）保障基层治理投入。完善乡镇（街道）经费保障机制，进一步深化乡镇（街道）国库集中支付制度改革。编制城乡社区服务体系建设规划，将综合服务设施建设纳入国土空间规划，优化以党群服务中心为基本阵地的城乡社区综合服务设施布局。各省（自治区、直辖市）要明确乡镇（街道）、村（社区）的办公、服务、活动、应急等功能面积标准，按照有关规定采取盘活现有资源或新建等方式，支持建设完善基层阵地。

（四）加强基层治理队伍建设。充实基层治理骨干力量，加强基层党务工作者队伍建设。各级党委要专门制定培养规划，探索建立基层干部分级培训制度，建好用好城乡基层干部培训基地和在线培训平台，加强对基层治理人才的培养使用。推进编制资源向乡镇（街道）倾斜，鼓励从上往下跨层级调剂使用行政和事业编制。严格执行乡镇（街道）干部任期调整、最低服务年限等规定，落实乡镇机关事业单位工作人员乡镇工作补贴政策。建立健全村（社区）党组织书记后备人才库，实行村（社区）党组织书记县级党委组织部门备案管理。研究制定加强城乡社区工作者队伍建设政策措施，市、县级政府要综合考虑服务居民数量等因素制定社区工作者配备标准；健全社区工作者职业体系，建立岗位薪酬制度并完善动态调整机制，落实社会保险待遇，探索将专职网格员纳入社区工作者管理。加强城乡社区服务人才队伍建设，引导高校毕业生等从事社区工作。

（五）推进基层治理创新。加快基层治理研究基地和智库建设，加强中国特色社会主义基层治理理论研究。以市（地、州、盟）为单位开展基层治理示范工作，加强基层治理平台建设，鼓励基层治理改革创新。认真总结新冠肺炎疫情防控经验，补齐补足社区防控短板，切实巩固社区防控阵地。完善基层治理法律法规，适时修订《中华人民共和国城市居民委员会组织法》、《中华人民共和国村民委员会组织法》，研究制定社区服务条例。

（六）营造基层治理良好氛围。选树表彰基层治理先进典型，推动创建全国和谐社区。做好基层治理调查统计工作，建立基层治理群众满意度调查制度。组织开展基层治理专题宣传。

# 关于加快推进乡村人才振兴的意见

乡村振兴，关键在人。为深入贯彻落实习近平总书记关于推动乡村人才振兴的重要指示精神，落实党中央、国务院有关决策部署，促进各类人才投身乡村建设，现就加快推进乡村人才振兴提出如下意见。

## 一、总体要求

（一）指导思想。以习近平新时代中国特色社会主义思想为指导，全面贯彻党的十九大和十九届二中、三中、四中、五中全会精神，坚持和加强党对乡村人才工作的全面领导，坚持农业农村优先发展，坚持把乡村人力资本开发放在首要位置，大力培养本土人才，引导城市人才下乡，推动专业人才服务乡村，吸引各类人才在乡村振兴中建功立业，健全乡村人才工作体制机制，强化人才振兴保障措施，培养造就一支懂农业、爱农村、爱农民的"三农"工作队伍，为全面推进乡村振兴、加快农业农村现代化提供有力人才支撑。

（二）目标任务。到 2025 年，乡村人才振兴制度框架和政策体系基本形成，乡村振兴各领域人才规模不断壮大、素质稳步提升、结构持续优化，各类人才支持服务乡村格局基本形成，乡村人才初步满足实施乡村振兴战略基本需要。

（三）工作原则

——坚持加强党对乡村人才工作的全面领导。贯彻党管人才原则，将乡村人才振兴纳入党委人才工作总体部署，引导各类人才向农村基层一线流动，打造一支能够担当乡村振兴使命的人才队伍。

——坚持全面培养、分类施策。围绕全面推进乡村振兴需要，全方位培养各类人才，扩大总量、提高质量、优化结构。尊重乡村发展规律和人才成长规律，针对不同地区、不同类型人才，实施差别化政策措施。

——坚持多元主体、分工配合。推动政府、培训机构、企业等发挥各自优势，共同参与乡村人才培养，解决制约乡村人才振兴的问题，形成工作合力。

——坚持广招英才、高效用才。坚持培养与引进相结合、引才与引智相结合，拓宽乡村人才来源，聚天下英才而用之。用好用活人才，为人才干事创业和实现价值提供机会条件，最大限度激发人才内在活力。

——坚持完善机制、强化保障。深化乡村人才培养、引进、管理、使用、流动、激励等制度改革，完善人才服务乡村激励机制，让农村的机会吸引人，让农村的环境留住人。

**二、加快培养农业生产经营人才**

（四）培养高素质农民队伍。深入实施现代农民培育计划，重点面向从事适度规模经营的农民，分层分类开展全产业链培训，加强训后技术指导和跟踪服务，支持创办领办新型农业经营主体。充分利用现有网络教育资源，加强农民在线教育培训。实施农村实用人才培养计划，加强培训基地建设，培养造就一批能够引领一方、带动一片的农村实用人才带头人。

（五）突出抓好家庭农场经营者、农民合作社带头人培育。深入推进家庭农场经营者培养，完善项目支持、生产指导、质量管理、对接市场等服务。建立农民合作社带头人人才库，加强对农民合作社骨干的培训。鼓励农民工、高校毕业生、退役军人、科技人员、农村实用人才等创办领办家庭农场、农民合作社。鼓励有条件的地方支持农民合作社聘请农业经理人。鼓励家庭农场经营者、农民合作社带头人参加职称评审、技能等级认定。

### 三、加快培养农村二三产业发展人才

（六）培育农村创业创新带头人。深入实施农村创业创新带头人培育行动，不断改善农村创业创新生态，稳妥引导金融机构开发农村创业创新金融产品和服务方式，加快建设农村创业创新孵化实训基地，组建农村创业创新导师队伍。壮大新一代乡村企业家队伍，通过专题培训、实践锻炼、学习交流等方式，完善乡村企业家培训体系，完善涉农企业人才激励机制，加强对乡村企业家合法权益的保护。

（七）加强农村电商人才培育。提升电子商务进农村效果，开展电商专家下乡活动。依托全国电子商务公共服务平台，加快建立农村电商人才培养载体及师资、标准、认证体系，开展线上线下相结合的多层次人才培训。

（八）培育乡村工匠。挖掘培养乡村手工业者、传统艺人，通过设立名师工作室、大师传习所等，传承发展传统技艺。鼓励高等学校、职业院校开展传统技艺传承人教育。在传统技艺人才聚集地设立工作站，开展研习培训、示范引导、品牌培育。支持鼓励传统技艺人才创办特色企业，带动发展乡村特色手工业。

（九）打造农民工劳务输出品牌。实施劳务输出品牌计划，围绕地方特色劳务群体，建立技能培训体系和评价体系，完善创业扶持、品牌培育政策，通过完善行业标准、建设专家工作室、邀请专家授课、举办技能比赛等途径，普遍提升从业者职业技能，提高劳务输出的组织化、专业化、标准化水平，培育一批叫得响的农民工劳务输出品牌。

### 四、加快培养乡村公共服务人才

（十）加强乡村教师队伍建设。落实城乡统一的中小学教职工编制标准。继续实施革命老区、民族地区、边疆地区人才支

持计划、教师专项计划和银龄讲学计划。加大乡村骨干教师培养力度，精准培养本土化优秀教师。改革完善"国培计划"，深入推进"互联网+义务教育"，健全乡村教师发展体系。对长期在乡村学校任教的教师，职称评审可按规定"定向评价、定向使用"，高级岗位实行总量控制、比例单列，可不受所在学校岗位结构比例限制。落实好乡村教师生活补助政策，加强乡村学校教师周转宿舍建设，按规定将符合条件的乡村教师纳入当地住房保障范围。

（十一）加强乡村卫生健康人才队伍建设。按照服务人口1‰左右的比例，以县为单位每5年动态调整乡镇卫生院人员编制总量，允许编制在县域内统筹使用，用好用足空余编制。推进乡村基层医疗卫生机构公开招聘，艰苦边远地区县级及基层医疗卫生机构可根据情况适当放宽学历、年龄等招聘条件，对急需紧缺卫生健康专业人才可以采取面试、直接考察等方式公开招聘。乡镇卫生院应至少配备1名公共卫生医师。深入实施全科医生特岗计划、农村订单定向医学生免费培养和助理全科医生培训，支持城市二级及以上医院在职或退休医师到乡村基层医疗卫生机构多点执业，开办乡村诊所，充实乡村卫生健康人才队伍。完善乡村基层卫生健康人才激励机制，落实职称晋升和倾斜政策，优化乡镇医疗卫生机构岗位设置，按照政策合理核定乡村基层医疗卫生机构绩效工资总量和水平。优化乡村基层卫生健康人才能力提升培训项目，加强在岗培训和继续教育。落实乡村医生各项补助，逐步提高乡村医生收入待遇，做好乡村医生参加基本养老保险工作，深入推进乡村全科执业助理医师资格考试，推动乡村医生向执业（助理）医师转化，引导医学专业高校毕业生免试申请乡村医生执业注册。鼓励免费定向培养一批源于本乡本土的大学生乡村医生，多途径培养培训乡村卫生健康工作队伍，改善乡村卫生服务和治理水平。

（十二）加强乡村文化旅游体育人才队伍建设。推动文化旅游体育人才下乡服务，重点向革命老区、民族地区、边疆地区倾斜。完善文化和旅游、广播电视、网络视听等专业人才扶持政策，培养一批乡村文艺社团、创作团队、文化志愿者、非遗传承人和乡村旅游示范者。鼓励运动员、教练员、体育专业师生、体育科研人员参与乡村体育指导志愿服务。

（十三）加强乡村规划建设人才队伍建设。支持熟悉乡村的首席规划师、乡村规划师、建筑师、设计师及团队参与村庄规划设计、特色景观制作、人文风貌引导，提高设计建设水平，塑造乡村特色风貌。统筹推进城乡基础设施建设管护人才互通共享，搭建服务平台，畅通交流机制。实施乡村本土建设人才培育工程，加强乡村建设工匠培训和管理，培育修路工、水利员、改厕专家、农村住房建设辅导员等专业人员，提升农村环境治理、基础设施及农村住房建设管护水平。

## 五、加快培养乡村治理人才

（十四）加强乡镇党政人才队伍建设。选优配强乡镇领导班子特别是乡镇党委书记，健全从乡镇事业人员、优秀村党组织书记、到村任职过的选调生、驻村第一书记、驻村工作队员中选拔乡镇领导干部常态化机制。实行乡镇编制专编专用，明确乡镇新录用公务员在乡镇最低服务年限，规范从乡镇借调工作人员。落实乡镇工作补贴和艰苦边远地区津贴政策，确保乡镇机关工作人员收入高于县直机关同职级人员。落实艰苦边远地区乡镇公务员考录政策，适当降低门槛和开考比例，允许县乡两级拿出一定数量的职位面向高校毕业生、退役军人等具有本地户籍或在本地长期生活工作的人员招考。

（十五）推动村党组织带头人队伍整体优化提升。坚持把政治标准放在首位，选拔思想政治素质好、道德品行好、带富能力强、协调能力强，公道正派、廉洁自律，热心为群众服务的党员担任村党组织书记。注重从本村致富能手、外出务工经商返乡人员、本乡本土大学毕业生、退役军人中的党员里培养选拔村党组织书记。对本村暂时没有党组织书记合适人选的，可从上级机关、企事业单位优秀党员干部中选派，有条件的地方也可以探索跨村任职。全面落实村党组织书记县级党委组织部门备案管理制度和村"两委"成员资格联审机制，实行村"两委"成员近亲属回避，净化、优化村干部队伍。加大从优秀村党组织书记中考录乡镇公务员、招聘乡镇事业编制人员力度。县级党委每年至少对村党组织书记培训1次，支持村干部和农民参加学历教育。坚持和完善向重点乡村选派驻村第一书记和工作队制度。

（十六）实施"一村一名大学生"培育计划。鼓励各地遴选一批高等职业学校，按照有关规定，根据乡村振兴需求开设涉农专业，支持村干部、新型农业经营主体带头人、退役军人、返乡创业农民工等，采取在校学习、弹性学制、农学交替、送教下乡等方式，就地就近接受职业高等教育，培养一批在乡大学生、乡村治理人才。进一步加强选调生到村任职、履行大学生村官有关职责、按照大学生村官管理工作，落实选调生一般应占本年度公务员考录计划10%左右的规模要求。鼓励各地多渠道招录大学毕业生到村工作。扩大高校毕业生"三支一扶"计划招募规模。

（十七）加强农村社会工作人才队伍建设。加快推动乡镇社会工作服务站建设，加大政府购买服务力度，吸引社会工作人才提供专业服务，大力培育社会工作服务类社会组织。加大本土社会工作专业人才培养力度，鼓励村干部、年轻党员等参加社会工作职业资格评价和各类教育培训。持续实施革命老区、民族地区、边疆地区社会工作专业人才支持计划。加强乡村儿童关爱服务人才队伍建设。通过项目奖补、税收减免等方式引导高校毕业生、退役军人、返乡入乡人员参与社区服务。

（十八）加强农村经营管理人才队伍建设。依法依规划分农村经营管理的行政职责和事业职责，建立健全职责目录清单。采取招录、调剂、聘用等方式，通过安排专兼职人员等途径，充实农村经营管理队伍，确保事有人干、责有人负。加强业务培训，力争3年内轮训一遍。加强农村土地承包经营纠纷调解仲裁人才队伍建设，鼓励各地探索建立仲裁员等级评价制度。将农村合作组织管理专业纳入农业技术人员职称评审范围，完善评价标准。加强农村集体经济组织人才培养，完善激励机制。

（十九）加强农村法律人才队伍建设。加强农业综合行政执法人才队伍建设，加大执法人员培训力度，完善工资待遇和职业保障政策，培养通专结合、一专多能执法人才。推动公共法律服务力量下沉，通过招录、聘用、政府购买服务、发展志愿者队伍等方式，充实乡镇司法所公共法律服务人才队伍，加强乡村法律服务人才培训。以村干部、村妇联执委、人民调解员、网格员、村民小组长、退役军人等为重点，加快培育"法律明白人"。培育农村学法用法示范户，构建农业综合行政执法人员与农村学法用法示范户的密切联结机制。提高乡村人民调解员队伍专业化水平，有序推进在农村"五老"人员中选聘人民调解员。完善和落实"一村一法律顾问"制度。

## 六、加快培养农业农村科技人才

（二十）培养农业农村高科技领军人才。国家重大人才工程、人才专项优先支持农业农村领域，推进农业农村科研杰出人才培养，鼓励各地实施农业农村领域"引才计划"，加快培育一批高科技领军人才和团队。加强优秀青年后备人才培养，突出服务基层导向。支持高科技领军人才按照有关政策在国家农业高新技术产业示范区、农业科技园区等落户。

（二十一）培养农业农村科技创新人才。依托现代农业产业技术体系、农业科技创新联盟、现代农业产业科技创新中心等平台，发现人才、培育人才、凝聚人才。加强农业企业科技人才培养。健全农业农村科研立项、成果评价、成果转化机制，完善科技人员兼职兼薪、分享股权期权、领办创办企业、成果权益分配等激励办法。

（二十二）培养农业农村科技推广人才。推进农技推广体系改革创新，完善公益性和经营性农技推广融合发展机制，允许提供增值服务合理取酬。全面实施农技推广服务特聘计划。深化农技人员职称制度改革，突出业绩水平和实际贡献，向服务基层一线人才倾斜，实行农业农村科技推广人才差异化分类考核。实施基层农技人员素质提升工程，重点培训年轻骨干农技人员。建立健全农产品质量安全协管员、信息员队伍。鼓励地方对"土专家"、"田秀才"、"乡创客"发放补贴。开展"寻找最美农技员"活动。引导科研院所、高等学校开展专家服务基层活动，推广"科技小院"等培养模式，派驻研究生深入农村开展实用技术研究和推广服务工作。

（二十三）发展壮大科技特派员队伍。坚持政府选派、市场选择、志愿参加原则，完善科技特派员工作机制，拓宽科技特派员来源渠道，逐步实现各级科技特派员科技服务和创业带动全覆盖。完善优化科技特派员扶持激励政策，持续加大对科技特派员工作支持力度，推广利益共同体模式，支持科技特派员领办创办协办农民合作社、专业技术协会和农业企业。

## 七、充分发挥各类主体在乡村人才培养中的作用

（二十四）完善高等教育人才培养体系。全面加强涉农高校耕读教育，将耕读教育相关课程作为涉农专业学生必修课。深入实施卓越农林人才教育培养计划 2.0，加快培养拔尖创新型、复合应用型、实用技能型农林人才。用生物技术、信息技术等现代科学技术改造提升现有涉农专业，建设一批新兴涉农专业。引导综合性高校拓宽农业传统学科专业边界，增设涉农学科专业。加强乡村振兴发展研究院建设，加大涉农专业招生支持力

度。加强农林高校网络培训教育资源共享，打造实用精品培训课程体系。

（二十五）加快发展面向农村的职业教育。加强农村职业院校基础能力建设，优先支持高水平农业高职院校开展本科层次职业教育，采取校企合作、政府划拨、整合资源等方式建设一批实习实训基地。支持职业院校加强涉农专业建设、开发技术研发平台、开设特色工艺班，培养基层急需的专业技术人才。采取学制教育和专业培训相结合的模式对农村"两后生"进行技能培训。鼓励退役军人、下岗职工、农民工、高素质农民、留守妇女等报考高职院校，可适当降低文化素质测试录取分数线。

（二十六）依托各级党校（行政学院）培养基层党组织干部队伍。发挥好党校（行政学院）、干部学院主渠道、主阵地作用，分类分级开展"三农"干部培训。以县级党校（行政学校）为主体，加强对村干部、驻村第一书记、基层团组织书记等乡村干部队伍的培训。采取线上线下相结合等模式，将党校（行政学院）、干部学院的教育资源延伸覆盖至村和社区。

（二十七）充分发挥农业广播电视学校等培训机构作用。支持职业院校、农业广播电视学校、农村成人文化技术培训学校（机构）、农技推广机构、农业科研院所等，加强对高素质农民、能工巧匠等本土人才培养。探索建立农民学分银行，推动农民培训与职业教育有效衔接。建立政府引导、多元参与的投入机制，将农民教育培训经费按规定列入各级预算，吸引社会资本投入。

（二十八）支持企业参与乡村人才培养。引导农业企业依托原料基地、产业园区等建设实训基地，推动和培训农民应用新技术。鼓励农业企业依托信息、科技、品牌、资金等优势，带动农民创办家庭农场、农民合作社，打造乡村人才孵化基地。支持农业企业联合科研院所、高等学校建设产学研用协同创新基地，培育科技创新人才。

## 八、建立健全乡村人才振兴体制机制

（二十九）健全农村工作干部培养锻炼制度。完善县级以上机关年轻干部在农村基层培养锻炼机制，有计划地选派县级以上机关有发展潜力的年轻干部到乡镇任职、挂职，多渠道选派优秀干部到农村干事创业。

（三十）完善乡村人才培养制度。加大公费师范生培养力度，实行定向培养，明确基层服务年限，推动特岗计划与公费师范生培养相结合。推动职业院校（含技工院校）建设涉农专业或开设特色工艺班，与基层行政事业单位、用工企业精准对接，定向培养乡村人才。支持中央和国家机关有关部门、地方政府、高等学校、职业院校加强合作，按规定为艰苦地区和基层一线"订单式"培养专业人才。

（三十一）建立各类人才定期服务乡村制度。建立城市医生、教师、科技、文化等人才定期服务乡村制度，支持和鼓励符合条件的事业单位科研人员按照国家有关规定到乡村和涉农企业创新创业，充分保障其在职称评审、工资福利、社会保障等方面的权益。鼓励地方整合各领域外部人才成立乡村振兴顾问团，支持引导退休专家和干部服务乡村振兴。落实中小学教师晋升高级职称原则上要有1年以上农村基层工作服务要求。国家建立医疗卫生人员定期到基层和艰苦边远地区从事医疗卫生工作制度。执业医师晋升为副高级技术职称的，应当有累计1年以上在县级以下或者对口支援的医疗卫生机构提供医疗卫生服务的经历。支持专业技术人才通过项目合作、短期工作、专家服务、兼职等多种形式到基层开展服务活动，在基层时间累计超过半年的视为基层工作经历，作为职称评审、岗位聘用的重要参考。对县乡事业单位专业性强的岗位聘用的高层次人才，可采取协议工资、项目工资、年薪制等灵活多样的分配方式，合理确定薪酬待遇。鼓励地方通过建设人才公寓、发放住房补助，允许返乡入乡人员子女在就业创业地接受学前教育、义务教育，解决好返乡入乡人员的居住和子女入学问题。完善社保关系转移接续机制，为返乡入乡人员及其家属按规定参加城镇职工基本养老保险、基本医疗保险提供便捷服务。

（三十二）健全鼓励人才向艰苦地区和基层一线流动激励制度。适当放宽在基层一线工作的专业技术人才职称评审条件。对长期在基层一线和艰苦边远地区工作的，加大爱岗敬业表现、实际工作业绩及工作年限等评价权重，落实完善工资待遇倾斜政策，激励人才扎根一线建功立业。推广医疗、教育人才"组团式"援疆援藏经验做法，逐步将人才"组团式"帮扶拓展到其他艰苦地区和更多领域。

（三十三）建立县域专业人才统筹使用制度。积极开展统筹使用基层各类编制资源试点，探索赋予乡镇更加灵活的用人自主权，鼓励从上往下跨层级调剂行政事业编制，推动资源服务管理向基层倾斜。推进义务教育阶段教师"县管校聘"，推广城乡学校共同体、乡村中心校模式。加强县域卫生人才一体化配备和管理，在区域卫生编制总量内统一配备各类卫生人才，强化多劳多得、优绩优酬，鼓励实行"县聘乡用"和"乡聘村用"。

（三十四）完善乡村高技能人才职业技能等级制度。组织农民参加职业技能鉴定、职业技能等级认定、职业技能竞赛等多种技能评价。探索"以赛代评"、"以项目代评"，符合条件可直接认定相应技能等级。按照有关规定对有突出贡献人才破格评定相应技能等级。

（三十五）建立健全乡村人才分级分类评价体系。坚持"把论文写在大地上"，完善农业农村领域高级职称评审申报条件，探索推行技术标准、专题报告、发展规划、技术方案、试验报告等视同发表论文的评审方式。对乡村发展急需紧缺人才，可以设置特设岗位，不受常设岗位总量、职称最高等级和结构比例限制。

（三十六）提高乡村人才服务保障能力。完善乡村人才认定标准，做好乡村人才分类统计，加强乡村人才工作信息化建设，建立健全县乡村三级乡村人才管理网络。加强人才管理服务工作，大力发展乡村人才服务业，引导市场主体为乡村人才提供中介、信息等服务。

## 九、保障措施

（三十七）加强组织领导。各级党委要将乡村人才振兴作为实施乡村振兴战略的重要任务，建立党委统一领导、组织部门指导、党委农村工作部门统筹协调、相关部门分工负责的乡村人才振兴工作联席会议制度。把乡村人才振兴纳入人才工作目标责任制考核和乡村振兴实绩考核。加强农村工作干部队伍的培养、配备、管理、使用，将干部培养向乡村振兴一线倾斜，选优配强涉农部门领导班子和市县分管乡村振兴的领导干部，注重提拔使用政治过硬、实绩突出的农村工作干部。

（三十八）强化政策保障。加强乡村人才振兴投入保障，支持涉农企业加大乡村人力资本开发投入。农村集体经营性建设用地和复垦腾退建设用地指标注重支持各类乡村人才发展新产业新业态。推进农村金融产品和服务创新，鼓励证券、保险、担保、基金等金融机构服务乡村振兴，引导工商资本投资乡村事业，带动人才回流乡村。

（三十九）搭建乡村引才聚才平台。加强现代农业产业园、农业科技园区、农村创业创新园区等平台建设，支持入园企业、科研院所等建设科研创新平台，完善科技成果转化、人才奖补等政策，引进高层次人才和急需紧缺专业人才。加强人才驿站、人才服务站、专家服务基地、青年之家、妇女之家等人才服务平台建设，为乡村人才提供政策咨询、职称申报、项目申报、融资对接等服务。

（四十）制定乡村人才专项规划。对标实施乡村振兴战略需要，评估乡村人才供求总量和结构，细分乡村人才供求缺口，探索建立乡村人才信息库和需求目录。在摸清乡村人才现状基础上，制定乡村人才振兴规划，明确乡村人才振兴的总体要求、重点任务、政策措施，推动"三农"工作人才队伍建设制度化、规范化、常态化。

（四十一）营造良好环境。完善扶持乡村产业发展的政策体系，建好农村基础设施和公共服务设施，改善农村发展条件，提高农村生活便利化水平，吸引城乡人才留在农村。通过优秀人才评选、创新创业比赛、职业技能大赛等途径，每年选树一批乡村人才先进典型，按照规定给予表彰和政策扶持，引导乡村人才增强力争上游、务农光荣的思想观念。

（新华社北京 2021 年 2 月 23 日电）

# 关于向重点乡村持续选派驻村
# 第一书记和工作队的意见

为深入贯彻落实党中央有关决策部署，总结运用打赢脱贫攻坚战选派驻村第一书记和工作队的重要经验，在全面建设社会主义现代化国家新征程中全面推进乡村振兴，巩固拓展脱贫攻坚成果，把乡村振兴作为培养锻炼干部的广阔舞台，现就向重点乡村持续选派驻村第一书记和工作队提出如下意见。

## 一、总体要求

以习近平新时代中国特色社会主义思想为指导，深入贯彻党的十九大和十九届二中、三中、四中、五中全会精神，适应"三农"工作新形势新任务新要求，健全常态化驻村工作机制，为全面推进乡村振兴、巩固拓展脱贫攻坚成果提供坚强组织保证和干部人才支持。

坚持有序衔接、平稳过渡，在严格落实脱贫地区"四个不摘"要求基础上，合理调整选派范围，优化驻村力量，拓展工作内容，逐步转向全面推进乡村振兴；坚持县级统筹、精准选派，按照先定村、再定人原则，由县级党委和政府摸清选派需求，统筹各级选派力量，因村派人、科学组队；坚持派强用好、严管厚爱，严格人选标准，加强管理监督，注重关心激励，确保选得优、下得去、融得进、干得好；坚持真抓实干、务求实效，推动第一书记和工作队员用心用情用力驻村干好工作，注意处理好加强外部帮扶与激发内生动力的关系，形成整体合力。

## 二、选派范围

对脱贫村、易地扶贫搬迁安置村（社区），继续选派第一书

记和工作队，将乡村振兴重点帮扶县的脱贫村作为重点，加大
选派力度。对其中巩固脱贫攻坚成果任务较轻的村，可从实际
出发适当缩减选派人数。各地要选择一批乡村振兴任务重的村，
选派第一书记或工作队，发挥示范带动作用。对党组织软弱涣
散村，按照常态化、长效化整顿建设要求，继续全覆盖选派第
一书记。对其他类型村，各地可根据实际需要作出选派安排。

### 三、严格人选把关

第一书记和工作队员人选的基本条件是：政治素质好，坚
决贯彻执行党的理论和路线方针政策，热爱农村工作；工作能
力强，敢于担当，善于做群众工作，具有开拓创新精神；事业
心和责任感强，作风扎实，不怕吃苦，甘于奉献；具备正常履
职的身体条件。第一书记必须是中共正式党员，具有 1 年以上
党龄和 2 年以上工作经历；工作队员应优先选派中共党员。

第一书记和工作队员主要从省市县机关优秀干部、年轻干
部，国有企业、事业单位优秀人员和以往因年龄原因从领导岗
位上调整下来、尚未退休的干部中选派，有农村工作经验或涉
农方面专业技术特长的优先。中央和国家机关各部委、人民团
体、中管金融企业、国有重要骨干企业和高等学校，有定点帮
扶和对口支援结对任务的，每个单位至少选派 1 名优秀干部到
村任第一书记。

选派第一书记和工作队员，按照个人报名和组织推荐相结
合的办法，由派出单位组织人事部门提出人选，同级党委组织
部门会同农办、农业农村部门及乡村振兴部门进行备案，派出
单位党委（党组）研究确定。各地区各部门各单位党委（党
组）及组织部门、农办、农业农村部门及乡村振兴部门，要严
把人选政治关、品行关、能力关、作风关、廉洁关，充分考虑
年龄、专业、经历等因素，确保选优派强。县级党委和政府要
根据不同类型村的需要，对人选进行科学搭配、优化组合，发

挥选派力量的最大效能。

### 四、主要职责任务

根据全面推进乡村振兴、巩固拓展脱贫攻坚成果任务需要，第一书记和工作队主要做好以下工作。

（一）建强村党组织。重点围绕增强政治功能、提升组织力，推动村干部、党员深入学习和忠实践行习近平新时代中国特色社会主义思想，学习贯彻党章党规党纪和党的路线方针政策；推动加强村"两委"班子建设、促进担当作为，帮助培育后备力量，发展年轻党员，吸引各类人才；推动加强党支部标准化规范化建设，严格党的组织生活，加强党员教育管理监督，充分发挥党组织和党员作用。

（二）推进强村富民。重点围绕加快农业农村现代化、扎实推进共同富裕，推动巩固拓展脱贫攻坚成果，做好常态化监测和精准帮扶；推动加快发展乡村产业，发展壮大新型农村集体经济，促进农民增收致富；推动农村精神文明建设、生态文明建设、深化农村改革、乡村建设行动等重大任务落地见效，促进农业农村高质量发展。

（三）提升治理水平。重点围绕推进乡村治理体系和治理能力现代化、提升乡村善治水平，推动健全党组织领导的自治、法治、德治相结合的乡村治理体系，加强村党组织对村各类组织和各项工作的全面领导，形成治理合力；推动规范村务运行，完善村民自治、村级议事决策、民主管理监督、民主协商等制度机制；推动化解各类矛盾问题，实行网格化管理和精细化服务，促进农村社会和谐稳定。

（四）为民办事服务。重点围绕保障和改善农村民生、密切党群干群关系，推动落实党的惠民政策，经常联系走访群众，参与便民利民服务，帮助群众解决"急难愁盼"问题；推动加强对困难人群的关爱服务，经常嘘寒问暖，协调做好帮扶工作；

推动各类资源向基层下沉、以党组织为主渠道落实，不断增强人民群众获得感、幸福感、安全感。

第一书记和工作队要从派驻村实际出发，抓住主要矛盾，细化任务清单，认真抓好落实。找准职责定位，充分发挥支持和帮助作用，与村"两委"共同做好各项工作，切实做到遇事共商、问题共解、责任共担，特别是面对矛盾问题不回避、不退缩，主动上前、担当作为，同时注意调动村"两委"的积极性、主动性、创造性，做到帮办不代替、到位不越位。

### 五、加强管理考核

第一书记和工作队员任期一般不少于 2 年，到期轮换、压茬交接。同步选派第一书记和工作队的村，队长由第一书记兼任，队员一般不少于 2 人，任务重的可适当增加人数。

驻村期间，第一书记和工作队员原人事关系、工资和福利待遇不变，不承担派出单位工作；党员组织关系转到村，不占村干部职数，一般不参加村级组织换届选举。由县级党委组织部门、农办、农业农村部门及乡村振兴部门和乡镇（街道）党（工）委进行日常管理，严格落实考勤、请销假、工作报告、纪律约束等制度。派出单位加强跟踪管理，每半年听取 1 次第一书记和工作队员汇报。

驻村工作半年以上的，由所在县党委组织部门、农办、农业农村部门及乡村振兴部门会同乡镇（街道）党（工）委进行年度考核，以适当方式听取派出单位意见，考核结果反馈派出单位；期满考核由派出单位会同所在县党委组织部门、农办、农业农村部门及乡村振兴部门和乡镇（街道）党（工）委进行。考核过程中深入听取村干部、党员、群众意见，全面了解现实表现情况。考核结果作为评先评优、提拔使用、晋升职级、评定职称的重要依据。

## 六、强化组织保障

各地区各部门各单位党委（党组）要高度重视向重点乡村持续选派驻村第一书记和工作队工作，将其作为抓党建促乡村振兴的重要举措，加强组织领导，推动落地见效。县级党委和政府要强化责任担当，精心组织实施，做到定村精准、派人精准、工作精准。各级党委组织部门、农办、农业农村部门及乡村振兴部门具体牵头协调，加强工作指导。其他涉农部门密切配合，结合自身职能加强业务指导，做好有关工作。派出单位与第一书记和工作队所在村实行责任捆绑，党委（党组）负责同志每年到村调研指导、推进工作。把选派工作纳入乡村振兴实绩考核、党委（党组）书记抓基层党建工作述职评议考核的内容。

强化保障支持，加强关心关爱。派出单位可参照差旅费中伙食补助费标准给予生活补助，安排通信补贴，派往艰苦边远地区的，还可参照所在地区同类同级人员的地区性津贴标准给予相应补助。每年安排定期体检，办理任职期间人身意外伤害保险，按规定报销医疗费。所在县乡提供必要工作和生活条件。保证必要工作经费，具体由地方财政统筹安排。分级负责开展培训，第一书记和工作队员原则上任期内至少参加1次县级以上培训。县级党委组织部门、农办、农业农村部门及乡村振兴部门和乡镇（街道）党（工）委要经常与第一书记和工作队员谈心谈话，派出单位要加强联系，了解思想动态，促进安心工作，激励担当作为。

以真抓实干、求真务实的作风做好选派工作，力戒形式主义、官僚主义，切实减轻基层负担。推动干部在乡村振兴一线岗位锻炼成长，接地气、转作风、增感情。通过驻村工作考察识别干部，对干出成绩、群众认可的优先重用，对工作不认真不负责的进行批评教育，对不胜任或造成不良后果的及时调整处理，树立鲜明导向。党委组织部门、农办、农业农村部门及乡村振兴部门要加强调研督促，及时发现和解决有关问题。注意总结工作中好经验好做法，宣传表彰第一书记和工作队员先进典型，营造担当作为、干事创业良好氛围。

（新华社北京 2021 年 5 月 11 日电）

# 关于加快农村寄递物流体系建设的意见

国办发〔2021〕29号

各省、自治区、直辖市人民政府，国务院各部委、各直属机构：

农村寄递物流是农产品出村进城、消费品下乡进村的重要渠道之一，对满足农村群众生产生活需要、释放农村消费潜力、促进乡村振兴具有重要意义。近年来，农村寄递物流体系建设取得了长足进步，与农村电子商务协同发展效应显著，但仍存在末端服务能力不足、可持续性较差、基础设施薄弱等一些突出问题，与群众的期待尚有一定差距。为加快农村寄递物流体系建设，做好"六稳"、"六保"工作，经国务院同意，现提出如下意见。

## 一、指导思想

以习近平新时代中国特色社会主义思想为指导，深入贯彻党的十九大和十九届二中、三中、四中、五中全会精神，认真落实党中央、国务院决策部署，立足新发展阶段、贯彻新发展理念、构建新发展格局，坚持以人民为中心的发展思想，健全县、乡、村寄递服务体系，补齐农村寄递物流基础设施短板，推动农村地区流通体系建设，促进群众就业创业，更好满足农村生产生活和消费升级需求，为全面推进乡村振兴、畅通国内大循环作出重要贡献。

## 二、原则目标

坚持以人民为中心、惠及民生。提升农村寄递服务能力和效率，聚焦农产品进城"最初一公里"和消费品下乡"最后一公里"，助力农民创收增收，促进农村消费升级。

坚持市场主导、政府引导。有效市场和有为政府紧密结合，以市场化方式为主，主动打通政策堵点，引导各类市场主体创新服务模式，积极参与农村寄递物流体系建设。

坚持完善体系、提高效率。强化顶层设计，发挥寄递物流体系优势，促进线上线下融合发展，进一步畅通农村生产、消费循环。

坚持资源共享、协同推进。支持邮政、快递、物流等企业共建共享基础设施和配送渠道，与现代农业、电子商务等深度融合，因地制宜打造一批协同发展示范项目，引领带动农村地区寄递物流水平提升。

到 2025 年，基本形成开放惠民、集约共享、安全高效、双向畅通的农村寄递物流体系，实现乡乡有网点、村村有服务，农产品运得出、消费品进得去，农村寄递物流供给能力和服务质量显著提高，便民惠民寄递服务基本覆盖。

## 三、体系建设

（一）强化农村邮政体系作用。在保证邮政普遍服务和特殊服务质量的前提下，加强农村邮政基础设施和服务网络共享，强化邮政网络节点重要作用。创新乡镇邮政网点运营模式，承接代收代办代缴等各类农村公共服务，实现"一点多能"，提升农村邮政基本公共服务能力。发挥邮政网络在边远地区的基础支撑作用，鼓励邮政快递企业整合末端投递资源，满足边远地区群众基本寄递需求。支持邮政企业公平参与农村寄递服务市场竞争，以市场化方式为农村电商提供寄递、仓储、金融一体化服务。（国家邮政局牵头，国家发展改革委、财政部、商务部、国家乡村振兴局、中国邮政集团有限公司等相关单位及各地区按职责分工负责）

（二）健全末端共同配送体系。统筹农村地区寄递物流资源，鼓励邮政、快递、交通、供销、商贸流通等物流平台采取多种方式合作共用末端配送网络，加快推广农村寄递物流共同配送模式，有效降低农村末端寄递成本。推进不同主体之间标准互认和服务互补，在设施建设、运营维护、安全责任等方面实现有效衔接，探索相应的投资方式、服务规范和收益分配机制。鼓励企业通过数据共享、信息互联互通，提升农村寄递物流体系信息化服务能力。（商务部、交通运输部、国家邮政局牵头，国家发展改革委、农业农村部、国家乡村振兴局、供销合作总社、中国邮政集团有限公司等相关单位及各地区按职责分工负责）

（三）优化协同发展体系。强化农村寄递物流与农村电商、交通运输等融合发展。继续发挥邮政快递服务农村电商的主渠道作用，推动运输集约化、设备标准化和流程信息化，2022年6月底前在全国建设100个农村电商快递协同发展示范区，带动提升寄递物流对农村电商的定制化服务能力。鼓励各地区深入推进"四好农村路"和城乡交通运输一体化建设，合理配置城乡交通资源，完善农村客运班车代运邮件快件合作机制，宣传推广农村物流服务品牌。（交通运输部、商务部、国家邮政局、中国邮政集团有限公司等相关单位及各地区按职责分工负责）

（四）构建冷链寄递体系。鼓励邮政快递企业、供销合作社和其他社会资本在农产品田头市场合作建设预冷保鲜、低温分拣、冷藏仓储等设施，缩短流通时间，减少产品损耗，提升农产品流通效率和效益。引导支持邮政快递企业依托快递物流园区建设冷链仓储设施，增加冷链运输车辆，提升末端冷链配送能力，逐步建立覆盖生产流通各环节的冷链寄递物流体系。支持行业协会制定推广电商快递冷链服务标准规范，提升冷链寄递安全监管水平。邮政快递企业参与冷链物流基地建设，可按规定享受相关支持政策。（国家发展改革委、财政部、交通运输部、农业农村部、商务部、国家邮政局、国家乡村振兴局、供销合作总社、中国邮政集团有限公司等相关单位及各地区按职责分工负责)

## 四、重点任务

(一)分类推进"快递进村"工程。在东中部农村地区，更好发挥市场配置资源的决定性作用，引导企业通过驻村设点、企业合作等方式，提升"快递进村"服务水平。在西部农村地区，更好发挥政府推动作用，引导、鼓励企业利用邮政和交通基础设施网络优势，重点开展邮政与快递、交通、供销多方合作，发挥邮政服务在农村末端寄递中的基础性作用，扩大"快递进村"覆盖范围。引导快递企业完善符合农村实际的分配激励机制，落实快递企业总部责任，保护从业人员合法权益，保障农村快递网络可持续运行。(国家邮政局牵头，国家发展改革委、财政部、人力资源社会保障部、交通运输部、商务部、供销合作总社、中国邮政集团有限公司等相关单位及各地区按职责分工负责)

(二)完善农产品上行发展机制。鼓励支持农村寄递物流企业立足县域特色农产品和现代农业发展需要，主动对接家庭农场、农民合作社、农业产业化龙头企业，为农产品上行提供专业化供应链寄递服务，推动"互联网+"农产品出村进城。发挥农村邮政快递网(站)点辐射带动作用，2022年6月底前建设300个快递服务现代农业示范项目，重点支持脱贫地区乡村特色产业发展壮大，助力当地农产品外销，巩固拓展脱贫攻坚成果。(农业农村部、商务部、国家邮政局牵头，供销合作总社、中国邮政集团有限公司等相关单位及各地区按职责分工负责)

(三)加快农村寄递物流基础设施补短板。各地区依托县域邮件快件处理场地、客运站、货运站、电商仓储场地、供销合作社仓储物流设施等建设县级寄递公共配送中心；整合在村邮政、快递、供销、电商等资源，利用村内现有公共设施，建设村级寄递物流综合服务站。鼓励有条件的县、乡、村布设智能快件（信包）箱。推进乡镇邮政局（所）改造，加快农村邮路汽车化。引导快递企业总部加大农村寄递网络投资，规范管理农村寄递网点，保障网点稳定运行。统筹用好现有资金渠道或专项政策，支持农村寄递物流基础设施改造提升。（国家发展改革委、财政部、交通运输部、农业农村部、商务部、国家邮政局、国家乡村振兴局、供销合作总社、中国邮政集团有限公司等相关单位及各地区按职责分工负责）

（四）继续深化寄递领域"放管服"改革。简化农村快递末端网点备案手续，取消不合理、不必要限制，鼓励发展农村快递末端服务。修订《快递市场管理办法》和《快递服务》等标准，规范农村快递经营行为，鼓励探索符合农村实际的业务模式。鼓励电商企业、寄递企业和社会资本参与村级寄递物流综合服务站建设，吸纳农村劳动力就业创业。加强寄递物流服务监管和运输安全管理，完善消费者投诉申诉机制，依法查处未按约定地址投递、违规收费等行为，促进公平竞争，保障群众合法权益。支持有条件的地区健全县级邮政快递监管工作机制和电商、快递协会组织，加强行业监管和自律。（国家邮政局及各地区按职责分工负责）

## 五、组织落实

各地区、各相关部门和单位要充分认识加快农村寄递物流体系建设的重要意义，强化责任落实、加强协调配合，按照本意见提出的要求，结合实际研究制定配套措施，及时部署落实。各地区要将农村寄递物流体系建设纳入相关规划和公共基础设施建设范畴，落实地方财政支出责任，支持村级寄递物流综合服务站建设，认真抓好任务落实。各相关部门要建立工作协调机制，研究出台相应支持政策，及时总结推广典型经验做法。国家邮政局要加强工作指导和督促检查，重大情况及时报告国务院。

国务院办公厅

2021 年 7 月 29 日

# 关于进一步加强非物质文化遗产
# 保护工作的意见

非物质文化遗产是中华优秀传统文化的重要组成部分，是中华文明绵延传承的生动见证，是联结民族情感、维系国家统一的重要基础。保护好、传承好、利用好非物质文化遗产，对于延续历史文脉、坚定文化自信、推动文明交流互鉴、建设社会主义文化强国具有重要意义。党和政府高度重视非物质文化遗产保护工作，特别是党的十八大以来，在以习近平同志为核心的党中央坚强领导下，我国非物质文化遗产保护工作取得显著成绩。为进一步加强非物质文化遗产保护工作，现提出如下意见。

## 一、总体要求

（一）指导思想。以习近平新时代中国特色社会主义思想为指导，深入贯彻党的十九大和十九届二中、三中、四中、五中全会精神，坚持以社会主义核心价值观为引领，坚持创造性转化、创新性发展，坚守中华文化立场、传承中华文化基因，贯彻"保护为主、抢救第一、合理利用、传承发展"的工作方针，深入实施非物质文化遗产传承发展工程，切实提升非物质文化遗产系统性保护水平，为全面建设社会主义现代化国家提供精神力量。

（二）工作原则。坚持党对非物质文化遗产保护工作的领导，巩固党委领导、政府负责、部门协同、社会参与的工作格局；坚持马克思主义祖国观、民族观、文化观、历史观，铸牢中华民族共同体意识；坚持以人民为中心，着力解决人民群众普遍关心的突出问题，不断增强人民群众的参与感、获得感、认同感；坚持依法保护，全面落实法定职责；坚持守正创新，尊重非物质文化遗产基本内涵，弘扬其当代价值。

（三）主要目标

到2025年，非物质文化遗产代表性项目得到有效保护，工作制度科学规范、运行有效，人民群众对非物质文化遗产的参与感、获得感、认同感显著增强，非物质文化遗产服务当代、造福人民的作用进一步发挥。

到2035年，非物质文化遗产得到全面有效保护，传承活力明显增强，工作制度更加完善，传承体系更加健全，保护理念进一步深入人心，国际影响力显著提升，在推动经济社会可持续发展和服务国家重大战略中的作用更加彰显。

## 二、健全非物质文化遗产保护传承体系

（四）完善调查记录体系。开展全国非物质文化遗产资源调查，完善档案制度，加强档案数字化建设，妥善保存相关实物、资料。实施非物质文化遗产记录工程，运用现代科技手段，提高专业记录水平，广泛发动社会记录，对国家级非物质文化遗产代表性项目和代表性传承人进行全面系统记录。加强对全国非物质文化遗产资源的整合共享，进一步促进非物质文化遗产数据依法向社会开放，进一步加强档案和记录成果的社会利用。

（五）完善代表性项目制度。构建更加科学、合理的代表性项目分类体系。健全国家、省、市、县代表性项目名录体系。加强代表性项目存续状况评估，建立动态调整机制。夯实代表性项目保护单位责任，加强绩效评估和动态管理。加强与代表性项目相关的文化空间保护。积极做好联合国教科文组织非物质文化遗产名录项目的申报和履约工作。

（六）完善代表性传承人制度。健全国家、省、市、县代表性传承人认定与管理制度，以传承为中心审慎开展推荐认定工作。对集体传承、大众实践的项目，探索认定代表性传承团体

（群体）。加强对代表性传承人的评估和动态管理，完善退出机制。实施中国非物质文化遗产传承人研修培训计划，进一步提升传承人技能艺能。加强传承梯队建设，促进传统传承方式和现代教育体系相结合，拓宽人才培养渠道，不断壮大传承队伍。

（七）完善区域性整体保护制度。将非物质文化遗产及其得以孕育、发展的文化和自然生态环境进行整体保护，突出地域和民族特色，继续推进文化生态保护区建设，落实有关地方政府主体责任。促进文化生态保护区建设与国家文化公园建设有效衔接，提高区域性整体保护水平。挖掘中国民间文化艺术之乡、中国传统村落、中国美丽休闲乡村、全国乡村旅游重点村、历史文化名城名镇名村、全国"一村一品"示范村镇中的非物质文化遗产资源，提升乡土文化内涵，建设非物质文化遗产特色村镇、街区。加强新型城镇化建设中的非物质文化遗产保护，全面推进"非遗在社区"工作。

（八）完善传承体验设施体系。在现有基础上，统筹建设利用好国家非物质文化遗产馆，鼓励有条件的地方建设非物质文化遗产馆、推动国家级非物质文化遗产代表性项目配套改建新建传承体验中心，形成包括非物质文化遗产馆、传承体验中心（所、点）等在内，集传承、体验、教育、培训、旅游等功能于一体的传承体验设施体系。鼓励社会力量兴办传承体验设施。研究完善非物质文化遗产馆管理制度，建立非物质文化遗产馆备案和评估定级制度。

（九）完善理论研究体系。统筹整合资源，加强国家非物质文化遗产专业研究力量，建设一批国家级非物质文化遗产研究基地。围绕国家重大战略、重大文化工程中涉及非物质文化遗产的重大问题等，建立多学科研究平台。加强非物质文化遗产重点实验室建设。提高非物质文化遗产学术期刊质量，加强非物质文化遗产相关出版工作。定期举办中国非物质文化遗产保护年会、学术会议。

### 三、提高非物质文化遗产保护传承水平

（十）加强分类保护。阐释挖掘民间文学的时代价值、社会功用，创新表现方式。提高传统音乐、传统舞蹈、传统戏剧、曲艺、杂技的实践频次和展演水平，深入实施戏曲振兴工程、曲艺传承发展计划，加大对优秀剧本、曲本创作的扶持力度，增强表演艺术类非物质文化遗产的生命力。推动传统体育、游艺纳入全民健身活动。继续实施中国传统工艺振兴计划，加强各民族优秀传统手工艺保护和传承，推动传统美术、传统技艺、中药炮制及其他传统工艺在现代生活中广泛应用。将符合条件的传统工艺企业列入中华老字号名录，支持符合条件的传统医药类非物质文化遗产代表性传承人依法取得医师资格。丰富传统节日、民俗活动的内容和形式，深入实施中国传统节日振兴工程。

（十一）融入国家重大战略。加强京津冀协同发展、长江经济带发展、粤港澳大湾区建设、长三角一体化发展、黄河流域生态保护和高质量发展、推进海南全面深化改革开放等国家重大战略中的非物质文化遗产保护传承，建立区域保护协同机制，加强专题研究，举办品牌活动。加大对黄河流域丰富多样非物质文化遗产资源的传承利用。在雄安新区、北京城市副中心以及国家文化公园建设中，加强非物质文化遗产保护传承，生动呈现中华文化独特创造、价值理念和鲜明特色，实现可持续发展。在实施乡村振兴战略和新型城镇化建设中，发挥非物质文化遗产服务基层社会治理的作用，将非物质文化遗产保护与美丽乡村建设、农耕文化保护、城市建设相结合，保护文化传统，守住文化根脉。

（十二）促进合理利用。在有效保护前提下，推动非物质文化遗产与旅游融合发展、高质量发展。深入挖掘乡村旅游消费潜力，支持利用非物质文化遗产资源发展乡村旅游等业态，以文塑旅、以旅彰文，推出一批具有鲜明非物质文化遗产特色的主题旅游线路、研学旅游产品和演艺作品。支持非物质文化遗

产有机融入景区、度假区，建设非物质文化遗产特色景区。鼓励合理利用非物质文化遗产资源进行文艺创作和文创设计，提高品质和文化内涵。利用互联网平台，拓宽相关产品推广和销售渠道。鼓励非物质文化遗产相关企业拓展国际市场，支持其产品和服务出口。

（十三）加强革命老区、民族地区、边疆地区、脱贫地区非物质文化遗产保护传承。建立东中西部地区非物质文化遗产保护协作机制，鼓励东部地区加强对中西部地区的协作帮扶。加强革命老区非物质文化遗产保护，鼓励传承人创作以红色文化为主题的作品。坚持以铸牢中华民族共同体意识为主线，促进各民族非物质文化遗产保护传承，树立和突出各民族共享的中华文化符号和中华民族形象。开展边疆地区非物质文化遗产资源调查。推动与周边国家开展联合保护行动。加大对脱贫地区非物质文化遗产保护的专业支持，进一步推动非物质文化遗产助力乡村振兴，鼓励建设非物质文化遗产就业工坊，促进当地脱贫人口就业增收。

## 四、加大非物质文化遗产传播普及力度

（十四）促进广泛传播。适应媒体深度融合趋势，丰富传播手段，拓展传播渠道，鼓励新闻媒体设立非物质文化遗产专题、专栏等，支持加强相关题材纪录片创作，办好有关优秀节目，鼓励各类新媒体平台做好相关传播工作。利用文化馆（站）、图书馆、博物馆、美术馆等公共文化设施开展非物质文化遗产相关培训、展览、讲座、学术交流等活动。在传统节日、文化和自然遗产日期间组织丰富多彩的宣传展示活动。加强专业化、区域性非物质文化遗产展示展演，办好中国非物质文化遗产博览会、中国成都国际非物质文化遗产节等活动。

（十五）融入国民教育体系。将非物质文化遗产内容贯穿国民教育始终，构建非物质文化遗产课程体系和教材体系，出版

非物质文化遗产通识教育读本。在中小学开设非物质文化遗产特色课程，鼓励建设国家级非物质文化遗产代表性项目特色中小学传承基地。加强高校非物质文化遗产学科体系和专业建设，支持有条件的高校自主增设硕士点和博士点。在职业学校开设非物质文化遗产保护相关专业和课程。加大非物质文化遗产师资队伍培养力度，支持代表性传承人参与学校授课和教学科研。引导社会力量参与非物质文化遗产教育培训，广泛开展社会实践和研学活动。建设一批国家非物质文化遗产传承教育实践基地。鼓励非物质文化遗产进校园。

（十六）加强对外和对港澳台交流合作。配合重要活动、节庆、会议等，举办对外和对港澳台非物质文化遗产交流传播活动。加强与联合国教科文组织等国际组织在非物质文化遗产领域的合作，拓展政府间多边、双边合作渠道，加强与共建"一带一路"国家和地区非物质文化遗产交流，提升我国在国际非物质文化遗产领域的话语权，维护国家主权和文化安全。加强国际文化专家队伍建设和中外智库交流合作，提升国际学术影响力。鼓励各驻外使领馆、海外中国文化中心、驻外旅游办事处、中资企业以及海外侨胞和出国留学人员等积极开展我国非物质文化遗产的宣传推广。推出以对外传播我国非物质文化遗产为主要内容的影视剧、纪录片、宣传片、舞台剧、短视频等优秀作品。通过中外人文交流活动等形式，交流非物质文化遗产保护先进经验，向国际社会宣介我国非物质文化遗产和中华优秀传统文化。积极推动内地和港澳、大陆和台湾地区的交流合作，充分发挥非物质文化遗产在增进文化认同、维系国家统一中的独特作用。

## 五、保障措施

（十七）加强组织领导。各级党委和政府要进一步提高对非物质文化遗产保护工作重要性的认识，把非物质文化遗产保护工作纳入经济社会发展相关规划，纳入考核评价体系。健全非物质文化遗产保护工作联席会议制度。引导社会力量参与非物质文化遗产保护工作，充分发挥行业组织作用，鼓励企事业单位合法合理利用非物质文化遗产资源，形成有利于保护传承的体制机制和社会环境。

（十八）完善政策法规。研究修改《中华人民共和国非物质文化遗产法》，完善相关地方性法规和规章，进一步健全非物质文化遗产法律法规制度，建立非物质文化遗产获取和惠益分享制度。加强对法律法规实施情况的监督检查，建立非物质文化遗产执法检查机制。综合运用著作权、商标权、专利权、地理标志等多种手段，加强非物质文化遗产知识产权保护。加强非物质文化遗产普法教育。

（十九）加强财税金融支持。县级以上政府要依法把非物质文化遗产保护经费列入本级预算，提高资金使用效益。鼓励预算单位根据工作需要采购非物质文化遗产相关产品和服务。采取定向资助、贷款贴息等政策措施，支持非物质文化遗产基础设施建设。支持非物质文化遗产相关企业按规定享受税收优惠政策。鼓励和引导金融机构继续加强对非物质文化遗产的金融服务。支持和引导公民、法人和其他组织以捐赠、资助、依法设立基金会等形式，参与非物质文化遗产保护传承。

（二十）强化机构队伍建设。各级党委和政府要依法明确非物质文化遗产管理职能部门，统筹使用编制资源，使非物质文化遗产保护工作力量与其承担的职责和任务相适应。实施全国非物质文化遗产人才队伍能力提升工程。将非物质文化遗产保护纳入有关干部教育培训内容。完善非物质文化遗产保护专业技术职称评审制度。推动非物质文化遗产智库建设，进一步发挥专家咨询作用。对在非物质文化遗产保护传承中作出显著贡献的组织和个人，按照国家有关规定予以表彰奖励。

（新华社北京 2021 年 8 月 12 日电）

# 关于印发"十四五"推进农业农村现代化规划的通知[*]

国发〔2021〕25 号

各省、自治区、直辖市人民政府,国务院各部委、各直属机构:

现将《"十四五"推进农业农村现代化规划》印发给你们,请认真贯彻执行。

国务院

2021 年 11 月 12 日

## "十四五"推进农业农村现代化规划

"三农"工作是全面建设社会主义现代化国家的重中之重。为贯彻落实《中华人民共和国国民经济和社会发展第十四个五年规划和 2035 年远景目标纲要》,坚持农业农村优先发展,全面推进乡村振兴,加快农业农村现代化,编制本规划。

## 第一章 开启农业农村现代化新征程

"十四五"时期是我国全面建成小康社会、实现第一个百年奋斗目标之后,乘势而上开启全面建设社会主义现代化国家新征程、向第二个百年奋斗目标进军的第一个五年,"三农"工作重心历史性转向全面推进乡村振兴,加快中国特色农业农村现代化进程。

---

[*] 本文有删减。

## 第一节　发展环境

"十三五"时期，以习近平同志为核心的党中央坚持把解决好"三农"问题作为全党工作的重中之重，把脱贫攻坚作为全面建成小康社会的标志性工程，启动实施乡村振兴战略，加快推进现代农业建设，乡村振兴实现良好开局。决战脱贫攻坚取得全面胜利。现行标准下农村贫困人口全部脱贫，832个贫困县全部摘帽，12.8万个贫困村全部出列，完成了消除绝对贫困和区域性整体贫困的艰巨任务，创造了人类减贫史上的奇迹。农业综合生产能力稳步提升。粮食连年丰收，产量连续保持在1.3万亿斤以上，肉蛋奶、水产品、果菜茶品种丰富、供应充裕。农业科技进步贡献率达到60%，农作物耕种收综合机械化率达到71%，农业绿色发展迈出新步伐。农民收入水平大幅提高。农村居民人均可支配收入达到17131元，较2010年翻一番多。城乡居民收入差距缩小到2.56：1。农村基础设施建设得到加强。卫生厕所普及率达到68%，具备条件的乡镇和建制村通硬化路、通客车实现全覆盖，供水供电、通信网络等基础设施明显改善，乡村面貌焕然一新。农村改革纵深推进。农村基本经营制度进一步巩固完善，农村土地、集体产权、经营体制等改革取得突破性进展，乡村治理体系基本建立，农村社会保持和谐稳定。这些成就标志着农业农村发展实现新的跨越，站到新的历史起点上，为"十四五"时期加快推进农业农村现代化奠定了坚实基础。

当前和今后一个时期，国内外环境发生深刻复杂变化，我国农业农村发展仍面临不少矛盾和挑战。农业基础依然薄弱。耕地质量退化面积较大，育种科技创新能力不足，抗风险能力较弱。资源环境刚性约束趋紧，农业面源污染仍然突出。转变农业发展方式任务繁重，农村一二三产业融合发展水平不高，农业质量效益和竞争力不强。农村发展存在短板弱项。制约城乡要素双向流动和平等交换的障碍依然存在，人才服务乡村振兴保障机制仍不健全，防汛抗旱等防灾减灾体系还不完善，基础设施仍有明显薄弱环节，民生保障还存在不少弱项。促进农民持续增收面临较大压力。城乡居民收入差距仍然较大。种养业特别是粮食种植效益偏低，农民就业制约因素较多，农村人口老龄化加快，农村精神文化缺乏，支撑农民增收的传统动能逐渐减弱、新动能亟待培育。巩固拓展脱贫攻坚成果任务比较艰巨。脱贫地区产业发展基础仍然不强，内生动力和自我发展能力亟待提升。部分脱贫户脱贫基础还比较脆弱，防止返贫任务较重。

"十四五"时期，我国开启全面建设社会主义现代化国家新征程，为加快农业农村现代化带来难得机遇。政策导向更加鲜明。全面实施乡村振兴战略，农业支持保护持续加力，多元投入格局加快形成，更多资源要素向乡村集聚，将为推进农业农村现代化提供有力保障。市场驱动更加强劲。构建新发展格局，把扩大内需作为战略基点，国内超大规模市场优势不断显现，农村消费潜力不断激发，农业多种功能、乡村多元价值开发带动新消费需求，将为推进农业农村现代化拓展广阔空间。科技支撑更加有力。新一轮科技革命和产业变革深入发展，生物技术、信息技术等加快向农业农村各领域渗透，乡村产业加快转型升级，数字乡村建设不断深入，将为推进农业农村现代化提供动力支撑。城乡融合更加深入。以工补农、以城带乡进一步强化，工农互促、城乡互补、协调发展、共同繁荣的新型工农城乡关系加快形成，城乡要素双向流动和平等交换机制逐步健全，将为推进农业农村现代化注入新的活力。

综合判断，"十四五"时期是加快农业农村现代化的重要战略机遇期，必须加强前瞻性思考、全局性谋划、战略性布局、整体性推进，以更高的站位、更大的力度、更实的举措，书写好中华民族伟大复兴的"三农"新篇章。

## 第二节　发展特征

推进农业农村现代化，必须立足国情农情特点。我国实行农村土地农民集体所有、家庭承包经营的农村基本经营制度，从根本上保证广大农民平等享有基本生产资料，为实现共同富裕奠定了坚实基础。超大规模人口、超大规模农产品需求的现实，决定了不能依靠别人，必须立足国内解决 14 亿人吃饭问题。农民数量众多且流动性强，保持农村长期稳定、保障广大农民在城乡间可进可退，是我们应对经济社会发展风险挑战的回旋余地和特殊优势。人均水土资源匮乏且匹配性差，实现稳产丰产，必须加快科技进步，用现代物质技术装备弥补水土资源禀赋的先天不足。

推进农业农村现代化，必须立足农业产业特性。农业生产过程受自然力影响大，既要顺应天时，又要遵循生物生长规律，不误农时高效稳定组织生产。农业生产地域特色鲜明，不同地区资源禀赋差异大，需要因地因时制宜发展特色优势产业。农业生产面临双重风险，既有自然风险，也有市场风险，需要加强农业支持保护，强化防灾减灾能力建设，健全完善市场调控体系。农业家庭经营占主导地位，大国小农基本国情农情将长期存在，需要加快发展社会化服务，将现代生产要素导入小农户，提升科技水平和生产效率。农业科技成果运用具有很强外部性，小农户缺乏采用新技术、新品种的能力，实现科技进步需要更多依靠农业企业和社会化服务组织的引领带动。我国农业产业链和价值链仍处于低端，需要加快提升现代化水平，打造全产业链，拓展农业增值增效空间。

推进农业农村现代化，必须立足乡村地域特征。村庄集生产生活功能于一体，需要统筹考虑产业发展、人口布局、公共服务、土地利用、生态保护等，科学合理规划农村生产生活的空间布局和设施建设。村庄风貌各具特色，不能简单照搬城市做法，要保留民族特点、地域特征、乡土特色。村庄与自然生态融为一体，保留大量优秀传统乡土文化，需要发掘乡村多元价值，推动乡村自然资源增值，赓续传承农耕文明，促进传统农耕文化与现代文明融合发展，让乡村文明展现出独特魅力和时代风采。乡村建设是个长期过程，必须保持历史耐心，规划先行，注重质量，从容推进。

### 第三节　战略导向

实现农业农村现代化是全面建设社会主义现代化国家的重大任务，要将先进技术、现代装备、管理理念等引入农业，将基础设施和基本公共服务向农村延伸覆盖，提高农业生产效率、改善乡村面貌、提升农民生活品质，促进农业全面升级、农村全面进步、农民全面发展。

立足国内基本解决我国人民吃饭问题。把保障粮食等重要农产品供给安全作为头等大事，既保数量，又保多样、保质量，以国内稳产保供的确定性来应对外部环境的不确定性，牢牢守住国家粮食安全底线。

巩固和完善农村基本经营制度。坚持农村土地农民集体所有、家庭承包经营基础性地位不动摇，保持农村土地承包关系稳定并长久不变，处理好农民和土地的关系，尊重农民意愿，维护农民权益。

引导小农户进入现代农业发展轨道。发挥新型农业经营主体对小农户的带动作用，健全农业专业化社会化服务体系，构建支持和服务小农户发展的政策体系，实现小农户和现代农业发展有机衔接。

强化农业科技和装备支撑。更加重视依靠农业科技进步，坚持农业科技自立自强，推进关键核心技术攻关，夯实农业设施装备条件，创制运用新型农机装备，健全农业防灾减灾体系，促进农业提质增效。

推进农业全产业链开发。顺应产业发展规律，开发农业多种功能和乡村多元价值，推动农业从种养环节向农产品加工流通等二三产业延伸，健全产业链、打造供应链、提升价值链，提高农业综合效益。

有序推进乡村建设。坚持为农民而建，遵循乡村发展建设规律，注重保护乡村特色风貌，促进农村基础设施和基本公共服务向村覆盖、往户延伸，切实做到数量服从质量、进度服从实效。

加强和创新乡村治理。坚持物质文明和精神文明一起抓，创新基层管理体制机制，完善农村法治服务，加强农村思想道德建设，推动形成文明乡风、良好家风、淳朴民风，推进乡村治理体系和治理能力现代化，不断增强农民群众获得感幸福感安全感。

推动城乡融合发展。将县域作为城乡融合发展的重要切入点，以保障和改善农村民生为优先方向，强化以工补农、以城带乡，加快建立健全城乡融合发展体制机制，推动公共资源县域统筹，促进城乡协调发展、共同繁荣。

促进农业农村可持续发展。牢固树立绿水青山就是金山银山理念，遵循农业生产规律，注重地域特色，推进农业绿色发展，加强农村生态文明建设，加快形成绿色低碳生产生活方式，走资源节约、环境友好的可持续发展道路。

促进农民农村共同富裕。促进共同富裕，最艰巨最繁重的任务依然在农村。要巩固拓展脱贫攻坚成果，全面推进乡村振兴，使更多农村居民勤劳致富，进城农民工稳定就业增收，全体人民共同富裕迈出坚实步伐。

## 第四节　总体要求

指导思想：以习近平新时代中国特色社会主义思想为指导，深入贯彻党的十九大和十九届二中、三中、四中、五中、六中全会精神,统筹推进"五位一体"总体布局,协调推进"四个全面"战略布局,认真落实党中央、国务院决策部署,坚持稳中求进工作总基调,立足新发展阶段,完整、准确、全面贯彻新发展理念,构建新发展格局,坚持农业农村优先发展,坚持农业现代化与农村现代化一体设计、一并推进,以推动高质量发展为主题,以保供固安全、振兴畅循环为工作定位,深化农业供给侧结构性改革,把乡村建设摆在社会主义现代化建设的重要位置,实现巩固拓展脱贫攻坚成果同乡村振兴有效衔接,全面推进乡村产业、人才、文化、生态、组织振兴,加快形成工农互促、城乡互补、协调发展、共同繁荣的新型工农城乡关系,促进农业高质高效、乡村宜居宜业、农民富裕富足,为全面建设社会主义现代化国家提供有力支撑。

工作原则:

——坚持加强党对"三农"工作的全面领导。始终把解决好"三农"问题作为全党工作的重中之重,坚持五级书记抓乡村振兴,健全党领导农村工作的组织体系、制度体系和工作机制,确保农业农村现代化沿着正确方向前进。

——坚持服务和融入新发展格局。把新发展理念完整、准确、全面贯穿于农业农村现代化全过程和各领域,主动服务和积极融入以国内大循环为主体、国内国际双循环相互促进的新发展格局。

——坚持农业农村优先发展。强化政策供给,在资金投入、要素配置、基本公共服务、人才配备等方面优先保障农业农村发展,加快补上农业农村短板。

——坚持农民主体地位。树立人民至上理念,在经济上维护农民利益,在政治上保障农民权利,激发农民积极性、主动性、创造性,不断满足农民对美好生活的向往。

——坚持统筹发展和安全。坚持总体国家安全观,树立底线思维,充分发挥农业农村"压舱石"作用,防范和化解影响农业农村现代化进程的各种风险。

——坚持改革创新。加快推进农业农村重点领域和关键环节改革，破除制约城乡融合发展的体制机制障碍，推动农业科技成果转化为现实生产力，增强农业农村发展后劲。

——坚持系统观念。统筹国内国际两个大局，整体谋划农村经济建设、政治建设、文化建设、社会建设、生态文明建设和党的建设，全面协调推进农业农村现代化。

——坚持因地制宜和分类推进。科学把握农业农村发展的差异性，保持历史耐心，分类指导、分区施策，稳扎稳打、久久为功，推进不同地区、不同发展阶段的乡村实现现代化。

## 第五节　主要目标

到 2025 年，农业基础更加稳固，乡村振兴战略全面推进，农业农村现代化取得重要进展。梯次推进有条件的地区率先基本实现农业农村现代化，脱贫地区实现巩固拓展脱贫攻坚成果同乡村振兴有效衔接。

——粮食等重要农产品供给有效保障。粮食综合生产能力稳步提升，产量保持在 1.3 万亿斤以上，确保谷物基本自给、口粮绝对安全。生猪产能巩固提升，棉花、油料、糖料和水产品稳定发展，其他重要农产品保持合理自给水平。

——农业质量效益和竞争力稳步提高。农业生产结构和区域布局明显优化，物质技术装备条件持续改善，规模化、集约化、标准化、数字化水平进一步提高，绿色优质农产品供给能力明显增强。产业链供应链优化升级，现代乡村产业体系基本形成。

——农村基础设施建设取得新进展。乡村建设行动取得积极成效，村庄布局进一步优化，农村生活设施不断改善，城乡基本公共服务均等化水平稳步提升。

——农村生态环境明显改善。农村人居环境整体提升，农业面源污染得到有效遏制，化肥、农药使用量持续减少，资源利用效率稳步提高，农村生产生活方式绿色低碳转型取得积极进展。

——乡村治理能力进一步增强。党组织领导的农村基层组织建设明显加强，乡村治理体系更加健全，乡风文明程度有较大提升，农民精神文化生活不断丰富，农村发展安全保障更加有力。

——农村居民收入稳步增长。农民增收渠道不断拓宽，农村居民人均可支配收入增长与国内生产总值增长基本同步，城乡居民收入差距持续缩小。农民科技文化素质和就业技能进一步提高，高素质农民队伍日益壮大。

——脱贫攻坚成果巩固拓展。脱贫攻坚政策体系和工作机制同乡村振兴有效衔接，脱贫人口"两不愁三保障"成果有效巩固，防止返贫动态监测和帮扶机制健全完善并有效运转，确保不发生规模性返贫。

展望 2035 年，乡村全面振兴取得决定性进展，农业农村现代化基本实现。

| 专栏 1　"十四五"推进农业农村现代化主要指标 | | | | |
|---|---|---|---|---|
| 序号 | 指标 | 2020 年基期值 | 2025 年目标值 | 年均增速〔累计〕 | 指标属性 |
| 1 | 粮食综合生产能力（亿吨） | — | >6.5 | — | 约束性 |
| 2 | 肉类总产量（万吨） | 7748 | 8900 | 2.8% | 预期性 |
| 3 | 农业科技进步贡献率（%） | 60 | 64 | 〔4〕 | 预期性 |
| 4 | 高标准农田面积（亿亩） | 8 | 10.75 | 〔2.75〕 | 约束性 |
| 5 | 农作物耕种收综合机械化率（%） | 71 | 75 | 〔4〕 | 预期性 |
| 6 | 畜禽粪污综合利用率（%） | 75 | >80 | 〔>5〕 | 约束性 |
| 7 | 农产品质量安全例行监测合格率（%） | 97.8 | 98 | 〔0.2〕 | 预期性 |

| 序号 | 指标 | 2020年基期值 | 2025年目标值 | 年均增速〔累计〕 | 指标属性 |
|------|------|------|------|------|------|
| 专栏1 "十四五"推进农业农村现代化主要指标 | | | | | |
| 8 | 农产品加工业与农业总产值比 | 2.4 | 2.8 | 〔0.4〕 | 预期性 |
| 9 | 较大人口规模自然村（组）通硬化路比例（%） | — | >85 | — | 预期性 |
| 10 | 农村自来水普及率（%） | 83 | 88 | 〔5〕 | 预期性 |
| 11 | 乡村义务教育学校专任教师本科以上学历比例（%） | 60.4 | 62 | 〔1.6〕 | 预期性 |
| 12 | 乡村医生中执业（助理）医师比例（%） | 38.5 | 45 | 〔6.5〕 | 预期性 |
| 13 | 乡镇（街道）范围具备综合功能的养老服务机构覆盖率（%） | 54 | 60 | 〔6〕 | 预期性 |
| 14 | 农村居民人均可支配收入增速（%） | 3.8 | — | 与GDP增长基本同步 | 预期性 |
| 15 | 集体收益5万元以上的村占比（%） | 54.4 | 60 | 〔5.6〕 | 预期性 |
| 16 | 县级及以上文明村占比（%） | 53.2 | 60 | 〔6.8〕 | 预期性 |
| 17 | 农村居民教育文化娱乐消费支出占比（%） | 9.5 | 11.5 | 〔2〕 | 预期性 |

注：〔〕内为5年累计数。

## 第二章 夯实农业生产基础 提升粮食等重要农产品供给保障水平

深入实施国家粮食安全战略和重要农产品保障战略，落实藏粮于地、藏粮于技，健全辅之以利、辅之以义的保障机制，强化生产、储备、流通产业链供应链建设，构建科学合理、安全高效的重要农产品供给保障体系，夯实农业农村现代化的物质基础。

## 第一节　稳定粮食播种面积

压实粮食安全政治责任。落实粮食安全党政同责，健全完善粮食安全责任制，细化粮食主产区、产销平衡区、主销区考核指标。实施重要农产品区域布局和分品种生产供给方案。加强粮食生产能力建设，守住谷物基本自给、口粮绝对安全底线。

完善粮食生产扶持政策。稳定种粮农民补贴，完善稻谷、小麦最低收购价政策和玉米、大豆生产者补贴政策。完善粮食主产区利益补偿机制，健全产粮大县支持政策体系。鼓励粮食主产区主销区之间开展多种形式的产销合作，引导主销区与主产区合作建设生产基地。扩大稻谷、小麦、玉米三大粮食作物完全成本保险和种植收入保险实施范围，支持有条件的省份降低产粮大县三大粮食作物农业保险保费县级补贴比例。

优化粮食品种结构。稳定发展优质粳稻，巩固提升南方双季稻生产能力。大力发展强筋、弱筋优质专用小麦，适当恢复春小麦播种面积。适当扩大优势区玉米种植面积，鼓励发展青贮玉米等优质饲草饲料。实施大豆振兴计划，增加高油高蛋白大豆供给。稳定马铃薯种植面积，因地制宜发展杂粮杂豆。

## 第二节　加强耕地保护与质量建设

坚守18亿亩耕地红线。落实最严格的耕地保护制度，加强耕地用途管制，实行永久基本农田特殊保护。严禁违规占用耕地和违背自然规律绿化造林、挖湖造景，严格控制非农建设占用耕地，建立健全耕地数量、种粮情况监测预警及评价通报机制，坚决遏制耕地"非农化"、严格管控"非粮化"。改善撂荒地耕种条件，有序推进撂荒地利用。明确耕地利用优先序，永久基本农田重点用于发展粮食生产，特别是保障稻谷、小麦、玉米等谷物种植。强化土地流转用途监管。

推进高标准农田建设。实施新一轮高标准农田建设规划。高标准农田全部上图入库并衔接国土空间规划"一张图"。加大农业水利设施建设力度，因地制宜推进高效节水灌溉建设，支持已建高标准农田改造提升。实施大中型灌区续建配套和现代化改造，在水土资源适宜地区有序新建一批大型灌区。

提升耕地质量水平。实施国家黑土地保护工程，因地制宜推广保护性耕作，提高黑土地耕层厚度和有机质含量。推进耕地保护与质量提升行动，加强南方酸化耕地降酸改良治理和北方盐碱耕地压盐改良治理。加强和改进耕地占补平衡管理，严格新增耕地核实认定和监管，严禁占优补劣、占水田补旱地。健全耕地质量监测监管机制。

### 第三节　保障其他重要农产品有效供给

发展现代畜牧业。健全生猪产业平稳有序发展长效机制，推进标准化规模养殖，将猪肉产能稳定在 5500 万吨左右，防止生产大起大落。实施牛羊发展五年行动计划，大力发展草食畜牧业。加强奶源基地建设，优化乳制品产品结构。稳步发展家禽业。建设现代化饲草产业体系，推进饲草料专业化生产。

加快渔业转型升级。完善重要养殖水域滩涂保护制度，严格落实养殖水域滩涂规划和水域滩涂养殖证核发制度，保持可养水域面积总体稳定，到 2025 年水产品年产量达到 6900 万吨。推进水产绿色健康养殖，稳步发展稻渔综合种养、大水面生态渔业和盐碱水养殖。优化近海绿色养殖布局，支持深远海养殖业发展，加快远洋渔业基地建设。加强渔港建设和管理，建设渔港经济区。

促进果菜茶多样化发展。发展设施农业，因地制宜发展林果业、中药材、食用菌等特色产业。强化"菜篮子"市长负责制，以南菜北运基地和黄淮海地区设施蔬菜生产为重点加强冬春蔬菜生产基地建设，以高山、高原、高海拔等冷凉地区蔬菜生产为重点加强夏秋蔬菜生产基地建设，构建品种互补、档期合理、区域协调的供应格局。统筹茶文化、茶产业、茶科技，提升茶业发展质量。

### 第四节　优化农业生产布局

加强粮食生产功能区建设。以东北平原、长江流域、东南沿海地区为重点，建设水稻生产功能区。以黄淮海地区、长江中下游、西北及西南地区为重点，建设小麦生产功能区。以东北平原、黄淮海地区以及汾河和渭河流域为重点，建设玉米生产功能区。加大粮食生产功能区政策支持力度，相关农业资金向粮食生产功能区倾斜，优先支持粮食生产功能区内目标作物种植。以产粮大县集中、基础条件良好的区域为重点，打造生产基础稳固、产业链条完善、集聚集群融合、绿色优质高效的国家粮食安全产业带。

加强重要农产品生产保护区建设。以东北地区为重点、黄淮海地区为补充，提升大豆生产保护区综合生产能力。以新疆为重点、长江和黄河流域的沿海沿江环湖地区为补充，建设棉花生产保护区。以长江流域为重点，扩大油菜生产保护区种植面积。积极发展黄淮海地区花生生产，稳定提升长江中下游地区油茶生产，推进西北地区油葵、芝麻、胡麻等油料作物发展。巩固提升广西、云南糖料蔗生产保护区产能。加强海南、云南、广东天然橡胶生产保护区胶园建设。

加强特色农产品优势区建设。发掘特色资源优势，建设特色农产品优势区，完善特色农产品优势区体系。强化科技支撑、质量控制、品牌建设和产品营销，建设一批特色农产品标准化生产、加工和仓储物流基地，培育一批特色粮经作物、园艺产品、畜产品、水产品、林特产品产业带。

### 第五节　协同推进区域农业发展

服务国家重大战略。推进西部地区农牧业全产业链价值链转型升级，大力发展高效旱作农业、节水型设施农业、戈壁农业、寒旱农业。加快发展西南地区丘陵山地特色农业，积极发展高原绿色生态农业。推进东北地区加快发展现代化大农业，建设稳固的国家粮食战略基地。巩固提升中部地区重要粮食生产基地地位，加强农业资源节约集约利用。发挥东部地区创新要素集聚优势，大力发展高效农业，率先基本实现农业现代化。统筹利用海岸带和近海、深海海域，发展现代海洋渔业。

推进重点区域农业发展。深入推进京津冀现代农业协同发展，支持雄安新区建设绿色生态农业。深化粤港澳大湾区农业合作，建设与国际一流湾区和世界级城市群相配套的绿色农产品生产供应基地。推进长江三角洲区域农业一体化发展，先行开展农产品冷链物流、环境联防联治等统一标准试点，发展特色乡村经济。发挥海南自由贸易港优势，扩大农业对外开放，建设全球热带农业中心和动植物种质资源引进中转基地。全域推进成渝地区双城经济圈城乡统筹发展，建设现代高效特色农业带。

## 第六节　提升农业抗风险能力

增强农业防灾减灾能力。加强防洪控制性枢纽工程建设，推动大江大河防洪达标提升，加快中小河流治理，调整和建设蓄滞洪区，完成现有病险水库除险加固。加强农业气象综合监测网络建设，强化农业气象服务。健全动物防疫和农作物病虫害防治体系，加强监测预警网络建设。发挥农业保险灾后减损作用。

提升重要农产品市场调控能力。深化农产品收储制度改革，改革完善中央储备粮管理体制，加快培育多元市场购销主体，提升重要农产品收储调控能力。健全粮食储备体系，保持合理储备规模，合理布局区域性农产品应急保供基地。加强粮食等重要农产品监测预警，建立健全多部门联合分析机制和信息发布平台。开展粮食节约行动，有效降低粮食损耗。实施新一轮中国食物与营养发展纲要。

稳定国际农产品供应链。实施农产品进口多元化战略，健全农产品进口管理机制，稳定大豆、食糖、棉花、天然橡胶、油料油脂、肉类、乳制品等农产品国际供应链。

保障农业生产安全。健全农业安全生产制度体系，推动农业企业建立完善全过程安全生产管理制度。实施农业安全生产专项整治三年行动。构建渔业安全治理体系，提升渔船装备、渔民技能、渔港避风和风险保障能力。强化农机安全生产，组织平安农机示范创建。加强农药安全使用技术培训与指导。加强农村沼气报废设施安全处置。

---

**专栏2　粮食等重要农产品安全保障工程**

1. 高标准农田建设。以永久基本农田、粮食生产功能区和重要农产品生产保护区为重点，新建高标准农田2.75亿亩，其中新增高效节水灌溉面积0.6亿亩，并改造提升现有高标准农田1.05亿亩。

2. 黑土地保护。以土壤侵蚀治理、农田基础设施建设、肥沃耕层构建、盐碱渍涝治理为重点，加强黑土地综合治理。实施东北黑土地保护性耕作行动计划，保护性耕作实施面积达到1.4亿亩。

3. 国家粮食安全产业带建设。立足水稻、小麦、玉米、大豆等生产供给，统筹布局生产、加工、储备、流通等能力建设，打造东北平原、黄淮海地区、长江中下游地区等粮食安全产业带。

4. 优质粮食工程。推进粮食优产、优购、优储、优加、优销"五优联动"，统筹开展粮食绿色仓储、品种品质品牌、质量追溯、机械装备、应急保障能力、节约减损健康消费"六大提升行动"，加快建设现代化粮食产业体系。

5. 棉油糖胶生产能力建设。改善棉田基础设施条件，加大采棉机械推广力度。加快坡改梯和中低产蔗田改造，建设一批规模化机械化、高产高效的优质糖料生产基地。推进油茶等木本油料低产低效林改造。加快老残胶园更新改造。

6. 绿色高质高效行动。选择一批粮油作物生产基础好、产业集中度高的县（市、区），集成推广区域性、标准化高产高效技术，示范带动大面积均衡增产增效、提质增效。

---

| 专栏2　粮食等重要农产品安全保障工程 |
| --- |

7. 动物防疫和农作物病虫害防治。提升动物疫病国家参考实验室和病原学监测区域中心设施条件，改善牧区动物防疫专用设施和基层动物疫苗冷藏设施，建设动物防疫指定通道和病死动物无害化处理场。建设水生动物疫病监控监测中心和实验室。分级建设农作物病虫害监测、应急防治和农药风险监控等中心。

8. 生猪标准化养殖。启动实施新一轮生猪标准化规模养殖提升行动，推动一批生猪标准化养殖场改造养殖饲喂、动物防疫及粪污处理等设施装备，继续开展生猪调出大县奖励，加大规模养猪场信贷支持。

9. 草食畜牧业提升。实施基础母畜扩群提质和南方草食畜牧业增量提质行动，引导一批肉牛肉羊规模养殖场实施畜禽圈舍标准化、集约化、智能化改造。

10. 奶业振兴工程。改造升级一批适度规模奶牛养殖场，推动重点奶牛养殖大县整县推进生产数字化管理，建设一批重点区域生鲜乳质量检测中心，建设一批优质饲草料基地。

11. 水产养殖转型升级。实施水产健康养殖提升行动，创建一批国家级水产健康养殖和生态养殖示范区。发展深远海大型智能化养殖渔场。

12. 渔船更新改造和渔港建设。推动渔船及装备更新改造和减船转产，建造新材料、新能源渔船。加强沿海现代渔港建设，提高渔港避风能力。

# 第三章　推进创新驱动发展　提升农业质量效益和竞争力

深入推进农业科技创新，健全完善经营机制，推动品种培优、品质提升、品牌打造和标准化生产，不断提高农牧渔业发展水平。

## 第一节　强化现代农业科技支撑

开展农业关键核心技术攻关。完善农业科技领域基础研究稳定支持机制，加强农业基础理论、科研基础设施、定位观测体系、资源生态监测系统建设。聚焦基础前沿重点领域，加快突破一批重大理论和工具方法。聚焦生物育种、耕地质量、智慧农业、农业机械设备、农业绿色投入品等关键领域，加快研发与创新一批关键核心技术及产品。加快动物疫病和农作物病虫害气象环境成因、传播机理、致病机制研究，提升农业重大风险防控和产业安全保障能力。

加强农业战略科技力量建设。加强国家现代农业产业技术体系建设。深化农业科技体制改革，推动重点领域项目、基地、人才、资金一体化配置。强化高水平农业科研院校建设，培育壮大一批农业领军企业，优化地方农业科研机构和创新团队建设。实施国家农业科研杰出人才培养计划。打造国家热带农业科学中心。

促进科技与产业深度融合。加强国家农业科技创新联盟建设，支持农业企业牵头建设农业科技创新联合体或新型研发机构，加快建设国家现代农业产业科技创新中心。开展乡村振兴科技支撑行动，加强农业科技社会化服务体系建设，完善农业科技推广服务云平台，推行科技特派员制度，强化公益性农技推广机构建设。

## 第二节　推进种业振兴

加强种质资源保护。全面完成农作物种质资源、畜禽遗传资源和水产养殖种质资源普查，摸清资源家底，抢救性收集珍稀、濒危、特有资源与特色地方品种。启动农业种质资源精准鉴定评价，推进优异种质资源创制与应用，构建种质资源 DNA 分子指纹图谱库、特征库和农业种质资源数据库。加强国家农作物、林草、畜禽、海洋和淡水渔业、微生物种质资源库建设。

开展育种创新攻关。围绕重点农作物和畜禽，启动实施农业种源关键核心技术攻关。加快实施农业生物育种重大科技项目，有序推进生物育种产业化应用。开展种业联合攻关，实施新一轮畜禽遗传改良计划和现代种业提升工程。

加强种业基地建设。推进国家级和省级育制种基地建设，加快建设南繁硅谷。在北方农牧交错区布局建设大型牧草良种繁育基地。加快建设种业基地高标准农田。继续实施制种大县奖励政策。建设一批国家级核心育种场，完善良种繁育和生物安全防护设施条件。推进国家级水产供种繁育基地建设。

强化种业市场监管。严格品种管理，提高主要农作物品种审定标准，建立品种"身份证"制度。强化育种领域知识产权保护，强化行政与司法协同保护机制，严厉打击假冒伪劣、套牌侵权等违法犯罪行为。健全种畜禽、水产苗种监管制度和技术标准，加强畜禽遗传物质监管。

## 第三节　提高农机装备研发应用能力

加强农机装备薄弱环节研发。加强大中型、智能化、复合型农业机械研发应用，打造农机装备一流企业和知名品牌。推进粮食作物和战略性经济作物育、耕、种、管、收、运、贮等薄弱环节先进农机装备研制。加快研发制造适合丘陵山区农业生产的高效专用农机。攻关突破制约整机综合性能提升的关键核心技术、关键材料和重要零部件。加强绿色智能畜牧水产养殖装备研发。

推进农业机械化全程全面发展。健全农作物全程机械化生产体系，加快推进品种、栽培、装备集成配套。加大对智能、高端、安全农机装备的支持力度，突出优机优补、奖优罚劣，支持探索研发制造应用一体化，提升我国农机装备水平和国际竞争力。推进机械装备与养殖工艺融合，提升畜牧水产养殖主要品种、重点环节、规模养殖场以及设施农业的机械化水平。推动绿色环保农机应用。加强机耕道、场库棚、烘干机塔等配套设施建设，发展"全程机械化+综合农事"等农机服务新模式。

### 第四节　健全现代农业经营体系

培育壮大新型农业经营主体。实施家庭农场培育计划，把农业规模经营户培育成有活力的家庭农场。完善家庭农场名录制度。实施农民合作社规范提升行动，支持农民合作社联合社加快发展。完善新型农业经营主体金融保险、用地保障等政策。建立科研院所、农业高校等社会力量对接服务新型农业经营主体的长效机制。推动新型农业经营主体与小农户建立利益联结机制，推行保底分红、股份合作、利润返还等方式。

健全专业化社会化服务体系。发展壮大农业专业化社会化服务组织，培育服务联合体和服务联盟，将先进适用的品种、投入品、技术、装备导入小农户。开展农业社会化服务创新试点示范，鼓励市场主体建设区域性农业全产业链综合服务中心。加快发展农业生产托管服务。推进农业社会化服务标准体系建设，建立服务组织名录库，加强服务价格监测。

---

**专栏3　农业质量效益和竞争力提升工程**

1. 农业科技创新能力建设。围绕生物育种、生物安全、资源环境、智能农机、农产品深加工、绿色投入品创制等领域，新建一批农业重大科技设施装备、重点实验室和农业科学观测实验站。

2. 基层农技推广体系建设。实施基层农技推广体系改革与建设项目，壮大科技特派员和特聘农技员队伍，建设200个国家现代农业科技示范展示基地、5000个区域农业科技示范基地，培育一批农业科技服务公司。

3. 现代种业。建设国家农作物种质资源长期库、种质资源中期库圃，提升海南、甘肃、四川等国家级育制种基地水平，建设黑龙江大豆等区域性育制种基地。新建、改扩建国家畜禽和水产品种质资源库、保种场（区）、基因库，推进国家级畜禽核心育种场建设。改扩建2个分子育种创新服务平台。

4. 农业机械化。稳定实施农机购置补贴政策，创建300个农作物生产全程机械化示范县，建设300个设施农业和规模养殖全程机械化示范县，推进农机深松整地和丘陵山区农田宜机化改造。加强农业机械抢种

---

| 专栏3　农业质量效益和竞争力提升工程 |
|---|

抢收抢烘服务能力建设。

　　5. 新型农业经营主体培育提升行动。创建300个左右家庭农场示范县和1500个左右示范家庭农场。开展国家、省、市、县级农民合作社示范社四级联创，扩大农民合作社质量提升整县推进试点范围。

　　6. 农业生产"三品一标"提升行动。培育一批有自主知识产权的核心种源和节水节肥节药新品种，建设800个绿色标准化农产品生产基地、500个畜禽养殖标准化示范场，打造300个以上国家级农产品区域公用品牌、500个以上企业品牌、1000个以上农产品品牌。

# 第四章　构建现代乡村产业体系　提升产业链供应链现代化水平

　　坚持立农为农，把带动农民就业增收作为乡村产业发展的基本导向，加快农村一二三产业融合发展，把产业链主体留在县域，把就业机会和产业链增值收益留给农民。

## 第一节　优化乡村产业布局

　　健全乡村产业体系。以农业农村资源为依托，以农民为主体，培育壮大现代种养业、乡村特色产业、农产品加工流通业、乡村休闲旅游业、乡村新型服务业、乡村信息产业等，形成特色鲜明、类型丰富、协同发展的乡村产业体系。以拓展二三产业为重点，纵向延伸产业链条，横向拓展产业功能，多向提升乡村价值。

　　推进县镇村联动发展。强化县域统筹，推动形成县城、中心镇（乡）、中心村功能衔接的乡村产业结构布局。推进县域、镇域产业集聚，支持农产品加工业向县域布局，引导农产品加工流通企业在有条件镇（乡）所在地建设加工园区和物流节点。促进镇村联动发展，实现加工在乡镇、基地在村、增收在户。

### 第二节　推进乡村产业园区化融合化发展

建设现代农业产业园区和农业现代化示范区。支持有条件的县（市、区）建设现代农业产业园，推动科技研发、加工物流、营销服务等市场主体向园区集中，资本、科技、人才等要素向园区集聚。加快"一村一品"示范村镇、农业产业强镇和优势特色产业集群建设。以县（市、区）为单位创建一批农业现代化示范区，围绕提高农业产业体系、生产体系、经营体系现代化水平，建立指标体系，加强资源整合和政策集成，示范引领农业现代化发展，探索建立农业现代化发展模式、政策体系、工作机制，形成梯次推进农业现代化的格局。

提升农村产业融合发展水平。依托乡村特色优势资源，打造农业全产业链。鼓励发展农业产业化龙头企业牵头、家庭农场和农民合作社跟进、广大小农户参与的农业产业化联合体。鼓励农业产业化龙头企业建立大型农业企业集团，开展农产品精深加工，在主产区和大中城市郊区布局中央厨房、主食加工、休闲食品、方便食品、净菜加工等业态，满足消费者多样化个性化需求。加快建设产地贮藏、预冷保鲜、分级包装、冷链物流、城市配送等设施，构建仓储保鲜冷链物流网络。稳步推进反映全产业链价值的农业及相关产业统计核算。

### 第三节　发展乡村新产业新业态

优化乡村休闲旅游业。依托田园风光、绿水青山、村落建筑、乡土文化、民俗风情等资源优势，建设一批休闲农业重点县、休闲农业精品园区和乡村旅游重点村镇。推动农业与旅游、教育、康养等产业融合，发展田园养生、研学科普、农耕体验、休闲垂钓、民宿康养等休闲农业新业态。

发展乡村新型服务业。积极发展生产性服务业，引导仓储物流、设施租赁、市场营销、信息咨询等领域市场主体将服务网点延伸到乡村。拓展生活性服务业，改造提升餐饮住宿、商超零售、电器维修、再生资源回收和养老护幼、卫生保洁、文化演出等乡村生活服务业。

加快农村电子商务发展。扩大电子商务进农村覆盖面，加快培育农村电子商务主体，引导电商、物流、商贸、金融、供销、邮政、快递等市场主体到乡村布局。深入推进"互联网+"农产品出村进城工程。优化农村电子商务公共服务中心功能，规范引导网络直播带货发展。实施"数商兴农"，推动农村电商基础设施数字化改造、智能化升级，打造农产品网络品牌。

### 第四节　推进农村创业创新

支持农民工、大中专毕业生、退役军人、科技人员和工商业主等返乡入乡创业，鼓励能工巧匠和"田秀才"、"土专家"等乡村能人在乡创业。推动城市各类人才投身乡村产业发展。依托各类园区、企业、知名村镇等，建设一批农村创业创新园区（孵化实训基地）、农民工返乡创业园，打造一批众创空间、星创天地等创业创新孵化载体。依托现有资源建立农村创业创新导师队伍，为农村创业人员提供精准指导服务。依托普通高等院校、职业院校和相关培训机构，让有意愿的创业创新人员参加创业创新培训，对符合条件的人员按规定给予培训补贴。制定分区域、差异化创业创新扶持政策，推动落实创业补贴政策，加大创业贷款等支持力度。支持有条件的县乡政务大厅设立创业创新服务窗口，提供"一站式"服务。

---

**专栏4　乡村产业链供应链提升工程**

1. 农业现代化示范区建设。加强资源整合、政策集成，改善物质装备技术条件，创建500个左右农业现代化示范区，探索差异化、特色化的农业现代化发展模式。

2. 农村产业融合发展。创建一批国家现代农业产业园，培育一批农业产业强镇、全国"一村一品"示范村镇和产值超100亿元的优势特色

---

| 专栏4　乡村产业链供应链提升工程 |
|---|

产业集群，建设一批科技示范园区、现代林业产业示范区。继续创建认定一批国家农村产业融合发展示范园，完善相关配套设施，鼓励各地创建省级示范园。新认定一批农业产业化国家重点龙头企业，培育3000个农业产业化联合体。

3. 农产品加工业提升。建设一批集成度高、系统化强、能应用、可复制的农产品加工技术集成科研基地，在农牧渔业大县（市）建设一批农产品加工园，打造一批国际农产品加工园，创建一批农产品加工示范企业。

4. 农产品冷链物流设施。以鲜活农产品主产区和特色农产品优势区为重点，支持5万个新型农业经营主体建设农产品产地冷藏保鲜设施，建设一批产地冷链集配中心。建设30个全国性和70个区域性农产品骨干冷链物流基地。改造畜禽定点屠宰加工厂冷链储藏和运输设施。

5. 休闲农业和乡村旅游精品工程。建设300个休闲农业重点县、1500个美丽休闲乡村，推介1000条乡村休闲旅游精品景点线路。

6. 农村创业创新带头人培育行动。打造1500个农村创业创新园区和孵化实训基地，培育10万名农村创业创新导师和100万名带头人，带动1500万名返乡入乡人员创业。

# 第五章　实施乡村建设行动　建设宜居宜业乡村

把乡村建设摆在社会主义现代化建设的重要位置，大力开展乡村建设行动，聚焦交通便捷、生活便利、服务提质、环境美好，建设宜居宜业的农民新家园。

## 第一节　科学推进乡村规划

完善县镇村规划布局。强化县域国土空间规划管控，统筹划定落实永久基本农田、生态保护红线、城镇开发边界。统筹县城、乡镇、村庄规划建设，明确村庄分类布局。推进县域产业发展、基础设施、公共服务、生态环境保护等一体规划，加快形成县乡村功能衔接互补的建管格局，推动公共资源在县域内实现优化配置。

加快推进村庄规划。按照集聚提升类、城郊融合类、特色保护类和搬迁撤并类等村庄分类，分类推进村庄规划。优化布局乡村生活空间，严格保护农业生产空间和乡村生态空间，科学划定养殖业适养、限养、禁养区域。坚持先规划后建设，加强分类指导，保持历史耐心，遵循乡村发展规律，注重传统特色和乡村风貌保护，不搞一刀切。严禁随意撤并村庄搞大社区、违背农民意愿大拆大建。

### 第二节　加强乡村基础设施建设

完善农村交通运输体系。推进农村公路建设项目更多向进村入户倾斜，统筹规划和建设农村公路穿村路段，兼顾村内主干道功能。推进人口密集村庄消防通道建设。深化农村公路管理养护体制改革，落实管养主体责任。完善交通安全防护设施，提升公路安全防控水平，强化农村公路交通安全监管。推动城乡客运一体化发展，优化农忙等重点时段农村客运服务供给，完善农村客运长效发展机制。

提升农村供水保障水平。合理确定水源和供水工程设施布局，加强水源工程建设和水源保护。实施规模化供水工程建设和小型供水工程标准化改造，提高农村自来水普及率。鼓励有条件的地区将城市供水管网向周边村镇延伸。建立合理水价形成机制和水费收缴机制，健全农村供水工程建设运行和管护长效机制。加强农村消防用水配套设施建设。完善农村防汛抗旱设施，加强农村洪涝灾害预警和防控。

加强乡村清洁能源建设。提高电能在农村能源消费中的比重。因地制宜推动农村地区光伏、风电发展，推进农村生物质能源多元化利用，加快构建以可再生能源为基础的农村清洁能源利用体系。强化清洁供暖设施建设，加大生物质锅炉（炉具）、太阳能集热器等推广应用力度，推动北方冬季清洁取暖。

建设农村物流体系。完善县乡村三级物流配送体系，构建农村物流骨干网络，补齐物流基地、分拨中心、配送站点和冷链仓储等基础设施短板，加大对公用型、共配型场站设施的政策支持力度。改造提升农村寄递物流基础设施，推进乡镇运输服务站建设，改造提升农贸市场等传统流通网点。打造农村物流服务品牌，创新农村物流运营服务模式，探索推进乡村智慧物流发展。

### 第三节　整治提升农村人居环境

因地制宜推进农村厕所革命。加强中西部地区农村户用厕所改造，引导新改户用厕所入院入室。合理规划布局农村公共厕所，加快建设乡村景区旅游厕所。加快干旱、寒冷地区卫生厕所适用技术和产品研发。推进农村厕所革命与生活污水治理有机衔接，鼓励联户、联村、村镇一体处理。鼓励各地探索推行政府定标准、农户自愿按标准改厕、政府验收合格后按规定补助到户的奖补模式。完善农村厕所建设管理制度，严格落实工程质量责任制。

梯次推进农村生活污水治理。以县域为基本单元，以乡镇政府驻地和中心村为重点梯次推进农村生活污水治理，基本消除较大面积的农村黑臭水体。采用符合农村实际的污水处理模式和工艺，优先推广运行费用低、管护简便的治理技术，积极探索资源化利用方式。有条件的地区统筹城乡生活污水处理设施建设和管护。

健全农村生活垃圾处理长效机制。推进农村生活垃圾源头分类减量，探索农村生活垃圾就地就近处理和资源化利用的有效路径，稳步解决"垃圾围村"问题。完善农村生活垃圾收运处置体系，健全农村再生资源回收利用网络。

整体提升村容村貌。深入开展村庄清洁和绿化行动，实现村庄公共空间及庭院房屋、村庄周边干净整洁。提高农房设计水平和建设质量。建立健全农村人居环境建设和管护长效机制，全面建立村庄保洁制度，有条件的地区推广城乡环卫一体化第三方治理。

### 第四节 加快数字乡村建设

加强乡村信息基础设施建设。实施数字乡村建设工程。加快农村光纤宽带、移动互联网、数字电视网和下一代互联网发展，支持农村及偏远地区信息通信基础设施建设。加快推动遥感卫星数据在农业农村领域中的应用。推动农业生产加工和农村地区水利、公路、电力、物流、环保等基础设施数字化、智能化升级。开发适应"三农"特点的信息终端、技术产品、移动互联网应用软件，构建面向农业农村的综合信息服务体系。

发展智慧农业。建立和推广应用农业农村大数据体系，推动物联网、大数据、人工智能、区块链等新一代信息技术与农业生产经营深度融合。建设数字田园、数字灌区和智慧农（牧、渔）场。

推进乡村管理服务数字化。构建线上线下相结合的乡村数字惠民便民服务体系。推进"互联网+"政务服务向农村基层延伸。深化乡村智慧社区建设，推广村级基础台账电子化，建立集党务村务、监督管理、便民服务于一体的智慧综合管理服务平台。加强乡村教育、医疗、文化数字化建设，推进城乡公共服务资源开放共享，不断缩小城乡"数字鸿沟"。持续推进农民手机应用技能培训，加强农村网络治理。

---

**专栏5 乡村公共基础设施建设工程**

1. 农村道路畅通。因地制宜推进乡镇三级及以上公路、自然村通硬化路，加强村组连通和村内道路建设。推进老旧公路改造和窄路基路面加宽改造，强化农村公路与国省干线公路、城市道路、村内道路衔接。

2. 农村供水保障。推进农村水源保护和供水保障工程建设，更新改造一批老旧供水工程和管网，提高规模化供水工程覆盖农村人口比例。

---

| 专栏5 乡村公共基础设施建设工程 |
| --- |

3. 乡村清洁能源建设。实施农村电网巩固提升工程，因地制宜发展农村地区电供暖、生物质能源清洁供暖，加强煤炭清洁化利用，推进散煤替代。

4. 农村物流体系建设。加强县乡村物流基础设施建设，鼓励地方建设县镇物流基地、农村电子商务配送站点，选择部分地区建设面向农村的共同配送中心。

5. 农村人居环境整治提升。有序推进经济欠发达地区以及高海拔、寒冷、缺水地区的农村改厕。因地制宜建设一批厕所粪污、农村生活污水处理设施和农村有机废弃物综合处置利用设施。支持600个县整县推进农村人居环境整治。创建一批美丽宜居村庄。

6. 乡村信息基础设施建设。推动农村千兆光网、5G、移动物联网与城市同步规划建设，提升农村宽带网络水平。全面推进互联网协议第六版（IPv6）技术在农村信息基础设施、信息终端、技术产品、应用软件中的广泛应用。推广大田作物精准播种、精准施肥施药、精准收获，推动设施园艺、畜禽水产养殖和渔船渔港智能化应用。实施农业农村大数据应用行动。

## 第五节　提升农村基本公共服务水平

提高农村教育质量。多渠道增加农村普惠性学前教育供给，完善普惠性学前教育保障机制。继续改善乡镇寄宿制学校办学条件，保留并办好必要的乡村小规模学校，在县城和中心镇新建改扩建一批普通高中和中等职业学校。把耕读教育和科学素质教育纳入教育培训体系。加大涉农高校、涉农职业院校、涉农学科专业建设力度。支持县城职业中学等学校根据当地产业发展需要试办社区学院。加强乡村教师队伍建设，推进县域内义务教育学校校长教师交流轮岗，支持建设城乡学校共同体。加快发展面向乡村的网络教育。

全面推进健康乡村建设。加强乡村基层医疗卫生体系建设，提升村卫生室标准化建设和健康管理水平，提升乡镇卫生院医疗服务能力。加强县级医院和妇幼保健机构建设，持续提升县级疾控机构应对重大疫情及突发公共卫生事件能力。加强乡村医疗卫生和疾控人才队伍建设，加大农村基层本地全科人才培养力度，推动乡村医生向执业（助理）医师转变，落实乡村医生待遇。加快县域紧密型医共体建设，实行医保总额预算管理，强化基本医保、大病保险、医疗救助三重制度保障功能。加强出生缺陷防治知识普及和健康教育。加快完善乡村公共体育场地设施。

完善农村养老服务体系。健全县乡村衔接的三级养老服务网络，推进村级幸福院、日间照料中心等建设，推动乡镇敬老院升级改造。发展农村普惠型养老服务和互助性养老，加大居家养老支持力度。落实城乡居民基本养老保险待遇确定和正常调整机制，适时提高基础养老金标准。

提升村级综合服务能力。加强村级综合服务设施建设，完善便民服务设施。制定村级公共服务目录和代办政务服务指导目录，提供就业社保、社会救助、卫生健康、法律咨询等公共服务。发展农村普惠性托幼服务，健全农村留守儿童、妇女、老年人、残疾人以及困境儿童关爱服务体系。加快推动乡镇社会工作服务站建设，吸引社会工作人才提供专业服务。加强农村公益性殡葬设施建设。

### 第六节 扩大农村消费

多措并举畅通增收渠道。支持发展各具特色的现代乡村富民产业，完善利益联结机制，通过"资源变资产、资金变股金、农民变股东"，让农民更多分享产业增值收益。建设城乡统一的人力资源市场，完善农民工就业支持政策，落实农民工与城镇职工平等就业、同工同酬制度。深入实施新生代农民工职业技能提升计划。赋予农民更多财产权利，提高农民土地增值收益分享比例。

实施农村消费促进行动。鼓励有条件的地区开展农村家电更新行动、实施家具家装下乡补贴和新一轮汽车下乡，促进农村居民耐用消费品更新换代。完善县城和中心镇充换电基础设施建设。支持网络购物、移动支付等消费新业态、新模式向农村拓展，提升农村居民消费意愿。

优化农村消费环境。加强农村市场建设，完善农村商贸服务网络，优化县域批发市场、集散中心、商业网点布局。实施农村消费环境净化专项行动，聚焦食品药品安全、农资供应等领域，依法打击假冒伪劣、虚假宣传、价格欺诈等违法行为，规范农村市场秩序。加强市场监管和行政执法，在农村地区开展放心消费创建活动。

---

**专栏6　农村基本公共服务提升工程**

1. 农村教育质量提升行动。改善乡镇寄宿制学校和乡村小规模学校办学条件，加强县域普通高中学校建设，支持20万人口以上的县特殊教育学校建设。每年安排建设一批普惠性幼儿园。改善农村中小学信息化基础设施，加强国家中小学网络云平台资源应用。继续实施"特岗计划"。

2. 乡村健康服务提升行动。加强村卫生室标准化建设，依托现有资源，选建一批中心卫生院，建设一批农村县域医疗卫生次中心。加快县域紧密型医共体建设，提高县级医院医疗服务水平。推动县（市、区）妇幼保健机构提高服务能力。

3. 农村养老服务体系建设行动。提升县级特困供养服务机构失能照护和集中供养能力，每个县（市、区）至少建有1所县级供养服务机构。拓展乡镇敬老院区域养老服务中心功能，完善村级互助养老服务设施，解决农村老年人生活照料、就餐就医等问题。

4. 村级综合服务设施提升。改扩建行政村综合性公共服务用房，建设一站式服务大厅、多功能活动室、图书阅览室等。

---

# 第六章　加强农村生态文明建设　建设绿色美丽乡村

以绿色发展引领乡村振兴，推进农村生产生活方式绿色低碳转型，实现资源利用更加高效、产地环境更加清洁、生态系统更加稳定，促进人与自然和谐共生。

### 第一节　推进质量兴农绿色兴农

提升农业标准化水平。建立健全农业高质量发展标准体系，制修订粮食安全、种业发展、耕地保护、产地环境、农业投入品、农药兽药残留等标准，强化农产品营养品质评价和分等分级。开展农业标准化示范创建，加快现代农业全产业链标准化。加强绿色食品、有机农产品、地理标志农产品认证和管理，建立健全农业品牌监管机制。

强化农产品质量安全监管。实施农产品质量安全保障工程，完善农产品质量安全全程监管体系，扩大农产品质量安全风险监测范围，强化基层监管和检验检测队伍建设，推行网格化监管和智慧监管。实施"治违禁　控药残　促提升"行动，基本解决禁限用农药兽药残留超标和非法添加等问题。加强农业投入品规范化管理，严格食用农产品种养殖、加工储运环节投入品监管。试行食用农产品达标合格证制度，健全追溯体系。

提升绿色发展支撑能力。加强国家农业绿色发展先行区建设，探索不同生态类型、不同主导品种的农业绿色发展典型模式。开展农业绿色发展长期固定观测。

### 第二节　加强农业面源污染防治

持续推进化肥农药减量增效。深入开展测土配方施肥，持续优化肥料投入品结构，增加有机肥使用，推广肥料高效施用技术。积极稳妥推进高毒高风险农药淘汰，加快推广低毒低残留农药和高效大中型植保机械，因地制宜集成应用病虫害绿色防控技术。推进兽用抗菌药使用减量化，规范饲料和饲料添加剂生产使用。到2025年，主要农作物化肥、农药利用率均达到43%以上。

循环利用农业废弃物。支持发展种养有机结合的绿色循环农业，持续开展畜禽粪污资源化利用，加强规模养殖场粪污治理设施建设，推进粪肥还田利用。全面实施秸秆综合利用行动，健全秸秆收储运体系，提升秸秆能源化、饲料化利用能力。加快普及标准地膜，加强可降解农膜研发推广，推进废旧农膜机械化捡拾和专业化回收。开展农药肥料包装废弃物回收利用。

加强污染耕地治理。开展农用地土壤污染状况调查，实施耕地土壤环境质量分类管理。对轻中度污染耕地加大安全利用技术推广力度；对重度污染耕地实行严格管控，开展种植结构调整或在国家批准的规模和范围内实施退耕还林还草。深入实施耕地重金属污染防治联合攻关，加强修复治理和安全利用示范。巩固提升受污染耕地安全利用水平。

### 第三节　保护修复农村生态系统

强化农业资源保护。深入推进农业水价综合改革，健全节水激励机制，建立量水而行、以水定产的农业用水制度。发展节水农业和旱作农业，推进南水北调工程沿线农业深度节水。实施地下水超采综合治理。健全耕地轮作休耕制度。落实海洋渔业资源总量管理制度，完善捕捞限额管理和休渔禁渔制度，持续开展海洋捕捞渔民减船转产。严格保护管理珍贵濒危水生野生动物及其栖息地，严厉打击非法捕捞行为，持续开展渔业增殖放流，高标准建设海洋牧场。强化外来入侵物种防控。

健全草原森林河流湖泊休养生息制度。完善草原生态保护补助奖励政策，全面推进草原禁牧休牧轮牧，强化草原生物灾害防治，稳步恢复草原生态环境。实行林长制，制定绿化造林等生态建设目标，巩固退耕还林还草、退田还湖还湿成果，推进荒漠化、石漠化、水土流失综合治理。建设田园生态系统，完善农田生态廊道，营造复合型、生态型农田林网。强化河湖长制，加强大江大河和重要湖泊湿地生态保护治理。以县域为单元，推进水系连通和农村水系综合整治，建设一批水美乡村。

推动农业农村减排固碳。加强绿色低碳、节能环保的新技术新产品研发和产业化应用。以耕地质量提升、渔业生态养殖等为重点，巩固提升农业生态系统碳汇能力。推动农业产业园区和产业集群循环化改造，开展农业农村可再生能源替代示范。建立健全农业农村减排固碳监测网络和标准体系。

推进重点区域生态环境保护。全面实施长江流域重点水域十年禁渔，推进以长江为重点的渔政执法能力建设，做好退捕渔民安置保障工作。推进长江水生生物资源和水域生态保护修复，实施中华鲟、长江江豚、长江鲟拯救行动计划。开展长江、黄河流域农业面源污染治理，实施深度节水控水行动。建立生态产品价值实现机制，在长江流域等开展试点。

---

**专栏7 农村生态文明建设工程**

1. 农业标准化提升。加快构建农业高质量生产的标准体系，制修订3000项农业领域国家和行业标准，建设300个现代农业全产业链标准集成应用基地，支持1000个地理标志农产品发展。建设一批生态农场。

2. 农产品质量安全保障。强化基层监管手段条件建设，建设农产品质量安全指挥调度中心、基层监管服务站和监管实训基地，建设500个国家农产品质量安全县、1000个智慧监管试点。

3. 农业面源污染治理。深入实施农药化肥减量行动，以东北地区为重点整县推进秸秆综合利用，在重点用膜区整县推进农膜回收，在畜禽养殖主产区持续推进粪污资源化利用，在水产养殖主产区推进养殖尾水治理。在长江经济带、黄河流域环境敏感区建设200个农业面源污染综合治理示范县。

4. 耕地土壤污染防治。以耕地土壤污染防治重点县为重点，加强污染耕地土壤治理，对轻中度污染耕地落实农艺调控措施，严格管控重度污染耕地。

5. 耕地轮作休耕制度试点。在东北冷凉区、北方农牧交错区、西北地区、黄淮海地区实施粮油、粮豆等轮作；在长江流域推行稻油、稻稻油轮作模式；在河北、黑龙江、新疆的地下水超采区实施休耕试点，集成推广一批不同地区用地养地结合技术模式。

| 专栏7　农村生态文明建设工程 |
|---|
| 　　6. 水生生物资源养护行动。增殖放流各类水产苗种及珍贵濒危物种超过1000亿单位，实施水生生物物种保护行动计划，保护修复关键栖息地，科学开展迁地保护。建立长江水生生物资源及栖息地监测网络，实施长江生物完整性指数评价。建设一批国家级海洋牧场示范区。<br>　　7. 长江禁捕等渔政执法能力建设。强化长江禁捕水域渔政执法监管能力，建设统一的渔政执法远程监控指挥调度系统，加强视频监控、雷达监控、渔政执法船艇（艇船）、无人机设施设备建设。持续开展中国渔政亮剑专项执法行动。<br>　　8. 外来入侵物种防控。启动实施外来入侵物种全面调查，推动建设一批天敌繁育基地和综合防控示范区，因地制宜探索推广绿色防控技术模式。 |

## 第七章　加强和改进乡村治理　建设文明和谐乡村

以保障和改善农村民生为优先方向，突出组织引领、社会服务和民主参与，加快构建党组织领导的自治法治德治相结合的乡村治理体系，建设充满活力、和谐有序的善治乡村。

### 第一节　完善乡村治理体系

加强农村基层组织建设。建立健全以基层党组织为领导、村民自治组织和村务监督组织为基础、集体经济组织和农民合作组织为纽带、其他经济社会组织为补充的村级组织体系。选优配强乡镇、村领导班子，持续向重点乡村选派驻村第一书记和工作队，发展农村年轻党员。完善村民（代表）会议制度和村级民主协商、议事决策机制，拓展村民参与村级公共事务平台。加强村务监督委员会建设，强化基层纪检监察组织与村务监督委员会的沟通协作、有效衔接，推行村级小微权力清单制度。推动乡村服务性、公益性、互助性社会组织健康发展。加强村级组织运转经费保障。

提升乡村治理效能。严格依法设定县级对乡镇赋权赋能范围，整合乡镇和县级部门派驻乡镇机构承担的职能相近、职责交叉工作事项，健全乡镇和县级部门联动机制，压实乡镇政府综合治理、安全生产等方面的责任。规范村级组织工作事务，减轻村级组织负担。健全乡村治理工作协同运行机制，深入开展乡村治理体系建设试点示范和乡村治理示范村镇创建，推广运用"积分制"、"清单制"等形式。建设法治乡村，创建民主法治示范村，培育农村学法用法示范户。

深入推进平安乡村建设。坚持和发展新时代"枫桥经验"，加强群防群治力量建设，巩固充实乡村人民调解组织队伍，创新完善乡村矛盾纠纷多元化、一站式解决机制。深化农村网格化管理服务，推进农村基层管理服务精细化。充分依托已有设施，提升农村社会治安防控体系信息化智能化水平。加强县乡村应急管理、交通消防安全体系建设，加强农村自然灾害、公共卫生、安全隐患等重大事件事故的风险评估、监测预警和应急处置。健全农村扫黑除恶常态化机制。

### 第二节　提升农民科技文化素质

健全农民教育培训体系。建立短期培训、职业培训和学历教育衔接贯通的农民教育培训制度，促进农民终身学习。充分发挥农业广播电视学校、农业科研院所、涉农院校、农业龙头企业等作用，引导优质教育资源下沉乡村，推进教育培训资源共建共享、优势互补。

培育高素质农民队伍。以家庭农场主和农民合作社带头人为重点，加强高素质农民培育。加大农村实用人才培养力度，设立专门面向农民的技能大赛，选树一批乡村能工巧匠。实施农民企业家、农村创业人才培育工程。深化农业职业教育改革，扩大中高等农业职业教育招收农民学员规模。健全完善农业高等院校人才培养评价体系，定向培养一批农村高层次人才。

### 第三节　加强新时代农村精神文明建设

加强农村思想道德建设。以农民群众喜闻乐见的方式，深入开展习近平新时代中国特色社会主义思想学习教育，开展党史、新中国史、改革开放史、社会主义发展史宣传教育，加强爱国主义、集体主义、社会主义教育，弘扬和践行社会主义核心价值观，建设基层思想政治工作示范点，培养新时代农民。实施公民道德建设工程，拓展新时代文明实践中心建设，深化群众性精神文明创建活动，让精神引领和道德力量深度融入乡村治理。加强农村青少年思想道德教育。面向农村开展送理论、送文明、送服务、送人才活动。

繁荣发展乡村优秀文化。深入实施农耕文化传承保护工程，加强农业文化遗产发掘认定和转化创新。加强历史文化名村名镇、传统村落、少数民族特色村寨、传统民居、农村文物、地名文化遗产和古树名木保护。继承发扬优秀传统乡土文化，建设乡村非物质文化遗产传习所（点）。振兴传统农业节庆，办好中国农民丰收节。创新实施文化惠民工程，加强乡镇综合文化站、村综合文化中心、文体广场等基层文化体育设施建设。实施智慧广电固边工程和乡村工程，在民族地区推广普及有线高清交互数字电视机顶盒，完善基层应急广播体系。发展乡村特色文化产业，健全支持开展群众性文化活动机制，满足农民群众多样化、多层次、多方面的精神文化需求。

持续推进农村移风易俗。开展专项文明行动，革除高价彩礼、人情攀比、厚葬薄养、铺张浪费等陈规陋习。加强农村家庭、家教、家风建设，倡导敬老孝亲、健康卫生、勤俭节约等文明风尚。深化文明村镇、星级文明户、文明家庭创建。建立健全农村信用体系，完善守信激励和失信惩戒机制。加快在农村普及科学知识，反对迷信活动。依法管理农村宗教事务，加大对农村非法宗教活动和境外渗透活动的打击力度，依法制止利用宗教干预农村公共事务。

---

**专栏 8　现代乡村治理体系建设工程**

1. 农村基层党组织负责人培养培训计划。加大从本村致富能手、外出务工经商返乡人员、本乡本土大学毕业生、退役军人中培养选拔村党组织带头人力度，通过多种方式为每个村储备村级后备力量。鼓励有条件的地方探索村干部专业化管理。开展农村基层干部乡村振兴主题培训。加大在青年农民、外出务工经商人员、妇女中发展党员的力度。

2. 村级事务阳光工程。完善党务、村务、财务"三公开"制度，梳理村级事务公开清单，及时公开组织建设、公共服务、工程项目等重大事项，健全村务档案管理制度，推广村级事务"阳光公开"监管平台。规范村级会计委托代理制，加强农村集体经济组织审计监督，开展村干部任期和离任经济责任审计。

3. 乡村治理试点示范行动。探索共建共治共享治理体制、乡村治理与经济社会协同发展机制、乡村治理组织体系、党组织领导的自治法治德治相结合路径，完善基层治理方式和村级权力监管机制，创新村民议事协商形式。

4. 平安乡村建设行动。推进农村社会治安防控体系建设，加强农村警务工作，推行"一村一辅警"机制，扎实开展智慧农村警务室建设。深入推进乡村"雪亮工程"建设。依法加大对农村非法宗教活动、邪教活动的打击力度，整治乱建宗教活动场所。

5. 高素质农民培育工程。实施高素质农民培育计划和百万乡村振兴带头人学历提升行动，推介 100 所涉农人才培养优质院校，培育 300 万名高素质农民，每年培训 2 万名农村实用人才带头人。

---

# 第八章　实现巩固拓展脱贫攻坚成果同乡村振兴有效衔接

大力弘扬脱贫攻坚精神，做好巩固拓展脱贫攻坚成果同乡村振兴有效衔接，增强脱贫地区内生发展能力，让脱贫群众过上更加美好的生活，逐步走上共同富裕道路。

## 第一节　巩固提升脱贫攻坚成果

过渡期内保持主要帮扶政策总体稳定。严格落实"摘帽不摘责任、不摘政策、不摘帮扶、不摘监管"要求。保持兜底救助类政策稳定，落实教育、医疗、住房等民生保障普惠性政策，优化产业就业等发展类政策。适时组织开展巩固脱贫成果后评估工作，将巩固拓展脱贫攻坚成果纳入市县党政领导班子和领导干部推进乡村振兴战略实绩考核范围，坚决守住不发生规模性返贫的底线。

健全防止返贫动态监测和精准帮扶机制。对脱贫不稳定户、边缘易致贫户，以及因病因灾因意外事故等导致基本生活出现严重困难户，开展常态化监测预警，建立健全快速发现和响应机制，分层分类及时纳入帮扶政策范围，开展定期核查，实行动态清零。

巩固"两不愁三保障"成果。巩固教育扶贫成果，健全控辍保学工作机制。巩固健康扶贫、医保扶贫成果，有效防范因病返贫致贫风险。稳步扩大乡村医疗卫生服务覆盖范围。落实分类资助参保政策，做好脱贫人口参保动员工作。建立农村脱贫人口住房安全动态监测机制，保障低收入人口基本住房安全。巩固维护好已建农村供水工程成果，不断提升农村供水保障水平。

强化易地扶贫搬迁后续扶持。聚焦原深度贫困地区、大中型集中安置区，从就业需要、产业发展和后续配套设施提升等方面，完善后续扶持政策体系，持续巩固易地搬迁脱贫成果。多措并举提高搬迁群众务工就业和自主创业能力，确保有劳动力的搬迁家庭至少有一人实现就业。完善安置区配套基础设施和公共服务设施，提升社区管理服务水平。

加强扶贫项目资产管理。对脱贫攻坚期内形成的扶贫项目资产进行全面摸底，按照经营性资产、公益性资产、到户类资产等分类建立管理台账。明确扶贫项目资产产权主体管护责任，引导受益主体参与管护，探索多样化的资产运营和管理模式。规范收益分配，确保扶贫项目资产在巩固拓展脱贫攻坚成果、接续推进乡村振兴中持续发挥效益。

### 第二节　提升脱贫地区整体发展水平

推动脱贫地区特色产业可持续发展。实施脱贫地区特色种养业提升行动，完善全产业链支持措施，加强产业发展设施条件建设。建立产业技术顾问制度，组建专家队伍长期跟踪帮扶。拓展脱贫地区农产品销售渠道，完善线上线下销售渠道体系，支持销售企业、电商、批发市场与脱贫地区精准对接。深化拓展消费帮扶。

促进脱贫人口稳定就业。稳定扩大脱贫地区农村劳动力转移就业，大规模开展职业技能培训，加大有组织劳务输出力度。统筹用好乡村公益岗位，延续扶贫车间支持政策。支持农村中小型公益性基础设施建设，扩大以工代赈实施范围和建设领域。建立农民在乡务工就业监测制度，跟踪掌握农民就业状况。

改善脱贫地区发展条件。扩大脱贫地区基础设施建设覆盖面，促进县域内整体提升。在脱贫地区重点谋划建设一批高速公路、客货共线铁路、水利、电力、机场、通信网络等区域性和跨区域重大基础设施建设工程。持续支持脱贫地区人居环境整治提升和农村道路、中小型水利工程、县乡村三级物流体系、农村电网等基础设施建设，推进农村客运发展。进一步提升脱贫地区义务教育、医疗卫生等公共服务水平，普遍增加公费师范生培养供给，实施订单定向免费医学生培养，加大中央倾斜支持脱贫地区医疗卫生机构基础设施建设和设备配备力度。

### 第三节　健全农村低收入人口和欠发达地区帮扶机制

健全低收入人口常态化帮扶机制。开展农村低收入人口动态监测，完善分类帮扶机制。对有劳动能力的农村低收入人口，坚持开发式帮扶，帮助其通过发展产业、参与就业，依靠双手勤劳致富。对脱贫人口中完全丧失劳动能力或部分丧失劳动能力且无法通过产业就业获得稳定收入的人口，按规定纳入农村低保或特困人员救助供养范围。健全最低生活保障制度，完善农村特困人员救助供养制度和残疾儿童康复救助制度，夯实医疗救助托底保障。

集中支持乡村振兴重点帮扶县。统筹整合各方资源，强化投入保障，对西部地区 160 个国家乡村振兴重点帮扶县给予集中支持，尽快补齐区域发展短板。支持各地自主选择部分脱贫县作为乡村振兴重点帮扶县。建立跟踪监测机制，对乡村振兴重点帮扶县进行定期监测评估。

支持欠发达地区巩固脱贫攻坚成果和乡村振兴。加大对欠发达地区财政转移支付力度，持续改善欠发达地区农村基础设施条件和公共服务水平。支持革命老区、民族地区、边疆地区巩固脱贫攻坚成果和乡村振兴，改善边疆地区农村生产生活条件，加快抵边村镇和边境农场建设。多措并举解决高海拔地区农牧民生产生活困难。

深入推进东西部协作和社会力量帮扶。坚持和完善东西部协作机制，加强产业合作、资源互补、劳务协作、人才交流，推进产业梯度转移，鼓励东西部共建产业园区。健全中央党政机关和国有企事业单位等定点帮扶机制，对东西部协作和定点帮扶成效进行考核评价。加大社会力量参与力度，扎实推进"万企兴万村"行动。

---

**专栏 9　巩固拓展脱贫攻坚成果工程**

1. 特色种养业提升行动。组织脱贫县编制特色种养业发展规划，加快农产品仓储保鲜、冷链物流设施建设，持续推进特色农产品品牌创建和产销精准对接。

2. 以工代赈工程。因地制宜在脱贫地区实施一批投资规模小、技术门槛低、前期工作简单、务工技能要求不高的农业农村基础设施建设项目，优先吸纳已脱贫户特别是脱贫不稳定户、边缘易致贫户和其他农村低收入人口参与工程建设。

---

| 专栏9 巩固拓展脱贫攻坚成果工程 |
| --- |
|    3. 乡村振兴重点帮扶县集中支持。从财政、金融、土地、人才、基础设施建设、公共服务等方面，加大对西部地区160个国家乡村振兴重点帮扶县的支持力度，增强其区域发展能力。<br>   4. 东西部协作。加大帮扶资金投入，加强产业合作，共建产业园区，推动产业梯度转移。建立健全劳务输出精准对接机制，有序转移西部地区劳动力到东部地区就业。东部地区继续选派干部、教师、医生、农技人员等到西部地区帮扶。<br>   5. 定点帮扶。发挥中央单位人才、信息、资源等优势，创新帮扶举措，帮助定点帮扶县特别是国家乡村振兴重点帮扶县发展特色主导产业，拓展农产品销售渠道，继续选派挂职干部，强化当地人才培养。<br>   6. "万企兴万村"行动。聚焦乡村产业和乡村建设，引导民营企业引领做大做强脱贫地区优势特色产业，积极参与农村基础设施建设和公共服务提升，带动更多资源和要素投向乡村。 |

# 第九章　深化农业农村改革　健全城乡融合发展体制机制

聚焦激活农村资源要素，尊重基层和群众创造，加快推进农村重点领域和关键环节改革，促进城乡要素平等交换、双向流动，促进要素更多向乡村集聚，增强农业农村发展活力。

## 第一节　畅通城乡要素循环

推进县域内城乡融合发展。统筹谋划县域产业、教育、医疗、养老、环保等政策体系，加快推进县乡村公共基础设施建设运营管护一体化。赋予县级更多资源整合使用权，强化县城综合服务能力，增强县城集聚人口功能，推进以县城为重要载体的城镇化建设，促进农民在县域内就近就业、就地城镇化。积极推进扩权强镇，规划建设一批重点镇，把乡镇建设成为服务农民的区域中心。

促进城乡人力资源双向流动。建立健全乡村人才振兴体制机制，完善人才引进、培养、使用、评价和激励机制。建立健全城乡人才合作交流机制，推进城市教科文卫体等工作人员定期服务乡村。允许入乡就业创业人员在原籍地或就业创业地落户并享受相关权益，建立科研人员入乡兼职兼薪和离岗创业制度。健全农业转移人口市民化配套政策体系，完善财政转移支付与农业转移人口市民化挂钩相关政策，建立城镇建设用地年度指标分配同吸纳农村转移人口落户数量和提供保障性住房规模挂钩机制，促进农业转移人口有序有效融入城市。依法保障进城落户农民农村土地承包权、宅基地使用权、集体收益分配权，建立农村产权流转市场体系，健全农户"三权"市场化退出机制和配套政策。

优化城乡土地资源配置。建立健全城乡统一的建设用地市场，规范交易规则，完善有偿使用制度，构建统一的自然资源资产交易平台，纳入公共资源交易平台体系。规范开展城乡建设用地增减挂钩，完善审批实施程序、节余指标调剂及收益分配机制。完善盘活农村存量建设用地政策，实行负面清单管理，优先保障乡村产业发展、乡村建设用地。依据国土空间规划，以乡镇或村为单位开展全域土地综合整治。鼓励对依法登记的宅基地等农村建设用地进行复合利用，发展休闲农业、乡村民宿、农产品初加工、农村电商等。建立土地征收公共利益认定机制，缩小土地征收范围，规范征地程序。保障和规范农村一二三产业融合发展用地，鼓励各地根据地方实际和农村产业业态特点探索供地新方式。探索建立补充耕地指标跨区域交易机制。

引导社会资本投向农业农村。深化"放管服"改革，持续改善乡村营商环境，引导和鼓励工商资本投入现代农业、乡村产业、生态治理、基础设施和公共服务建设。建立社会资本投资农业农村指引目录制度，发挥政府投入引领作用，支持以市场化方式设立乡村振兴基金，撬动金融资本、社会力量参与，重点支持乡村产业发展。在不新增地方政府隐性债务前提下，引导银行业金融机构把农村基础设施建设作为投资重点，拓展乡村建设资金来源渠道，加大对农村基础设施建设的信贷支持力度。引导大中型银行进一步下沉服务重心，优化县域网点设置。

## 第二节　深化农村产权制度改革

稳步推进农村承包地"三权分置"改革。有序开展第二轮土地承包到期后再延长 30 年试点，保持农村土地承包关系稳定并长久不变。丰富集体所有权、农户承包权、土地经营权的有效实现形式，发展多种形式适度规模经营。加强农村土地承包合同管理，完善农村土地承包信息数据库和应用平台，建立健全农村土地承包经营权登记与承包合同管理的信息共享机制。探索建立土地经营权流转合同网签制度，健全土地经营权流转服务体系。

稳慎推进农村宅基地制度改革。深化农村宅基地制度改革试点，加快建立依法取得、节约利用、权属清晰、权能完整、流转有序、管理规范的农村宅基地制度。探索宅基地所有权、资格权、使用权分置有效实现形式。保障农村集体经济组织成员家庭作为宅基地资格权人依法享有的权益，防止以各种形式非法剥夺和限制宅基地农户资格权。尊重农民意愿，积极稳妥盘活利用农村闲置宅基地和闲置住宅。规范开展房地一体的宅基地确权登记颁证，加强登记成果共享应用。完善农村宅基地统计调查制度，建立全国统一的农村宅基地数据库和管理信息平台。

稳妥有序推进农村集体经营性建设用地入市。在符合国土空间规划、用途管制和依法取得的前提下，积极探索实施农村集体经营性建设用地入市制度，明确农村集体经营性建设用地入市范围、主体和权能。严格管控集体经营性建设用地入市用途。允许农村集体在农民自愿前提下，依法把有偿收回的闲置宅基地、废弃的集体公益性建设用地转变为集体经营性建设用地入市。健全集体经济组织内部的增值收益分配制度，保障进城落户农民土地合法权益。

### 第三节 完善农业支持保护制度

优化农业补贴政策。强化高质量发展和绿色生态导向，构建新型农业补贴政策体系。调整优化"绿箱"、"黄箱"和"蓝箱"支持政策，提高农业补贴政策精准性、稳定性和时效性。加强农产品成本调查，深化调查数据在农业保险、农业补贴、市场调控等领域的应用。

健全政府投入保障机制。推动建立"三农"财政投入稳定增长机制，继续把农业农村作为一般公共预算优先保障领域，加大中央财政转移支付支持农业农村力度。制定落实提高土地出让收入用于农业农村比例考核办法，确保按规定提高用于农业农村的比例。督促推进各地区各部门进一步完善涉农资金统筹整合长效机制。加大地方政府债券支持农业农村力度，用于符合条件的农业农村领域建设项目。

健全农村金融服务体系。完善金融支农激励机制，鼓励银行业金融机构建立服务乡村振兴的内设机构。支持涉农信用信息数据库建设，基本建成新型农业经营主体信用体系。扩大农村资产抵押担保融资范围，提高农业信贷担保规模，引导金融机构将新增可贷资金优先支持县域发展。加快完善中小银行和农村信用社治理结构，保持农村中小金融机构县域法人地位和数量总体稳定。实施优势特色农产品保险奖补政策，鼓励各地因地制宜发展优势特色农产品保险。稳妥有序推进农产品收入保险，健全农业再保险制度。发挥"保险+期货"在服务乡村产业发展中的作用。

### 第四节　协同推进农村各项改革

深化农村集体产权制度改革，完善产权权能，将经营性资产量化到集体经济组织成员，有效盘活集体资产资源，发展壮大新型农村集体经济。开展集体经营性资产股份自愿有偿退出试点。深化供销合作社综合改革。深入推进农垦垦区集团化、农场企业化改革，加强农垦国有农用地保护、管理和合理利用。继续深化集体林权、国有林区林场、草原承包经营制度改革。扎实推进农村综合改革。推动农村改革试验区集成创新，拓展试验内容，发挥好先行先试、示范引领作用。

### 第五节　扩大农业对外开放

发挥共建"一带一路"在扩大农业对外开放合作中的重要作用，深化多双边农业合作。加强境外农业合作园区和农业对外开放合作试验区建设。围绕粮食安全、气候变化、绿色发展、水产等领域，积极参与全球农业科技合作，建设上海合作组织农业技术交流培训示范基地。建设农业国际贸易高质量发展基地、农产品国家外贸转型升级基地、农业特色服务出口基地，推进农业服务贸易发展。深度参与世界贸易组织涉农谈判和全球粮农治理。如期完成全球人道主义应急仓库和枢纽建设任务。

---

**专栏 10　新一轮农村改革推进工程**

1. 县乡村基本公共服务一体化试点示范。在东、中、西部和东北地区选择一批县（市、区），开展县乡村基本公共服务一体化试点示范，赋予县级更多资源整合使用权，推动县乡村基本公共服务功能衔接互补。

2. 农村宅基地改革试点。在全国 104 个县（市、区）以及 3 个地级市开展新一轮农村宅基地制度改革试点，探索落实宅基地所有权、保障宅基地农户资格权和农民房屋财产权、适度放活宅基地和农民房屋使用

---

续表

| 专栏 10　新一轮农村改革推进工程 |
|---|

权的具体路径和办法。

3. 农村改革试验区集成创新。开展农村改革试验区建设行动，集中力量建设一批农村集成改革示范区、农业农村高质量发展改革示范区和乡村善治改革示范区。开展农村改革试点成果转化行动，推介 100 个农村改革创新案例。

4. 乡村招才引智行动。建立城市人才定期服务乡村制度，每年引导 10 万名左右优秀教师、医生、科技人员、社会工作者等服务脱贫地区、边疆民族地区和革命老区。

5. 乡村振兴金融服务行动。推动金融机构在县域布设一批网点，不断优化扩大县域网点覆盖面，开发一批适合农业农村特点的金融产品和服务，推进农业保险提标扩面。

# 第十章　健全规划落实机制　保障规划顺利实施

坚持和加强党对"三农"工作的全面领导，健全中央统筹、省负总责、市县乡抓落实的农村工作领导体制，调动各方面资源要素，凝聚全社会力量，扎实有序推进中国特色农业农村现代化。

## 第一节　加强组织领导

建立农业农村部、国家发展改革委牵头的农业农村现代化规划实施推进机制，制定年度任务清单和工作台账，明确任务分工，统筹研究解决规划实施过程中的重要问题，推进重大建设项目，跟踪督促规划各项任务落实，重要情况及时向国务院报告。各省（自治区、直辖市）依照本规划，结合实际制定本地区农业农村现代化推进规划或方案，明确目标任务，细化政策措施。各部门要根据规划任务分工，强化政策配套，协同推进规划实施。

## 第二节 强化规划衔接

发挥本规划对农业农村发展的战略导向作用，聚焦本规划确定的农业农村现代化目标任务，在种植业、畜牧业、渔业和农业绿色发展、农业农村科技、农产品冷链物流设施、数字农业农村等重点领域，制定实施一批农业农村专项规划，推动项目跟着规划走、资金和要素跟着项目走。加强农业农村发展规划管理，建立农业农村规划目录清单制度。建立健全规划衔接协调机制，农业农村领域各专项规划须与本规划衔接。

## 第三节 动员社会参与

搭建社会参与平台，构建政府、市场、社会协同推进农业农村现代化的工作格局。调动基层干部和农民群众的积极性、主动性、创造性，发挥工会、共青团、妇联、科协等群团组织和各民主党派、工商联、无党派人士积极作用，凝聚推进农业农村现代化的强大合力。建设农业农村发展新型智库，健全专家决策咨询制度。宣传一批作出杰出贡献的农民、科技工作者、企业家、基层干部等，营造良好社会氛围。

## 第四节 健全法治保障

建立健全农业农村法律规范体系，推动涉农重点法律法规制修订工作。深化农业综合行政执法改革，健全农业综合行政执法体系。实施农业综合行政执法能力提升行动，加大执法人员培训力度，改善执法装备条件，加强执法信息化建设。强化农业农村普法宣传，推动法律法规进农村，切实维护农民群众合法权益，营造办事依法、遇事找法、解决问题用法、化解矛盾靠法的法治环境。

## 第五节　加强考核评估

完善规划实施监测评估机制，加强年度监测分析、中期评估和总结评估全过程管理。建立健全跟踪考核机制，把规划实施情况纳入实施乡村振兴战略实绩考核，压实规划实施责任。健全规划、财政、金融等政策协调和工作协同机制，强化各类政策对规划实施的保障支撑。开展农业农村现代化监测，评价各地农业农村现代化进程和规划实施情况。

# 关于推进以县城为重要载体的城镇化
# 建设的意见

县城是我国城镇体系的重要组成部分，是城乡融合发展的关键支撑，对促进新型城镇化建设、构建新型工农城乡关系具有重要意义。为推进以县城为重要载体的城镇化建设，现提出如下意见。

## 一、总体要求

（一）指导思想。以习近平新时代中国特色社会主义思想为指导，坚持以人为核心推进新型城镇化，尊重县城发展规律，统筹县城生产、生活、生态、安全需要，因地制宜补齐县城短板弱项，促进县城产业配套设施提质增效、市政公用设施提档升级、公共服务设施提标扩面、环境基础设施提级扩能，增强县城综合承载能力，提升县城发展质量，更好满足农民到县城就业安家需求和县城居民生产生活需要，为实施扩大内需战略、协同推进新型城镇化和乡村振兴提供有力支撑。

（二）工作要求。顺应县城人口流动变化趋势，立足资源环境承载能力、区位条件、产业基础、功能定位，选择一批条件好的县城作为示范地区重点发展，防止人口流失县城盲目建设。充分发挥市场在资源配置中的决定性作用，引导支持各类市场主体参与县城建设；更好发挥政府作用，切实履行制定规划政策、提供公共服务、营造制度环境等方面职责。以县域为基本单元推进城乡融合发展，发挥县城连接城市、服务乡村作用，增强对乡村的辐射带动能力，促进县城基础设施和公共服务向乡村延伸覆盖，强化县城与邻近城市发展的衔接配合。统筹发展和安全，严格落实耕地和永久基本农田、生态保护红线、城镇开发边界，守住历史文化根脉，防止大拆大建、贪大求洋，严格控制撤县建市设区，防控灾害事故风险，防范地方政府债务风险。

（三）发展目标。到2025年，以县城为重要载体的城镇化建设取得重要进展，县城短板弱项进一步补齐补强，一批具有良好区位优势和产业基础、资源环境承载能力较强、集聚人口经济条件较好的县城建设取得明显成效，公共资源配置与常住人口规模基本匹配，特色优势产业发展壮大，市政设施基本完备，公共服务全面提升，人居环境有效改善，综合承载能力明显增强，农民到县城就业安家规模不断扩大，县城居民生活品质明显改善。再经过一个时期的努力，在全国范围内基本建成各具特色、富有活力、宜居宜业的现代化县城，与邻近大中城市的发展差距显著缩小，促进城镇体系完善、支撑城乡融合发展作用进一步彰显。

## 二、科学把握功能定位，分类引导县城发展方向

（四）加快发展大城市周边县城。支持位于城市群和都市圈范围内的县城融入邻近大城市建设发展，主动承接人口、产业、功能特别是一般性制造业、区域性物流基地、专业市场、过度集中的公共服务资源疏解转移，强化快速交通连接，发展成为与邻近大城市通勤便捷、功能互补、产业配套的卫星县城。

（五）积极培育专业功能县城。支持具有资源、交通等优势的县城发挥专业特长，培育发展特色经济和支柱产业，强化产业平台支撑，提高就业吸纳能力，发展成为先进制造、商贸流通、文化旅游等专业功能县城。支持边境县城完善基础设施，强化公共服务和边境贸易等功能，提升人口集聚能力和守边固边能力。

（六）合理发展农产品主产区县城。推动位于农产品主产区内的县城集聚发展农村二三产业，延长农业产业链条，做优做

强农产品加工业和农业生产性服务业，更多吸纳县域内农业转移人口，为有效服务"三农"、保障粮食安全提供支撑。

（七）有序发展重点生态功能区县城。推动位于重点生态功能区内的县城逐步有序承接生态地区超载人口转移，完善财政转移支付制度，增强公共服务供给能力，发展适宜产业和清洁能源，为保护修复生态环境、筑牢生态安全屏障提供支撑。

（八）引导人口流失县城转型发展。结合城镇发展变化态势，推动人口流失县城严控城镇建设用地增量、盘活存量，促进人口和公共服务资源适度集中，加强民生保障和救助扶助，有序引导人口向邻近的经济发展优势区域转移，支持有条件的资源枯竭县城培育接续替代产业。

### 三、培育发展特色优势产业，稳定扩大县城就业岗位

（九）增强县城产业支撑能力。重点发展比较优势明显、带动农业农村能力强、就业容量大的产业，统筹培育本地产业和承接外部产业转移，促进产业转型升级。突出特色、错位发展，因地制宜发展一般性制造业。以"粮头食尾"、"农头工尾"为抓手，培育农产品加工业集群，发展农资供应、技术集成、仓储物流、农产品营销等农业生产性服务业。根据文化旅游资源禀赋，培育文化体验、休闲度假、特色民宿、养生养老等产业。

（十）提升产业平台功能。依托各类开发区、产业集聚区、农民工返乡创业园等平台，引导县域产业集中集聚发展。支持符合条件的县城建设产业转型升级示范园区。根据需要配置公共配套设施，健全标准厂房、通用基础制造装备、共性技术研发仪器设备、质量基础设施、仓储集散回收设施。鼓励农民工集中的产业园区及企业建设集体宿舍。

（十一）健全商贸流通网络。发展物流中心和专业市场，打造工业品和农产品分拨中转地。根据需要建设铁路专用线，依托交通场站建设物流设施。建设具备运输仓储、集散分拨等功

能的物流配送中心，发展物流共同配送，鼓励社会力量布设智能快件箱。改善农贸市场交易棚厅等经营条件，完善冷链物流设施，建设面向城市消费的生鲜食品低温加工处理中心。

（十二）完善消费基础设施。围绕产业转型升级和居民消费升级需求，改善县城消费环境。改造提升百货商场、大型卖场、特色商业街，发展新型消费集聚区。完善消费服务中心、公共交通站点、智能引导系统、安全保障设施，配置电子商务硬件设施及软件系统，建设展示交易公用空间。完善游客服务中心、旅游道路、旅游厕所等配套设施。

（十三）强化职业技能培训。大规模开展面向农民工特别是困难农民工的职业技能培训，提高其技能素质和稳定就业能力。统筹发挥企业、职业学校、技工学校作用，聚焦新职业新工种和紧缺岗位加强职业技能培训，提高与市场需求契合度。推动公共实训基地共建共享，建设职业技能培训线上平台。落实好培训补贴政策，畅通培训补贴直达企业和培训者渠道。

## 四、完善市政设施体系，夯实县城运行基础支撑

（十四）完善市政交通设施。完善机动车道、非机动车道、人行道，健全配套交通管理设施和交通安全设施。建设以配建停车场为主、路外公共停车场为辅、路内停车为补充的停车系统。优化公共充换电设施建设布局，加快建设充电桩。完善公路客运站服务功能，加强公路客运站土地综合开发利用。建设公共交通场站，优化公交站点布设。

（十五）畅通对外连接通道。提高县城与周边大中城市互联互通水平，扩大干线铁路、高速公路、国省干线公路等覆盖面。推进县城市政道路与干线公路高效衔接，有序开展干线公路过境段、进出城瓶颈路段升级改造。支持有需要的县城开通与周边城市的城际公交，开展客运班线公交化改造。引导有条件的大城市轨道交通适当向周边县城延伸。

（十六）健全防洪排涝设施。坚持防御外洪与治理内涝并重，逐步消除严重易涝积水区段。实施排水管网和泵站建设改造，修复破损和功能失效设施。建设排涝通道，整治河道、湖塘、排洪沟、道路边沟，确保与管网排水能力相匹配。推进雨水源头减排，增强地面渗水能力。完善堤线布置和河流护岸工程，合理建设截洪沟等设施，降低外洪入城风险。

（十七）增强防灾减灾能力。健全灾害监测体系，提高预警预报水平。采取搬迁避让和工程治理等手段，防治泥石流、崩塌、滑坡、地面塌陷等地质灾害。提高建筑抗灾能力，开展重要建筑抗震鉴定及加固改造。推进公共建筑消防设施达标建设，规划布局消防栓、蓄水池、微型消防站等配套设施。合理布局应急避难场所，强化体育场馆等公共建筑应急避难功能。完善供水、供电、通信等城市生命线备用设施，加强应急救灾和抢险救援能力建设。

（十八）加强老化管网改造。全面推进老化燃气管道更新改造，重点改造不符合标准规范、存在安全隐患的燃气管道、燃气场站、居民户内设施及监测设施。改造水质不能稳定达标水厂及老旧破损供水管网。推进老化供热管道更新改造，提高北方地区县城集中供暖比例。开展电网升级改造，推动必要的路面电网及通信网架空线入地。

（十九）推动老旧小区改造。加快改造建成年代较早、失养失修失管、配套设施不完善、居民改造意愿强烈的住宅小区，改善居民基本居住条件。完善老旧小区及周边水电路气热信等配套设施，加强无障碍设施建设改造。科学布局社区综合服务设施，推进养老托育等基本公共服务便捷供给。结合老旧小区改造，统筹推动老旧厂区、老旧街区、城中村改造。

（二十）推进数字化改造。建设新型基础设施，发展智慧县城。推动第五代移动通信网络规模化部署，建设高速光纤宽带网络。推行县城运行一网统管，促进市政公用设施及建筑等物联网应用、智能化改造，部署智能电表和智能水表等感知终端。推行政务服务一网通办，提供工商、税务、证照证明、行政许可等办事便利。推行公共服务一网通享，促进学校、医院、图书馆等资源数字化。

## 五、强化公共服务供给，增进县城民生福祉

（二十一）完善医疗卫生体系。推进县级医院（含中医院）提标改造，提高传染病检测诊治和重症监护救治能力，依托县级医院建设县级急救中心。支持县域人口达到一定规模的县完善县级医院，推动达到三级医院设施条件和服务能力。推进县级疾控中心建设，配齐疾病监测预警、实验室检测、现场处置等设备。完善县级妇幼保健机构设施设备。建立省（自治区、直辖市）和地级及以上城市三甲医院对薄弱县级医院的帮扶机制。

（二十二）扩大教育资源供给。推进义务教育学校扩容增位，按照办学标准改善教学和生活设施。鼓励高中阶段学校多样化发展，全面改善县域普通高中办学条件，基本消除普通高中"大班额"现象。鼓励发展职业学校，深入推进产教融合。完善幼儿园布局，大力发展公办幼儿园，引导扶持民办幼儿园提供普惠性服务。落实农民工随迁子女入学和转学政策，保障学龄前儿童和义务教育阶段学生入学。

（二十三）发展养老托育服务。提升公办养老机构服务能力，完善公建民营管理机制，提供基本养老和长期照护服务。扩大普惠养老床位供给，扶持护理型民办养老机构发展，鼓励社会力量建设完善社区居家养老服务网络，提供失能护理、日间照料及助餐助浴助洁助医助行等服务。推进公共设施适老化改造。发展普惠性托育服务，支持社会力量发展综合托育服务机构和社区托育服务设施，支持有条件的用人单位为职工提供托育服务，支持有条件的幼儿园开设托班招收2至3岁幼儿。

（二十四）优化文化体育设施。根据需要完善公共图书馆、文化馆、博物馆等场馆功能，发展智慧广电平台和融媒体中心，完善应急广播体系。建设全民健身中心、公共体育场、健身步道、社会足球场地、户外运动公共服务设施，加快推进学校场馆开放共享。有序建设体育公园，打造绿色便捷的居民健身新载体。

（二十五）完善社会福利设施。建设专业化残疾人康复、托养、综合服务设施。完善儿童福利机构及残疾儿童康复救助定点机构，建设未成年人救助保护机构和保护工作站。依托现有社会福利设施建设流浪乞讨人员救助管理设施。建设公益性殡葬设施，改造老旧殡仪馆。

## 六、加强历史文化和生态保护，提升县城人居环境质量

（二十六）加强历史文化保护传承。传承延续历史文脉，厚植传统文化底蕴。保护历史文化名城名镇和历史文化街区，保留历史肌理、空间尺度、景观环境。加强革命文物、红色遗址、文化遗产保护，活化利用历史建筑和工业遗产。推动非物质文化遗产融入县城建设。鼓励建筑设计传承创新。禁止拆真建假、以假乱真，严禁随意拆除老建筑、大规模迁移砍伐老树，严禁侵占风景名胜区内土地。

（二十七）打造蓝绿生态空间。完善生态绿地系统，依托山水林田湖草等自然基底建设生态绿色廊道，利用周边荒山坡地和污染土地开展国土绿化，建设街心绿地、绿色游憩空间、郊野公园。加强河道、湖泊、滨海地带等湿地生态和水环境修复，合理保持水网密度和水体自然连通。加强黑臭水体治理，对河湖岸线进行生态化改造，恢复和增强水体自净能力。

（二十八）推进生产生活低碳化。推动能源清洁低碳安全高效利用，引导非化石能源消费和分布式能源发展，在有条件的地区推进屋顶分布式光伏发电。坚决遏制"两高"项目盲目发

展，深入推进产业园区循环化改造。大力发展绿色建筑，推广装配式建筑、节能门窗、绿色建材、绿色照明，全面推行绿色施工。推动公共交通工具和物流配送、市政环卫等车辆电动化。推广节能低碳节水用品和环保再生产品，减少一次性消费品和包装用材消耗。

（二十九）完善垃圾收集处理体系。因地制宜建设生活垃圾分类处理系统，配备满足分类清运需求、密封性好、压缩式的收运车辆，改造垃圾房和转运站，建设与清运量相适应的垃圾焚烧设施，做好全流程恶臭防治。合理布局危险废弃物收集和集中利用处置设施。健全县域医疗废弃物收集转运处置体系。推进大宗固体废弃物综合利用。

（三十）增强污水收集处理能力。完善老城区及城中村等重点区域污水收集管网，更新修复混错接、漏接、老旧破损管网，推进雨污分流改造。开展污水处理差别化精准提标，对现有污水处理厂进行扩容改造及恶臭治理。在缺水地区和水环境敏感地区推进污水资源化利用。推进污泥无害化资源化处置，逐步压减污泥填埋规模。

## 七、提高县城辐射带动乡村能力，促进县乡村功能衔接互补

（三十一）推进县城基础设施向乡村延伸。推动市政供水供气供热管网向城郊乡村及规模较大镇延伸，在有条件的地区推进城乡供水一体化。推进县乡村（户）道路连通、城乡客运一体化。以需求为导向逐步推进第五代移动通信网络和千兆光网向乡村延伸。建设以城带乡的污水垃圾收集处理系统。建设联结城乡的冷链物流、电商平台、农贸市场网络，带动农产品进城和工业品入乡。建立城乡统一的基础设施管护运行机制，落实管护责任。

（三十二）推进县城公共服务向乡村覆盖。鼓励县级医院与乡镇卫生院建立紧密型县域医疗卫生共同体，推行派驻、巡诊、

轮岗等方式，鼓励发展远程医疗，提升非县级政府驻地特大镇卫生院医疗服务能力。发展城乡教育联合体，深化义务教育教师"县管校聘"管理改革，推进县域内校长教师交流轮岗。健全县乡村衔接的三级养老服务网络，发展乡村普惠型养老服务和互助性养老。

（三十三）推进巩固拓展脱贫攻坚成果同乡村振兴有效衔接。以国家乡村振兴重点帮扶县和易地扶贫搬迁大中型集中安置区为重点，强化政策支持，守住不发生规模性返贫底线。推动国家乡村振兴重点帮扶县增强巩固脱贫成果及内生发展能力。推进大中型集中安置区新型城镇化建设，加强就业和产业扶持，完善产业配套设施、基础设施、公共服务设施，提升社区治理能力。

## 八、深化体制机制创新，为县城建设提供政策保障

（三十四）健全农业转移人口市民化机制。全面落实取消县城落户限制政策，确保稳定就业生活的外来人口与本地农业转移人口落户一视同仁。确保新落户人口与县城居民享有同等公共服务，保障农民工等非户籍常住人口均等享有教育、医疗、住房保障等基本公共服务。以新生代农民工为重点推动社会保险参保扩面，全面落实企业为农民工缴纳职工养老、医疗、工伤、失业、生育等社会保险费的责任，合理引导灵活就业农民工按规定参加职工基本医疗保险和城镇职工基本养老保险。依法保障进城落户农民的农村土地承包权、宅基地使用权、集体收益分配权，支持其依法自愿有偿转让上述权益。建立健全省以下财政转移支付与农业转移人口市民化挂钩机制，重点支持吸纳农业转移人口落户多的县城。建立健全省以下城镇建设用地增加规模与吸纳农业转移人口落户数量挂钩机制，专项安排与进城落户人口数量相适应的新增建设用地计划指标。

（三十五）建立多元可持续的投融资机制。根据项目属性和

收益，合理谋划投融资方案。对公益性项目，加强地方财政资金投入，其中符合条件项目可通过中央预算内投资和地方政府专项债券予以支持。对准公益性项目和经营性项目，提升县域综合金融服务水平，鼓励银行业金融机构特别是开发性政策性金融机构增加中长期贷款投放，支持符合条件的企业发行县城新型城镇化建设专项企业债券。有效防范化解地方政府债务风险，促进县区财政平稳运行。引导社会资金参与县城建设，盘活国有存量优质资产，规范推广政府和社会资本合作模式，稳妥推进基础设施领域不动产投资信托基金试点，鼓励中央企业等参与县城建设，引导有条件的地区整合利用好既有平台公司。完善公用事业定价机制，合理确定价格水平，鼓励结合管网改造降低漏损率和运行成本。

（三十六）建立集约高效的建设用地利用机制。加强存量低效建设用地再开发，合理安排新增建设用地计划指标，保障县城建设正常用地需求。推广节地型、紧凑式高效开发模式，规范建设用地二级市场。鼓励采用长期租赁、先租后让、弹性年期供应等方式供应工业用地，提升现有工业用地容积率和单位用地面积产出率。稳妥开发低丘缓坡地，合理确定开发用途、规模、布局和项目用地准入门槛。按照国家统一部署，稳妥有序推进农村集体经营性建设用地入市。

## 九、组织实施

（三十七）加强组织领导。坚持和加强党的全面领导，发挥各级党组织作用，建立中央指导、省负总责、市县抓落实的工作机制，为推进以县城为重要载体的城镇化建设提供根本保证。发挥城镇化工作暨城乡融合发展工作部际联席会议制度作用，国家发展改革委要会同各成员单位，强化统筹协调和政策保障，扎实推进示范等工作。各省（自治区、直辖市）要明确具体任务举措，做好组织协调和指导督促。各市县要强化主体责任，切实推动目标任务落地见效。

（三十八）强化规划引领。坚持"一县一策"，以县城为主，兼顾县级市城区和非县级政府驻地特大镇，科学编制和完善建设方案，按照"缺什么补什么"原则，明确建设重点、保障措施、组织实施方式，精准补齐短板弱项，防止盲目重复建设。坚持项目跟着规划走，科学谋划储备建设项目，切实做好项目前期工作。

（三十九）推动试点先行。合理把握县城建设的时序、节奏、步骤。率先在示范地区推动县城补短板强弱项，细化实化建设任务，创新政策支撑机制和项目投资运营模式，增强县城综合承载能力，及早取得实质性进展。在示范工作基础上，及时总结推广典型经验和有效做法，稳步有序推动其他县城建设，形成以县城为重要载体的城镇化建设有效路径。

（新华社北京 2022 年 5 月 6 日电）

# 乡村建设行动实施方案

乡村建设是实施乡村振兴战略的重要任务，也是国家现代化建设的重要内容。党的十八大以来，各地区各部门认真贯彻党中央、国务院决策部署，把公共基础设施建设重点放在农村，持续改善农村生产生活条件，乡村面貌发生巨大变化。同时，我国农村基础设施和公共服务体系还不健全，部分领域还存在一些突出短板和薄弱环节，与农民群众日益增长的美好生活需要还有差距。为扎实推进乡村建设行动，进一步提升乡村宜居宜业水平，制定本方案。

## 一、总体要求

（一）指导思想。以习近平新时代中国特色社会主义思想为指导，坚持农业农村优先发展，把乡村建设摆在社会主义现代化建设的重要位置，顺应农民群众对美好生活的向往，以普惠性、基础性、兜底性民生建设为重点，强化规划引领，统筹资源要素，动员各方力量，加强农村基础设施和公共服务体系建设，建立自下而上、村民自治、农民参与的实施机制，既尽力而为又量力而行，求好不求快，干一件成一件，努力让农村具备更好生活条件，建设宜居宜业美丽乡村。

（二）工作原则

——尊重规律、稳扎稳打。顺应乡村发展规律，合理安排村庄建设时序，保持足够的历史耐心，久久为功、从容建设。树立正确政绩观，把保障和改善民生建立在财力可持续和农民可承受的基础之上，防止刮风搞运动，防止超越发展阶段搞大融资、大拆建、大开发，牢牢守住防范化解债务风险底线。

——因地制宜、分类指导。乡村建设要同地方经济发展水平相适应、同当地文化和风土人情相协调，结合农民群众实际需要，分区分类明确目标任务，合理确定公共基础设施配置和基本公共服务标准，不搞齐步走、"一刀切"，避免在"空心村"无效投入、造成浪费。

——注重保护、体现特色。传承保护传统村落民居和优秀乡土文化，突出地域特色和乡村特点，保留具有本土特色和乡土气息的乡村风貌，防止机械照搬城镇建设模式，打造各具特色的现代版"富春山居图"。

——政府引导、农民参与。发挥政府在规划引导、政策支持、组织保障等方面作用，坚持为农民而建，尊重农民意愿，保障农民物质利益和民主权利，广泛依靠农民、教育引导农民、组织带动农民搞建设，不搞大包大揽、强迫命令，不代替农民选择。

——建管并重、长效运行。坚持先建机制、后建工程，统筹推进农村公共基础设施建设与管护，健全建管用相结合的长效机制，确保乡村建设项目长期稳定发挥效用，防止重建轻管、重建轻用。

——节约资源、绿色建设。树立绿色低碳理念，促进资源集约节约循环利用，推行绿色规划、绿色设计、绿色建设，实现乡村建设与自然生态环境有机融合。

（三）行动目标。到 2025 年，乡村建设取得实质性进展，农村人居环境持续改善，农村公共基础设施往村覆盖、往户延伸取得积极进展，农村基本公共服务水平稳步提升，农村精神文明建设显著加强，农民获得感、幸福感、安全感进一步增强。

## 二、重点任务

（四）加强乡村规划建设管理。坚持县域规划建设一盘棋，明确村庄布局分类，细化分类标准。合理划定各类空间管控边界，优化布局乡村生活空间，因地制宜界定乡村建设规划范围，严格保护农业生产空间和乡村生态空间，牢牢守住18亿亩耕地红线。严禁随意撤并村庄搞大社区、违背农民意愿大拆大建。积极有序推进村庄规划编制。发挥村庄规划指导约束作用，确保各项建设依规有序开展。建立政府组织领导、村民发挥主体作用、专业人员开展技术指导的村庄规划编制机制，共建共治共享美好家园。

（五）实施农村道路畅通工程。继续开展"四好农村路"示范创建，推动农村公路建设项目更多向进村入户倾斜。以县域为单元，加快构建便捷高效的农村公路骨干网络，推进乡镇对外快速骨干公路建设，加强乡村产业路、旅游路、资源路建设，促进农村公路与乡村产业深度融合发展。推进较大人口规模自然村（组）通硬化路建设，有序推进建制村通双车道公路改造、窄路基路面拓宽改造或错车道建设。加强通村公路和村内道路连接，统筹规划和实施农村公路的穿村路段建设，兼顾村内主干道功能。积极推进具备条件的地区城市公交线路向周边重点村镇延伸，有序实施班线客运公交化改造。开展城乡交通运输一体化示范创建。加强农村道路桥梁、临水临崖和切坡填方路段安全隐患排查治理。深入推进农村公路"安全生命防护工程"。加强农村客运安全监管。强化消防车道建设管理，推进林区牧区防火隔离带、应急道路建设。

（六）强化农村防汛抗旱和供水保障。加强防汛抗旱基础设施建设，防范水库垮坝、中小河流洪水、山洪灾害等风险，充分发挥骨干水利工程防灾减灾作用，完善抗旱水源工程体系。稳步推进农村饮水安全向农村供水保障转变。强化水源保护和水质保障，推进划定千人以上规模饮用水水源保护区或保护范围，配套完善农村千人以上供水工程净化消毒设施设备，健全水质检测监测体系。实施规模化供水工程建设和小型供水工程标准化改造，更新改造一批老旧供水工程和管网。有条件地区可由城镇管网向周边村庄延伸供水，因地制宜推进供水入户，同步推进消防取水设施建设。按照"补偿成本、公平负担"的原则，健全农村集中供水工程合理水价形成机制。

（七）实施乡村清洁能源建设工程。巩固提升农村电力保障水平，推进城乡配电网建设，提高边远地区供电保障能力。发展太阳能、风能、水能、地热能、生物质能等清洁能源，在条件适宜地区探索建设多能互补的分布式低碳综合能源网络。按照先立后破、农民可承受、发展可持续的要求，稳妥有序推进北方农村地区清洁取暖，加强煤炭清洁化利用，推进散煤替代，逐步提高清洁能源在农村取暖用能中的比重。

（八）实施农产品仓储保鲜冷链物流设施建设工程。加快农产品仓储保鲜冷链物流设施建设，推进鲜活农产品低温处理和产后减损。依托家庭农场、农民合作社等农业经营主体，发展产地冷藏保鲜，建设通风贮藏库、机械冷库、气调贮藏库、预冷及配套设施设备等农产品冷藏保鲜设施。面向农产品优势产区、重要集散地和主要销区，完善国家骨干冷链物流基地布局建设，整合优化存量冷链物流资源。围绕服务产地农产品集散和完善销地冷链物流网络，推进产销冷链集配中心建设，加强与国家骨干冷链物流基地间的功能对接和业务联通，打造高效衔接农产品产销的冷链物流通道网络。完善农产品产地批发市场。实施县域商业建设行动，完善农村商业体系，改造提升县城连锁商超和物流配送中心，支持有条件的乡镇建设商贸中心，发展新型乡村便利店，扩大农村电商覆盖面。健全县乡村三级物流配送体系，引导利用村内现有设施，建设村级寄递物流综合服务站，发展专业化农产品寄递服务。宣传推广农村物流服务品牌，深化交通运输与邮政快递融合发展，提高农村物流配送效率。

（九）实施数字乡村建设发展工程。推进数字技术与农村生产生活深度融合，持续开展数字乡村试点。加强农村信息基础设施建设，深化农村光纤网络、移动通信网络、数字电视和下一代互联网覆盖，进一步提升农村通信网络质量和覆盖水平。

加快建设农业农村遥感卫星等天基设施。建立农业农村大数据体系，推进重要农产品全产业链大数据建设。发展智慧农业，深入实施"互联网+"农产品出村进城工程和"数商兴农"行动，构建智慧农业气象平台。推进乡村管理服务数字化，推进农村集体经济、集体资产、农村产权流转交易数字化管理。推动"互联网+"服务向农村延伸覆盖，推进涉农事项在线办理，加快城乡灾害监测预警信息共享。深入实施"雪亮工程"。深化乡村地名信息服务提升行动。

（十）实施村级综合服务设施提升工程。推进"一站式"便民服务，整合利用现有设施和场地，完善村级综合服务站点，支持党务服务、基本公共服务和公共事业服务就近或线上办理。加强村级综合服务设施建设，进一步提高村级综合服务设施覆盖率。加强农村全民健身场地设施建设。推进公共照明设施与村内道路、公共场所一体规划建设，加强行政村村内主干道路灯建设。加快推进完善革命老区、民族地区、边疆地区、欠发达地区基层应急广播体系。因地制宜建设农村应急避难场所，开展农村公共服务设施无障碍建设和改造。

（十一）实施农房质量安全提升工程。推进农村低收入群体等重点对象危房改造和地震高烈度设防地区农房抗震改造，逐步建立健全农村低收入群体住房安全保障长效机制。加强农房周边地质灾害综合治理。深入开展农村房屋安全隐患排查整治，以用作经营的农村自建房为重点，对排查发现存在安全隐患的房屋进行整治。新建农房要避开自然灾害易发地段，顺应地形地貌，不随意切坡填方弃渣，不挖山填湖、不破坏水系、不砍老树，形成自然、紧凑、有序的农房群落。农房建设要满足质量安全和抗震设防要求，推动配置水暖厨卫等设施。因地制宜推广装配式钢结构、木竹结构等安全可靠的新型建造方式。以农村房屋及其配套设施建设为主体，完善农村工程建设项目管理制度，省级统筹建立从用地、规划、建设到使用的一体化管理体制机制，并按照"谁审批、谁监管"的要求，落实安全监管责任。建设农村房屋综合信息管理平台，完善农村房屋建设技术标准和规范。加强历史文化名镇名村、传统村落、传统民居保护与利用，提升防火防震防垮塌能力。保护民族村寨、特色民居、文物古迹、农业遗迹、民俗风貌。

（十二）实施农村人居环境整治提升五年行动。推进农村厕所革命，加快研发干旱、寒冷等地区卫生厕所适用技术和产品，因地制宜选择改厕技术模式，引导新改户用厕所基本入院入室，合理规划布局公共厕所，稳步提高卫生厕所普及率。统筹农村改厕和生活污水、黑臭水体治理，因地制宜建设污水处理设施，基本消除较大面积的农村黑臭水体。健全农村生活垃圾收运处置体系，完善县乡村三级设施和服务，推动农村生活垃圾分类减量与资源化处理利用，建设一批区域农村有机废弃物综合处置利用设施。加强入户道路建设，构建通村入户的基础网络，稳步解决村内道路泥泞、村民出行不便、出行不安全等问题。全面清理私搭乱建、乱堆乱放，整治残垣断壁，加强农村电力线、通信线、广播电视线"三线"维护梳理工作，整治农村户外广告。因地制宜开展荒山荒地荒滩绿化，加强农田（牧场）防护林建设和修复，引导鼓励农民开展庭院和村庄绿化美化，建设村庄小微公园和公共绿地。实施水系连通及水美乡村建设试点。加强乡村风貌引导，编制村容村貌提升导则。

（十三）实施农村基本公共服务提升行动。发挥县域内城乡融合发展支撑作用，强化县城综合服务功能，推动服务重心下移、资源下沉，采取固定设施、流动服务等方式，提高农村居民享受公共服务的可及性、便利性。优先规划、持续改善农村义务教育学校基本办学条件，支持建设城乡学校共同体。多渠道增加农村普惠性学前教育资源供给。巩固提升高中阶段教育普及水平，发展涉农职业教育，建设一批产教融合基地，新建改扩建一批中等职业学校。加强农村职业院校基础能力建设，进一步推进乡村地区继续教育发展。改革完善乡村医疗卫生体系，加快补齐公共卫生服务短板，完善基层公共卫生设施。支持建设紧密型县域医共体。加强乡镇卫生院发热门诊或诊室等设施条件建设，选建一批中心卫生院。持续提升村卫生室标准化建设和健康管理水平，推进村级医疗疾控网底建设。落实乡村医生待遇，保障合理收入，完善培养使用、养老保障等政策。完善养老助残服务设施，支持有条件的农村建立养老助残机构，建设养老助残和未成年人保护服务设施，培育区域性养老助残服务中心。发展农村幸福院等互助型养老，支持卫生院利用现有资源开展农村重度残疾人托养照护服务。推进乡村公益性殡葬服务设施建设和管理。开展县乡村公共服务一体化示范建设。

（十四）加强农村基层组织建设。深入抓党建促乡村振兴，充分发挥农村基层党组织领导作用和党员先锋模范作用。大力开展乡村振兴主题培训。选优配强乡镇领导班子特别是党政正职。充实加强乡镇工作力量。持续优化村"两委"班子特别是带头人队伍，推动在全面推进乡村振兴中干事创业。派强用好驻村第一书记和工作队，健全常态化驻村工作机制，做到脱贫村、易地扶贫搬迁安置村（社区）、乡村振兴任务重的村、党组织软弱涣散村全覆盖，推动各级党组织通过驻村工作有计划地培养锻炼干部。加大在青年农民特别是致富能手、农村外出务工经商人员中发展党员力度。强化县级党委统筹和乡镇、村党组织引领，推动发展壮大村级集体经济。常态化整顿软弱涣散村党组织。完善党组织领导的乡村治理体系，推行网格化管理和服务，做到精准化、精细化，推动建设充满活力、和谐有序的善治乡村。推进更高水平的平安法治乡村建设，依法严厉打击农村黄赌毒、侵害农村妇女儿童人身权利等各种违法犯罪行为，切实维护农村社会平安稳定。

（十五）深入推进农村精神文明建设。深入开展习近平新时代中国特色社会主义思想学习教育，广泛开展中国特色社会主义和中国梦宣传教育，加强思想政治引领。弘扬和践行社会主义核心价值观，推动融入农村发展和农民生活。拓展新时代文明实践中心建设，广泛开展文明实践志愿服务。推进乡村文化设施建设，建设文化礼堂、文化广场、乡村戏台、非遗传习场所等公共文化设施。深入开展农村精神文明创建活动，持续推进农村移风易俗，健全道德评议会、红白理事会、村规民约等机制，治理高价彩礼、人情攀比、封建迷信等不良风气，推广积分制、数字化等典型做法。

### 三、创新乡村建设推进机制

（十六）建立专项任务责任制。按照一项任务、一个推进方案的要求，牵头部门要加强统筹协调，制定专项推进方案，指导地方组织实施。各地要细化措施，强化政策的衔接协调，形成工作合力，加强项目和资金监督管理，防止造成资金和资源浪费。

（十七）建立项目库管理制度。按照村申报、乡审核、县审定原则，在县一级普遍建立乡村建设相关项目库。加强项目论证，优先纳入群众需求强烈、短板突出、兼顾农业生产和农民生活条件改善的项目，切实提高入库项目质量。安排乡村建设项目资金，原则上须从项目库中选择项目。各地可结合实际制定"负面清单"，防止形象工程。建立健全入库项目审核机制和绩效评估机制。

（十八）优化项目实施流程。对于按照固定资产投资管理的小型村庄建设项目，按规定施行简易审批。对于采取以工代赈方式实施的农业农村基础设施项目，按照招标投标法和村庄建设项目施行简易审批的有关要求，可以不进行招标。对于农民投资投劳项目，采取直接补助、以奖代补等方式推进建设。对于重大乡村建设项目，严格规范招投标项目范围和实施程序，不得在法律法规外，针对投资规模、工程造价、招标文件编制等设立其他审批审核程序。严格规范乡村建设用地审批管理，坚决遏制乱占耕地建房。

（十九）完善农民参与乡村建设机制。健全党组织领导的村民自治机制，充分发挥村民委员会、村务监督委员会、集体经济组织作用，坚持和完善"四议两公开"制度，依托村民会议、村民代表会议、村民议事会、村民理事会、村民监事会等，引导农民全程参与乡村建设，保障农民的知情权、参与权、监督权。在项目谋划环节，加强农民培训和指导，组织农民议事，激发农民主动参与意愿，保障农民参与决策。在项目建设环节，鼓励村民投工投劳、就地取材开展建设，积极推广以工代赈方式，吸纳更多农村低收入群体就地就近就业。在项目管护环节，推行"门前三包"、受益农民认领、组建使用者协会等农民自管方式。完善农民参与乡村建设程序和方法。在乡村建设中深入开展美好环境与幸福生活共同缔造活动。

（二十）健全乡村公共基础设施管护机制。各地要以清单形式明确村庄公共基础设施管护主体、管护责任、管护方式、管护经费来源等，建立公示制度。供水、供电、供气、环保、电信、邮政等基础设施运营企业应落实普遍服务要求，全面加强对所属农村公共基础设施的管护。有条件的地方推进公共基础设施城乡一体化管护。推行经营性、准经营性设施使用者付费制度，鼓励社会资本和专业化企业有序参与农村公共基础设施管护。农村生活污水处理设施用电按规定执行居民生活用电价格。

## 四、强化政策支持和要素保障

（二十一）加强投入保障。中央财政继续通过现有渠道积极支持乡村建设，中央预算内投资将乡村建设行动作为重点积极予以支持，并向欠发达地区适当倾斜。将乡村建设作为地方政府支出的重点领域，合理安排资金投入。土地出让收入用于农业农村部分可按规定统筹安排支持乡村建设。将符合条件的公益性乡村建设项目纳入地方政府债券支持范围。允许县级按规定统筹使用相关资金推进乡村建设。

（二十二）创新金融服务。鼓励银行业金融机构扩大贷款投放，支持乡村建设。运用支农支小再贷款、再贴现等政策工具，引导机构法人、业务在县域的农信社、村镇银行等金融机构把工作重心放在乡村振兴上。开展金融科技赋能乡村振兴示范工程，鼓励金融机构在依法合规前提下量身定制乡村建设金融产品，稳妥拓宽农业农村抵质押物范围。探索银行、保险、担保、基金、企业合作模式，拓宽乡村建设融资渠道。加强涉农金融创新服务监管和风险防范。

（二十三）引导社会力量参与。将乡村建设纳入东西部协作帮扶和中央单位定点帮扶重点支持领域。扎实开展"万企兴万村"行动，大力引导和鼓励社会力量投入乡村建设。对经营性建设项目，规范有序推广政府和社会资本合作模式，切实发挥运营企业作用。

（二十四）完善集约节约用地政策。合理安排新增建设用地计划指标，规范开展城乡建设用地增减挂钩，保障乡村建设行动重点工程项目的合理用地需求。优化用地审批流程，在符合经依法批准的相关规划前提下，可对依法登记的宅基地等农村建设用地进行复合利用，重点保障乡村公共基础设施用地。探索针对乡村建设的混合用地模式。探索开展全域土地综合整治，整体推进农用地整理和建设用地整理，盘活农村存量建设用地，腾挪空间用于支持乡村建设。

（二十五）强化人才技术标准支撑。加快培育各类技术技能和服务管理人员，探索建立乡村工匠培养和管理制度，支持熟悉乡村的专业技术人员参与村庄规划设计和项目建设，统筹推进城乡基础设施建设管护人才互通共享。鼓励支持企业、科研机构等开展乡村建设领域新技术新产品研发。分类制定乡村基础设施建设和运行维护技术指南，编制技术导则。建立健全乡村基础设施和基本公共服务设施等标准体系，完善建设、运行维护、监管、服务等标准。

## 五、加强组织领导

（二十六）强化统筹协调。按照中央统筹、省负总责、市县乡抓落实的要求，推进乡村建设行动落地实施。中央农村工作领导小组统筹组织实施乡村建设行动，建立专项推进机制，协调推进重点任务。省级党委和政府要精心组织、加强协调，及时解决推进乡村建设中遇到的困难和问题。市县乡党委和政府要把乡村建设行动作为实施乡村振兴战略的重要内容，切实担负责任，细化具体措施，确保各项建设任务落到实处。结合"百县千乡万村"乡村振兴示范创建，统筹开展乡村建设示范县、示范乡镇、示范村创建。

（二十七）实行清单管理。各省（自治区、直辖市）应按照近细远粗、分步建设的原则，按年度确定建设任务，细化到县（市、区、旗）。各县（市、区、旗）按照建设一批、储备一批、谋划一批要求，科学制定任务清单，建立乡村建设台账。各地综合考虑乡村建设进展情况和年度任务完成情况等，科学调整下一年度任务清单。

（二十八）加强评估考核。将乡村建设行动实施情况作为乡村振兴督查考核的重要内容。各省（自治区、直辖市）将乡村建设行动实施情况纳入市县党政领导班子和领导干部推进乡村振兴战略实绩考核，采取第三方评估、交叉考核、群众满意度调查等方式，确保乡村建设项目质量和实际效果。实施乡村建设评价，查找和解决乡村建设中的短板和问题。

（二十九）强化宣传引导。深入宣传乡村建设取得的新进展新成效，总结推广乡村建设好经验好做法，发挥示范带动作用。加强舆论引导，及时回应社会关切。编制创作群众喜闻乐见的乡村建设题材文艺作品，增强乡村建设的社会认知度。

（新华社北京 2022 年 5 月 23 日电）

# 第三部分

# 有关产业振兴的文件

# 关于推动脱贫地区特色产业可持续发展的指导意见

农规发〔2021〕3号

各省、自治区、直辖市农业农村（农牧）、发展改革、财政、商务、文化和旅游、林业和草原、扶贫（乡村振兴）厅（局、委），供销合作社；人民银行上海总部，各分行、营业管理部，各省会（首府）城市中心支行、副省级城市中心支行；各银保监局；新疆生产建设兵团农业、发展改革、财政、商务、扶贫（乡村振兴）局（委、办）：

发展产业是实现脱贫的根本之策，产业兴旺是乡村振兴的物质基础。实现巩固拓展脱贫攻坚成果同乡村振兴有效衔接，发展壮大特色产业至关重要。为贯彻落实党中央、国务院决策部署，培育壮大脱贫地区特色产业，让脱贫基础更加稳固、成效更可持续，提出如下意见。

## 一、总体要求

（一）指导思想。以习近平新时代中国特色社会主义思想为指导，深入贯彻党的十九大和十九届二中、三中、四中、五中全会精神，全面落实习近平总书记在全国脱贫攻坚总结表彰大会上的重要讲话精神，坚定不移贯彻新发展理念，落实高质量发展要求，坚持共同富裕方向，顺应产业发展规律，强化创新驱动，加大政策扶持，健全产业链条，补齐要素短板，长期培育和支持脱贫地区特色产业，拓展产业增值增效空间，创造更多就业增收机会，促进内生可持续发展，为实现巩固拓展脱贫攻坚成果同乡村振兴有效衔接提供有力支撑。

（二）基本原则

——坚持立农为农。开发乡村资源优势，培育特色主导产业，健全联农带农机制，把就业岗位和产业增值收益更多留在县域、留给农民。

——坚持政策稳定。保持产业帮扶政策总体稳定，由重点支持贫困村贫困户向支持产业集中连片发展、农户普遍受益转变，由主要支持种养环节向全产业链拓展转变。

——坚持市场导向。增强供给适应性，推进品种培优、品质提升、品牌打造和标准化生产，提高产业质量效益和竞争力。

——坚持久久为功。注重产业后续长期培育，科学规划，持续用力、稳扎稳打，推动产业持续健康发展。

（三）目标任务。到 2025 年，脱贫地区特色产业发展基础更加稳固，产业布局更加优化，产业体系更加完善，产销衔接更加顺畅，农民增收渠道持续拓宽，发展活力持续增强。壮大一批有地域特色的主导产业，建成一批绿色标准化生产基地，培育一批带动力强的农业企业集团，打造一批影响力大的特色品牌。

## 二、实施特色种养业提升行动

（四）加强规划引领。指导脱贫地区依托资源优势和产业发展基础，编制"十四五"特色产业发展规划，引导资金、技术、人才、信息向脱贫地区聚集，发展"一县一业"，培育壮大主导产业。优化产业布局，推动形成县城、中心乡（镇）、中心村层级分明、功能有效衔接的结构布局，促进产镇融合、产村一体。坚持脱贫村和非贫困村、脱贫户和非贫困户一体规划、协同推进，将易地扶贫搬迁安置区产业发展纳入规划。强化省级统筹，促进县际间协同发展，打造集中连片的特色产业集群。

（五）建设标准化生产基地。按照产业布局和产业链建设要求，发展地域特色鲜明、乡土气息浓厚的特色种养业，建成一批绿色标准化基地。推进品种培优，发掘一批优异种质资源，提纯复壮一批地方特色品种，自主培育一批高产优质多抗的突破性品种，以特色赢得市场。推进品质提升，集成组装一批绿色生产技术模式，加快推广运用。推广绿色投入品，重点推广有机和微生物肥料、高效低毒低风险农药兽药渔药和生物农药等绿色投入品，规范使用饲料添加剂，推广病虫绿色防控技术和产品。净化农业产地环境，加强污染土壤治理和修复，以清洁的产地环境生产优质农产品，以品质赢得市场。推进标准化生产，按照"有标采标、无标创标、全程贯标"的要求，建立健全标准体系，加快标准应用。引导家庭农（林）场、农民合作社和农（林）业产业化龙头企业按标生产，带动大规模标准化生产。创建特色农产品优势区、农业绿色发展先行区、农产品质量安全县，培育一批林下经济和经济林示范基地。

（六）提升农产品加工业。统筹发展农产品初加工、精深加工和综合利用加工，推动脱贫地区由卖原字号向卖制成品转变，把增值收益更多留在县域。积极发展农产品初加工，扶持农民合作社和家庭农场建设保鲜、贮藏、分级、包装等产地初加工设施设备，减少产后损失，延长供应时间。大力发展农产品精深加工，引导农业企业到脱贫地区建设农产品加工基地和标准化、清洁化、智能化加工厂，支持大型农（林）业企业发展特色农产品精深加工，提升产品附加值。推进加工产能集聚发展，引导加工产能重心下沉，向重点乡镇、易地扶贫搬迁安置区集聚，建设一批县域农产品加工园。组织科研院所、大专院校与脱贫地区联合开展加工技术攻关。因地制宜发展特色食品、制造、手工业等乡土产业，延续支持扶贫车间的优惠政策，建设一批规范化乡村工厂、生产车间。引导国家级林业产业化龙头企业到脱贫地区开展特色加工。

（七）加强农产品流通设施建设。推进脱贫地区农产品流通骨干网络建设，优化县域批发市场、商品集散中心、物流基地布局，引导供销、邮政及各类企业把服务网点延伸到脱贫村。支持脱贫地区建设田头市场、仓储保鲜冷链物流设施，布局一批区域性冷链物流骨干节点。农产品仓储保鲜冷链物流设施建设工程加大对脱贫地区支持力度。深入发展农村电子商务，加强电商主体培育和电商人才培训，提升特色产业电子商务支撑服务水平。实施"数商兴农"，统筹市场力量参与农村电商基础设施建设，培育发展农产品网络品牌。

（八）拓展农业功能价值。依托田园风光、绿水青山、村落建筑、乡土文化、民俗风情等特色资源，发展乡村旅游、休闲农业、文化体验、健康养老等新产业新业态，突出特色化、差异化、多元化，既要有速度，更要高质量，实现健康可持续。在脱贫地区建设一批功能齐全、布局合理、机制完善、带动力强的休闲农业精品园区，推介一批视觉美丽、体验美妙、内涵美好的乡村休闲旅游精品景点线路，打造一批全国乡村旅游重点村镇和中国美丽休闲乡村。在脱贫地区遴选认定一批国家森林康养基地和精品生态旅游地。支持脱贫地区挖掘农村非物质文化遗产资源，设立非遗工坊。规范村级光伏电站资产管理和运行维护，持续发挥带农增收作用。

（九）打造知名产品品牌。指导脱贫地区通过建设粮食生产功能区、重要农产品生产保护区和特色农产品优势区，培育一批"大而优"、"小而美"、有影响力的区域公用品牌。引导农业产业化龙头企业等新型经营主体通过建设标准化原料基地、清洁化加工车间，注入企业文化和价值理念，培育一批特色突出、特性鲜明的企业品牌。支持脱贫地区开展绿色、有机、地理标志农产品认证，积极推行食用农产品达标合格证制度。支持符合条件的脱贫地区区域公用品牌、产品品牌优先纳入中国农业品牌目录。加大脱贫地区农业品牌公益宣传，利用农（林）

业展会、产销对接活动等广泛开展品牌营销。

（十）推动产业园区化发展。按照政策集成、要素积聚、企业集中的要求，每个脱贫县选择1—2个主导产业，建设农产品加工园区和农业产业园区，推动科技研发、加工物流、营销服务等主体加快向园区集中，引导资金、技术、人才等要素向园区集聚，促进特色产业全产业链发展，形成"一业一园"格局。现代农业产业园、科技园、产业融合发展示范园优先支持有条件的脱贫县。国家林业产业示范园认定向有条件的脱贫地区倾斜。加快推进脱贫县农业产业强镇、"一村一品"示范村镇建设，促进产村、产镇深度融合。

### 三、稳定并加强产业扶持政策

（十一）强化财政支持。中央财政衔接推进乡村振兴补助资金重点支持培育和壮大欠发达地区特色优势产业，并逐年提高资金占比。脱贫县统筹整合使用财政涉农资金优先支持特色产业发展，壮大脱贫地区优势特色产业（含必要的产业配套基础设施），促进产业提质增效。农业生产发展资金、农业资源及生态保护补助资金等中央财政相关转移支付继续倾斜支持脱贫地区产业发展，东西部协作、对口支援、定点帮扶等资金重点用于产业发展，并进一步向乡村振兴重点帮扶县倾斜。将脱贫地区符合条件的乡村振兴项目纳入地方政府债券支持范围。有条件的地区设立的乡村振兴基金，重点支持乡村产业发展，并向脱贫地区倾斜。

（十二）创新金融服务。调整完善针对脱贫人口的小额信贷政策，对有较大贷款资金需求、符合贷款条件的对象，鼓励申请创业担保贷款发展特色产业。创新金融产品和服务，充分发挥农业信贷担保体系作用，鼓励和引导金融机构为脱贫地区新型农业经营主体发展产业提供信贷支持。现有再贷款政策在展期期间保持不变，引导地方法人金融机构将再贷款资金重点用于支持发展特色产业。在不新增地方政府隐性债务的前提下，鼓励金融机构开发符合乡村一二三产业融合发展需求的信贷产品。扩大中央财政对地方优势特色农产品保险以奖代补试点范围，鼓励脱贫地区开发特色产业险种，增加特色产业保险品类，提升保险风险保障水平。

（十三）完善用地政策。过渡期内专项安排脱贫县的年度新增建设用地计划指标，优先保障特色产业用地需要。结合脱贫县特色产业发展需要，统筹安排用地规模和计划指标，优化用地审批和规划许可流程，提高审批效率，支持一二三产业融合发展。在脱贫地区落实好产业发展附属设施用地纳入农用地管理、设施农业可以使用一般耕地、村庄整治和宅基地整理的建设用地指标重点支持新产业新业态发展等政策。

（十四）加强项目管理。建立脱贫地区特色产业发展项目库，与巩固拓展脱贫攻坚成果和乡村振兴项目库实现共建、共享、共用。入库项目由支持种养环节向支持全产业链开发转变。每个脱贫县重点选择2—3个特色主导产业，突出基地建设、良种繁育、病虫害防控、精深加工、科技服务、人才培训、品牌打造、市场销售等全产业链发展关键环节，谋划储备一批重点工程项目并纳入项目库。脱贫县财政涉农整合资金和其他各级各类财政资金支持产业发展，原则上从项目库中选择项目。优化产业项目管理，建立健全农业农村部门牵头、相关部门参与的特色产业发展项目管理机制。

## 四、强化产业发展服务支撑

（十五）健全产销衔接机制。开展农产品产销对接活动，支持脱贫地区经营主体参加各类展示展销活动，推动农产品流通企业、电商、批发市场与脱贫地区特色产业精准对接。通过股权投资、订单采购等方式引导流通主体与生产主体建立稳定利益联结关系，打造产销共同体，优化提升特色产业链供应链。

大力实施消费帮扶，继续开展脱贫地区帮扶产品认定，做大做实农产品销售专区专柜专馆和定向直供直销渠道，优化实施政府采购脱贫地区农副产品政策。依托全国公路、铁路、港口客运场站和高速公路服务区，开展脱贫地区特色农产品展示展销共同行动。实施"互联网＋"农产品出村进城工程，完善农产品产销对接公益服务平台。

（十六）健全技术服务机制。组织农业科研教育单位、产业技术体系专家等开展产业帮扶，继续在脱贫县设立产业技术专家组，积极推动乡村振兴重点帮扶县建立产业技术顾问制度。全面实施农技推广特聘计划，在乡村振兴重点帮扶县探索实行农技推广人员"县管乡用、下沉到村"新机制。支持供销、邮政、农业服务公司、农民合作社等开展农机作业、农资供应、产品营销等农业生产性服务，引导各类服务网点延伸到乡村。将贫困户产业发展指导员逐步调整转化为乡村振兴指导员。健全脱贫县农民教育培训体系，加快创业致富带头人、现代农民和农村实用人才培育，加强脱贫户和小农户技术培训，提升各类主体产业发展能力和生产经营水平。

（十七）健全联农带农机制。对带动脱贫人口稳定增收的龙头企业继续给予认定与扶持，在项目安排、示范评定、融资贷款、保险保费、用地用电等方面倾斜支持。继续实施脱贫地区企业上市"绿色通道"政策。优化东西部协作、对口支援帮扶方式，引导东部地区企业到脱贫地区投资兴业，鼓励东西部共建产业园区。深化脱贫地区农村集体产权制度改革，推动村集体经济做大做强。返乡创业扶持政策向脱贫地区延伸覆盖，引导农民工、大中专毕业生、科技人员、乡土人才在农村创新创业。将新型经营主体扶持与联农带农效果紧密挂钩，形成企业、合作社和脱贫户、小农户在产业链上优势互补、分工合作的格局。

（十八）健全风险防范机制。把产业发展作为防止返贫动态监测的重要内容，对因自然灾害、病虫害、价格波动、产品滞销等出现产业发展困难的脱贫户、边缘户，及时开展有针对性帮扶。脱贫县定期开展特色产业发展风险评估，将龙头企业、农民合作社等新型经营主体作为主要评估对象，聚焦生产、经营、联农带农和政策措施落实等重点，系统评估产业发展面临的主要风险。从技术援助、市场服务、保险减损、金融风险化解、绿色发展等方面，完善防范和处置风险的具体措施。

## 五、强化组织保障

（十九）压实工作责任。落实中央统筹、省负总责、市县乡抓落实的工作机制，相关部门加强工作指导和政策支持，强化部门间政策和工作协同，督促工作落实。各省（区、市）要把脱贫地区特色产业发展摆在突出位置，制定出台推进特色产业可持续发展的文件，明确目标任务和政策举措，强化工作部署和资金项目支持。脱贫县要落实主体责任，加强工作统筹，强化措施落实，有力推进特色产业发展。要保持工作队伍稳定，对产业发展落后、集体经济薄弱的村，优先选派驻村第一书记和工作队，明确产业发展帮扶职责。

（二十）强化考核调度。把脱贫地区特色产业可持续发展作为市县党政领导班子和领导干部推进乡村振兴实绩考核的重要内容，科学设置考核指标，重点考核政策措施落实、特色产业覆盖、新型经营主体带动、服务体系建设等情况。完善脱贫地区特色产业发展信息系统，及时调度政策措施落实、产业发展规模、产品市场销售、品牌建设、主体培育、带农增收等信息，为开展精准评估和调整完善产业帮扶政策措施提供基础支撑。

（二十一）营造良好氛围。加强脱贫地区特色产业发展支持政策解读和业务培训，提高基层干部群众产业发展能力。总结推广脱贫地区特色产业发展经验做法和典型范例，广泛宣传社会各方帮扶产业发展的生动事迹，营造良好舆论氛围。持续开展产业发展领域形式主义、官僚主义问题治理，进一步解决责任落实不到位、工作措施不精准、工作作风不扎实等问题，构建产业帮扶作风建设长效机制。

农业农村部

国家发展和改革委员会

财政部

商务部

文化和旅游部

中国人民银行

中国银行保险监督管理委员会

国家林业和草原局

国家乡村振兴局

中华全国供销合作总社

2021 年 4 月 7 日

# 关于深入开展政府采购脱贫地区农副产品工作推进乡村产业振兴的实施意见

财库〔2021〕20 号

为贯彻党中央、国务院关于调整优化政府采购政策继续支持脱贫地区产业发展的工作部署，落实《财政部　农业农村部　国家乡村振兴局关于运用政府采购政策支持乡村产业振兴的通知》（财库〔2021〕19 号），深入开展政府采购脱贫地区农副产品工作，推进乡村产业振兴，现提出以下实施意见。

## 一、总体要求

（一）指导思想。以习近平新时代中国特色社会主义思想为指导，全面贯彻党的十九大和十九届二中、三中、四中、五中全会精神，牢固树立新发展理念，落实党中央、国务院关于实现巩固拓展脱贫攻坚成果同乡村振兴有效衔接总体部署和"四个不摘"工作要求，继续实施政府采购脱贫地区农副产品工作，突出产业提升和机制创新，进一步激发全社会参与积极性，接续推进脱贫地区产业发展，促进农民群众持续增收，助力巩固拓展脱贫攻坚成果和乡村振兴。

（二）基本原则。

聚焦重点，精准施策。严格农副产品产地认定，将政策支持范围聚焦在 832 个脱贫县，通过预留份额、搭建平台等方式促进脱贫地区农副产品销售，带动脱贫人口稳定增收。

创新驱动，融合发展。将政府采购脱贫地区农副产品工作与打造农业特色品牌、提升产品品质相结合，根据预算单位采购需求优化创新农副产品产销模式，促进脱贫地区特色产业发展。

政府引导，市场协同。坚持政府引导与市场机制结合，发挥政府采购需求牵引作用，助力打通脱贫地区农副产品生产、流通的难点和堵点，激发脱贫地区发展生产的内生动力。

（三）主要目标。力争用 3 到 5 年时间，依托脱贫地区农副产品网络销售平台（以下简称"832 平台"），实现预算单位食堂食材采购与脱贫地区农副产品供给有效对接，培育壮大乡村特色产业，探索形成适应不同区域特点、组织形式和发展阶段的脱贫地区农副产品产销模式，推动脱贫地区农副产品进一步融入全国大市场，为巩固拓展脱贫攻坚成果同乡村振兴有效衔接提供有力支撑。

## 二、加强脱贫地区农副产品产销对接

（一）加强脱贫地区农副产品货源组织。脱贫地区县级农业农村部门会同乡村振兴部门建立"832 平台"供应商审核推荐机制，积极推荐 832 个脱贫县产业带动能力强、增收效果好的农副产品供应商入驻"832 平台"，优先从农业产业化龙头企业、"一村一品"示范村镇经营主体以及使用食用农产品达标合格证、取得绿色有机地理标志认证的供应商中推荐。对已入驻"832 平台"的供应商重新核查，保留产品产地、增收效果符合要求供应商的平台销售资格。要依据供应商产量核定上架产品供应量，督促供应商按照平台要求进行产品包装和标识并加强自控自检，协调有关部门按照国家农产品和食品质量安全标准对平台在售产品开展质量安全检测，推动实现"832 平台"农副产品带证销售和质量可追溯。

（二）组织预算单位采购。自 2021 年起，各级财政部门组织本地区所属预算单位做好预留份额填报和脱贫地区农副产品采购工作，并对采购情况进行考核。各中央主管预算单位组织做好本部门所属预算单位预留份额填报和脱贫地区农副产品采购工作。各级预算单位要按照不低于 10% 的预留比例在"832

平台"填报预留份额，并遵循质优价廉、竞争择优的原则，通过"832平台"在全国832个脱贫县范围内采购农副产品，及时在线支付货款，不得拖欠。鼓励各级预算单位工会组织通过"832平台"采购工会福利、慰问品等，有关采购金额计入本单位年度采购总额。

### 三、加强网络销售平台运营管理

（一）优化平台运营模式。"832平台"结合预算单位食堂食材需求特点，设置需求订制、电子反拍、统采分送等交易模式，优化线上交易、支付、结算流程。丰富农副产品展示维度，对拥有食用农产品达标合格证、绿色有机地理标志认证等资质的产品优先展示，培育脱贫地区优质特色品牌。加强供销全流程数据收集分析，将预算单位需求反馈脱贫地区，推广"农户+合作社+平台"的产销对接模式，促进脱贫地区产业优化升级。通过开设助销专区、发布滞销信息等方式，积极协助销售脱贫地区滞销农副产品。进一步完善平台服务功能，为企业、工会组织、个人采购脱贫地区农副产品提供便利条件，拓展销售渠道，提升社会参与度。

（二）严格供应商管理。"832平台"应发布操作指引明确产品上架标准，制定完善产品价格、质量安全等管理办法，严格供应商管理，建立价格监测、质量监督、履约评价机制，配合有关部门加强质量检测，及时向社会公开产品成交价格、质检报告、承诺函、用户评价等信息，接受社会监督。对价格虚高、质量不达标和不履行承诺的供应商，由"832平台"通过约谈、产品下架等措施督促整改；对情节严重或拒不改正的，由"832平台"提请有关地区农业农村部门、乡村振兴部门取消供应商资格。

（三）加强平台物流建设。"832平台"依托产（销）地仓，积极探索建立定时、定点、定线的物流配送机制，促进平台在售农副产品分拣、包装、仓储、物流、质检等环节标准化和规范化。脱贫地区农业农村部门、乡村振兴部门和供销合作社要加强与有关部门协调配合，积极支持相关物流基础设施与"832平台"对接，降低物流成本、提高物流效率。

（四）提升平台服务能力。"832平台"除按市场通行规则收取必要的产品检测费、支付通道费以及履约保证金外，不向供应商、预算单位收取交易费、平台使用费。编制操作手册，指引预算单位开展采购活动，并提供工会福利发放等个性化服务，提升平台用户体验。根据供应商需求，提供产品开发、包装设计、仓储物流等服务，提升供应商线上运营能力。基于农副产品信息流、物流、资金流等信息，支持金融机构在线开展脱贫地区供应商融资、增信等服务。认真做好交易信息统计工作，为各级预算单位和各有关部门加强管理提供服务保障。

## 四、加强组织实施

各有关部门要加强协作，共同做好政府采购脱贫地区农副产品工作。财政部负责预算单位采购管理，农业农村部会同国家乡村振兴局统筹脱贫地区农副产品货源组织和质量安全监管工作，供销总社保障"832平台"建设运营。各省级财政部门要切实加强采购管理，通过召开工作推进会、定期通报等措施，督促预算单位按期完成采购任务。脱贫地区财政部门要会同农业农村部门、乡村振兴部门、供销合作社等部门建立工作协调机制，将政府采购脱贫地区农副产品工作作为支持乡村产业振兴的重要抓手，及时跟踪分析供应商推荐、产品检测、物流管理、品牌打造等相关工作实施进展及成效，协调解决工作推进过程中面临的困难和问题，推动政府采购支持乡村产业振兴政策取得实效。

# 关于运用政府采购政策支持
# 乡村产业振兴的通知

财库〔2021〕19号

各中央预算单位,各省、自治区、直辖市、计划单列市财政厅(局)、农业农村(农牧)厅(局、委)、乡村振兴局(扶贫办),新疆生产建设兵团财政局、农业农村局、乡村振兴局(扶贫办):

为深入贯彻习近平总书记关于实施乡村振兴战略的重要论述和党的十九届五中全会精神,认真落实《中共中央 国务院关于实现巩固拓展脱贫攻坚成果同乡村振兴有效衔接的意见》关于调整优化政府采购政策继续支持脱贫地区产业发展的工作部署,进一步做好运用政府采购政策支持乡村产业振兴工作,现就有关事项通知如下:

## 一、充分认识运用政府采购政策支持乡村产业振兴的重要意义

党的十九届五中全会提出巩固拓展脱贫攻坚成果同乡村振兴有效衔接,对全面建设社会主义现代化国家和实现第二个百年奋斗目标具有十分重要的意义。运用政府采购政策,组织预算单位采购脱贫地区农副产品,通过稳定的采购需求持续激发脱贫地区发展生产的内生动力,促进乡村产业振兴,是贯彻落实党中央、国务院关于调整优化政府采购政策支持脱贫地区产业发展工作部署,构建以国内大循环为主体新发展格局的具体举措,有助于推动脱贫地区实现更宽领域、更高层次的发展。各级财政、农业农村、乡村振兴部门及各级预算单位要充分认识运用政府采购政策支持乡村产业振兴的重要意义,以高度的

责任感、使命感、紧迫感投身到政府采购脱贫地区农副产品工作中，确保政策取得实效。

## 二、预留份额采购脱贫地区农副产品

自 2021 年起，各级预算单位应当按照不低于 10% 的比例预留年度食堂食材采购份额，通过脱贫地区农副产品网络销售平台（原贫困地区农副产品网络销售平台）采购脱贫地区农副产品。脱贫地区农副产品是指在 832 个脱贫县域内注册的企业、农民专业合作社、家庭农场等出产的农副产品。确因地域、相关政策限制等特殊原因难以完成 10% 预留份额任务的预算单位，可由中央主管预算单位或省级财政部门报经财政部（国库司）审核同意后，适当放宽预留比例要求。

## 三、建立健全相关保障措施

财政部会同农业农村部、国家乡村振兴局等部门制定政府采购脱贫地区农副产品工作的实施意见，加强脱贫地区农副产品货源组织、供应链管理和网络销售平台运营管理，积极组织预算单位采购脱贫地区农副产品。地方各级财政、农业农村和乡村振兴部门要细化工作措施，加大工作力度，确保政府采购脱贫地区农副产品相关政策落实落细。

本通知自印发之日起施行。《财政部　国务院扶贫办关于运用政府采购政策支持脱贫攻坚的通知》（财库〔2019〕27 号）同时废止。

财政部

农业农村部

国家乡村振兴局

2021 年 4 月 24 日

# 关于组织开展地理标志助力乡村
# 振兴行动的通知

国知发运字〔2021〕20 号

各省、自治区、直辖市和新疆生产建设兵团知识产权局，四川省知识产权服务促进中心，广东省知识产权保护中心；国家知识产权局机关各部门，商标局：

习近平总书记强调，发展特色产业是地方做实做强做优实体经济的一大实招，要结合自身条件和优势，推动高质量发展。要弘扬伟大脱贫攻坚精神，加快推进乡村振兴，继续支持脱贫地区特色产业发展。近年来，全国知识产权系统落实决战决胜脱贫攻坚这一重大政治任务，以实施地理标志运用促进工程为抓手，充分发挥知识产权制度优势，大力发展特色产业，积极打造区域品牌，助力贫困地区打赢脱贫攻坚战。为深入学习贯彻习近平总书记在中央政治局第二十五次集体学习时的重要讲话精神，认真落实党中央、国务院关于全面推进乡村振兴的决策部署，按照 2021 年全国知识产权局局长会议工作安排，决定继续深入实施地理标志运用促进工程，组织开展地理标志助力乡村振兴行动。现将有关事项通知如下：

## 一、充分认识开展地理标志助力乡村振兴行动的重要意义

（一）开展地理标志助力乡村振兴行动是促进农业高质高效，推进农业供给侧结构性改革的关键举措。加强农业供给侧结构性改革，核心在于提高农业供给体系质量和效率。地理标志产品品质优良、特色鲜明、美誉度高，具有显著比较优势和市场竞争力。开展地理标志助力乡村振兴行动，增加地理标志产品有效供给，积极发展特色产业，有利于发挥好农业适度规

模经营的引领作用，以重点突破带动整体提升，满足多元需求，推动消费升级，促进农产品向高水平供需平衡跃升。

（二）开展地理标志助力乡村振兴行动是促进乡村宜居宜业，充分激发乡村发展活力的重要途径。走中国特色社会主义乡村振兴道路，要求全面推进乡村产业、人才、文化、生态、组织振兴。地理标志是区域文化和形象的代表符号和传承载体，具有深厚的人文历史底蕴。开展地理标志助力乡村振兴行动，推动地理标志产业发展与生态旅游建设、历史文化传承等有机融合，把发展方向转向推进当地自然资源的科学经营，有利于充分发挥农业产业供给、生态屏障、文化传承等功能，不断优化农村生产生活生态空间，激发乡村发展活力。

（三）开展地理标志助力乡村振兴行动是促进农民富裕富足，巩固拓展脱贫攻坚成果的重要抓手。因地制宜选择扶贫富民产业，是实现脱贫的根本之策，也是乡村振兴的关键之举。地理标志代表特定区域共同利益，更有利于建立更加稳定的利益联结，促进产业规模化、集约化和品牌化发展，吸纳更多农村人口就业。开展地理标志助力乡村振兴行动，以地理标志为纽带，凝聚各方力量共同推动特色产业发展，是促进农村产业兴旺的重要手段，也是持续增强脱贫地区造血功能、实现兴农富农的长远之计。

## 二、深入开展地理标志助力乡村振兴行动

（一）提质强基行动。一是不断加强地理标志规划政策引领。加强地理标志法律制度建设和地方立法指导，落实好"十四五"知识产权保护和运用规划部署，将地理标志助力乡村振兴作为地方相关立法和规划重要内容。结合实际，研究制定地理标志相关产业和区域发展规划。优化政策导向，围绕地理标志产品质量管理、品牌推广、产业促进等方面出台扶持政策措施，切实推动从注重申请注册到注重运用保护，从追求数量向

提高质量转变。二是建立健全地理标志基层工作体系。加强地理标志基层工作力量和经费保障。建立知识产权、乡村振兴、市场监管、发展改革、财政、商务、农业、林业、文化旅游等多部门工作协调机制，实现政策协同、业务联动和信息共享。健全政府部门与地理标志行业协会、龙头企业等各类市场主体间的有效联动机制，形成行业协作合力。三是巩固强化地理标志产业化利益联结机制。支持发展各类地理标志产业化联合体，加强信息互通、技术共享、品牌共建，建立长期稳定利益共同体。鼓励培育以地理标志龙头企业为主的新型联合经营主体，支持发展符合乡情村情的"企业+地理标志+农户"等多种形式利益联结。鼓励银行、保险等金融机构研发适合地理标志产业发展特点的金融产品和融资模式。（条法司、战略规划司、保护司、运用促进司、各地方知识产权局负责）

（二）品牌建设行动。一是加强地理标志品牌培育指导。在符合相关法规基础上，畅通地理标志证明商标、集体商标注册申请的"绿色通道"，提高审查效率。围绕地理标志产业和区域建设一批商标品牌指导站，加强对市场主体商标品牌注册、运用、管理、保护与推广的指导和服务，增强商标注册意识，提升商标运用能力，建立健全商标品牌管理制度，强化商标维权保护。二是加快地理标志产品标准引领。加快完善地理标志产品标准体系建设，公开征集地理标志产品标准制修订计划项目需求，开展地理标志产品认定分类、基础术语等基础通用标准研制。结合实际，加快推进相关地理标志产品种植养殖、生产加工、经营管理等领域标准制修订，保障地理标志产品质量和品质。三是加强地理标志品牌宣传推广。积极拓展地理标志品牌营销渠道，用好互联网新媒体，通过网络直播、短视频等群众喜闻乐见方式，提高品牌国内外影响力。积极参与地理标志国际合作，用好各类国际交流合作平台，加快中国地理标志产品"走出去"。四是加速地理标志品牌价值提升。支持围绕服务地方经济开展产业和区域地理标志产品综合展示交易，举办商标品牌推介、产品产销对接等线上线下活动。支持研究探索地理标志品牌运营，强化品牌研究、品牌设计、品牌定位和品牌沟通，构建完善地理标志品牌经营管理体系。重点遴选一批优质地理标志，深挖产品价值和历史人文故事，打通市场调研、产品开发、商标注册、品牌策划推广等链条，集中力量、精耕细作、量身塑造品牌形象，彰显品牌价值。（保护司、运用促进司、国际合作司、商标局、各地方知识产权局负责）

（三）产业强链行动。一是加强地理标志产业技术创新支撑。围绕地理标志产业链开展关键核心技术专利导航，助力解决种源、种植及加工等技术难题，培育高价值专利。深入实施专利转化专项计划，引导相关专利技术向地理标志产业转移转化。遴选一批创新能力强、发展潜力大、市场前景好的地理标志龙头企业作为知识产权优势示范企业。二是综合运用知识产权服务地理标志产业发展。根据区域产业特点和实际需求，综合发挥专利在助推技术攻关、前瞻布局，地理标志在助推标准管理、品质升级，商标在助推品牌打造、市场拓展等方面的独特优势，服务支撑产品研发、生产、包装、销售等各环节，促进地理标志产业高质量发展。三是推动地理标志产业实现跨界融合发展。推进"地理标志+"发展模式，促进地理标志与旅游、文创等关联产业相融互促，与互联网、电子商务等领域跨界融合，积极开发高附加值产品和周边产品。支持开展地理标志产业发展相关研究，积极探索延伸产业链条、培育产业群体、扩大产业覆盖、增强产业韧性的有效路径。（运用促进司、各地方知识产权局负责）

（四）能力提升行动。一是加大地理标志知识普及力度。充分利用全国知识产权宣传周、中国知识产权年会、中国国际商标品牌节等各种活动载体，普及地理标志基础知识，宣传地理标志社会、经济和生态效益，增强社会认知，提高社会意识，激发市场主体运用地理标志参与市场竞争的积极性和主动性。二是加强地理标志基础服务供给。深化"知识产权服务万里行"活动，走基层、办实事，深入县域乡村开展地理标志技术讲座、现场观摩、咨询培训等活动，向农村地区提供专利、商标、地理标志等一站式便利化服务。提升地理标志公共服务能力，聚焦地理标志相关产业完善便民利民的知识产权公共服务体系，汇聚地理标志信息资源和优质服务资源，主动搭建供需对接和服务共享平台。三是加强地理标志业务指导培训。做好知识产权行政人员能力提升轮训工作，开展地理标志政策解读和经验交流。组织专家深入基层传授地理标志专业知识，带动新技术、新人才、新理念等向农业农村流动。推动地方建立政府主导、校企联合、产业带动的地理标志人才培养机制，培训新型职业农民，提升从业人员技能。（办公室、保护司、运用促进司、公共服务司、人事司、商标局、各地方知识产权局负责）

### 三、加强组织领导，确保行动有序开展

（一）强化有效衔接。要注重做好巩固脱贫攻坚成果同乡村振兴有效衔接，逐步实现由集中资源支持脱贫攻坚向全面推进乡村振兴平稳过渡，在深入实施地理标志运用促进工程的基础上，在更大范围、更高水平接续开展地理标志助力乡村振兴行动。对已纳入地理标志运用促进工程的脱贫地区，要确保工作指导不断、支持力度不减。对于新组织实施的项目或试点，要优先支持脱贫地区申报开展。

（二）提升综合效能。各地方知识产权局要结合实际，抓紧研究制定具有针对性和可操作性的本地区行动方案，细化目标任务和推进计划，明确实施路径和责任分工。要认真贯彻落实《国家知识产权局　国家市场监督管理总局关于进一步加强地理标志保护的指导意见》等政策文件要求，综合发挥专利、商标、版权、地理标志等不同类型知识产权的特色功能优势，提升知

识产权综合管理效能。

（三）突出示范引领。深化知识产权局省合作会商机制，指导各省将地理标志助力乡村振兴行动作为重点任务大力推进，并鼓励在市县层面率先行动，争创标杆。获得专利转化专项计划奖补资金的省份和知识产权运营服务体系建设重点城市要统筹用好中央财政资金，围绕有关工作加大投入力度。

（四）加强重点联系。要突出工作重点，切实围绕用好一件地理标志，做强一个品牌，发展一个产业，造福一方百姓，以地理标志运用促进工程项目为抓手，开展地理标志助力乡村振兴工作。对于行动积极、成效突出、示范带动作用明显的地方项目，可推荐至我局予以重点指导联系。各省级知识产权局请于 2021 年 9 月 15 日前将推荐书电子件、纸件（加盖单位公章）统一报送至我局知识产权运用促进司。我局将遴选确定一批重点优势项目，加强工作联系、业务指导和政策扶持。

（五）做好宣传总结。各地方知识产权局要及时总结工作中的好经验好做法，宣传推广好地理标志助力乡村振兴的典型案例。各省级知识产权局要牵头抓好本地区工作落实，梳理行动进展、存在问题、工作成效和下一步打算，于每年 12 月 10 日前将工作总结报送我局知识产权运用促进司。我局将以适当形式及时总结梳理地方工作典型经验并向全国复制推广。

特此通知。

**附件：**

1. 地理标志运用促进工程重点项目推荐书
2. 推荐名额分配表

国家知识产权局

2021 年 7 月 19 日

编号

# 地理标志运用促进工程

# 重点项目推荐书

## （2021 年）

项目名称：＿＿＿＿＿＿＿＿＿＿＿＿＿＿＿

实施单位：＿＿＿＿＿＿＿＿＿＿＿＿＿＿＿

推荐单位：＿＿＿＿＿＿＿＿＿＿＿＿＿＿＿

## 一、基本信息

| 实施单位 | 单位名称 | | | |
|---|---|---|---|---|
| | 代表人 | | 职务 | |
| | 联系电话 | | 传真号码 | |
| | 负责人 | | 职务 | |
| | 固定电话 | | 手机 | |
| | 联系人 | | 手机 | |
| | 固定电话 | | 传真号码 | |
| | 通讯地址 | | E-mail | |
| 推荐单位 | 处室负责人 | | 手机 | |
| | 工作联系人 | | 手机 | |

## 二、地理标志

| 名称 | 权利人 | 批准机构 | 批准时间 | 产地范围 |
|------|--------|----------|----------|----------|
|      |        |          |          |          |

## 三、项目有关情况

| 项目介绍 | （包括工作背景、基础、意义、目标，项目组织实施方式和工作机制等） |
|----------|-----------------------------------------------------------------|
| 工作成果 | （围绕用好一件地理标志，打造一个品牌，发展一个产业，造福一方百姓，已经取得的工作成效，以及未来预期取得的成效。可另附页） |
| 主要做法 | （主要措施和具体实施方式。可另附页） |
| 保障措施 | （项目实施的条件保障情况，包括地理标志产品产地政府重视及资金投入情况等。可另附页） |

## 四、推荐单位指导支持事项

（如推荐单位有指导和支持事项，可填写此栏）

## 五、实施和推荐单位意见

| 实施单位 | |
|---|---|
| | （公章）　　签字：　　　　　年　　月　　日 |
| 推荐单位 | |
| | （公章）　　签字：　　　　　年　　月　　日 |

## 六、批准情况

| | |
|---|---|
| 专家组意见 | <br><br><br>组长：　　　　　　　　　年　　月　　日 |
| 部门意见 | <br><br><br>经办人：　　　处室：　　　　　　年　　月　　日 |

填写说明

一、《推荐书》封面的编号由国家知识产权局填写。

二、"实施单位"为地级行政区知识产权局或省直辖县级行政单位知识产权局。

三、"推荐单位"为省级知识产权局。

四、"负责人"为负责项目实施的直接责任人，"联系人"为负责项目实施具体联系工作的人员。

五、"地理标志"审批如涉及多个部门，请将审批机构和时间信息填报完整。

六、"推荐单位指导支持事项"由省局填写，如无相关支持事项，可不填。

七、"批准情况"由国家知识产权局组织填写。

附件2

推荐名额分配表

| 单位 | 推荐数量（上限） |
|---|---|
| 北京市知识产权局 | 2 |
| 天津市知识产权局 | 2 |
| 河北省知识产权局 | 7 |
| 山西省知识产权局 | 4 |
| 内蒙古自治区知识产权局 | 6 |
| 辽宁省知识产权局 | 6 |
| 吉林省知识产权局 | 4 |
| 黑龙江省知识产权局 | 5 |
| 上海市知识产权局 | 2 |
| 江苏省知识产权局 | 8 |
| 浙江省知识产权局 | 7 |
| 安徽省知识产权局 | 7 |
| 福建省知识产权局 | 9 |
| 江西省知识产权局 | 5 |
| 山东省知识产权局 | 10 |
| 河南省知识产权局 | 6 |
| 湖北省知识产权局 | 9 |
| 湖南省知识产权局 | 7 |
| 广东省知识产权局 | 7 |
| 广西壮族自治区知识产权局 | 7 |

| 单位 | 推荐数量（上限） |
|---|---|
| 海南省知识产权局 | 4 |
| 重庆市知识产权局 | 7 |
| 四川省知识产权局 | 10 |
| 贵州省知识产权局 | 7 |
| 云南省知识产权局 | 7 |
| 西藏自治区知识产权局 | 5 |
| 陕西省知识产权局 | 6 |
| 甘肃省知识产权局 | 6 |
| 青海省知识产权管理机构 | 3 |
| 宁夏回族自治区知识产权局 | 3 |
| 新疆维吾尔自治区知识产权局 | 3 |
| 新疆生产建设兵团知识产权局 | 3 |

注：推荐名额由各省地理标志拥有量（截至2020年底）确定。

# 关于促进农业产业化龙头企业
# 做大做强的意见

农产发〔2021〕5号

各省、自治区、直辖市农业农村（农牧）厅（局、委），新疆生产建设兵团农业农村局：

农业产业化龙头企业（以下简称"龙头企业"）是引领带动乡村全面振兴和农业农村现代化的生力军，是打造农业全产业链、构建现代乡村产业体系的中坚力量，是带动农民就业增收的重要主体，在加快推进乡村全面振兴中具有不可替代的重要作用。为贯彻落实2021年中央一号文件精神和《国务院关于促进乡村产业振兴的指导意见》要求，支持龙头企业创新发展、做大做强，现提出以下意见。

## 一、总体要求

（一）指导思想。以习近平新时代中国特色社会主义思想为指导，全面贯彻党的十九大和十九届二中、三中、四中、五中全会精神，立足新发展阶段，贯彻新发展理念，融入新发展格局，以保障国家粮食安全和重要农产品有效供给为根本目标，以打造农业全产业链为重点任务，以建立联农带农利益联结机制为纽带，促进小农户和现代农业发展有机衔接，构建农民主体、企业带动、科技支撑、金融助力的现代乡村产业体系，为全面推进乡村振兴和农业农村现代化夯实产业根基。

（二）基本原则。

——坚持市场导向。发挥市场在资源配置中的决定性作用，尊重龙头企业主导作用和农民主体地位，满足消费者绿色、安全、多样的需求，实现可持续发展。更好发挥政府作用，完善支持政策，优化龙头企业发展环境。

——坚持创新驱动。围绕产业链部署创新链，加大研发投入力度，引进培育科技领军人才，形成市场出题、科企协同攻关的创新机制，推动新技术研发、新装备创制、新产品开发和新模式应用，引领带动产品转化增值、产业提档升级。

——坚持全链打造。发挥龙头企业的链主作用，不断拓展农业的食品保障、休闲体验、生态涵养和文化传承等多种功能，延长产业链、优化供应链、提升价值链，推动产加销服贯通、农食文旅教融合，构建高质高效的现代乡村产业体系。

——坚持联农带农。增强龙头企业社会责任意识，发展多样化的联合与合作，完善与各类经营主体的联结机制，积极投身乡村振兴"万企兴万村"活动，把产业链实体更多留在县域，把就业岗位和产业链增值收益更多留给农民，促进共同富裕。

（三）总体目标。到 2025 年，龙头企业队伍不断壮大，规模实力持续提升，科技创新能力明显增强，质量安全水平显著提高，品牌影响力不断扩大，新产业新业态蓬勃发展，全产业链建设加快推进，产业集聚度进一步提升，联农带农机制更加健全，保障国家粮食安全和重要农产品供给的作用更加突出。到 2025 年末，培育农业产业化国家重点龙头企业超过 2000 家、国家级农业产业化重点联合体超过 500 个，引领乡村产业高质量发展。

## 二、明确方向，实现龙头企业高质量发展

（四）提高龙头企业创新发展能力。以国家农业科技创新联盟、国家现代农业产业科技创新中心、国家现代农业产业技术体系、国家农产品加工技术研发体系等为抓手，打造"政产学研用"优势资源集聚融合的平台载体，为龙头企业创新发展提供技术支撑。支持构建龙头企业牵头、高校院所支撑、各创新主体相互协同的体系化、组织化、任务型的创新联合体。支持

科技领军型龙头企业参与关键核心技术攻关，承担国家重大科技项目，参与跨领域、大协作、高强度的创新基地与平台建设。支持龙头企业会同科研机构、装备制造企业，开展共性技术和工艺设备联合攻关，提高乡村产业发展技术水平和物质装备条件。引导种业龙头企业加大种质资源保护和开发利用，强化重点种源关键核心技术和农业生物育种技术研发能力，建立健全商业化育种体系，培育新品种、新品系。

（五）提高龙头企业数字化发展能力。鼓励龙头企业应用数字技术，整合产业链上中下游的信息资源，打造产业互联网等生产性服务共享平台，带动上中下游各类主体协同发展，实现产业链整体转型提升。引导有条件的龙头企业建设乡村产业数字中心，加强对生产、加工、流通和服务等全链条的数字化改造，提高乡村产业全链条信息化、智能化水平。鼓励龙头企业应用区块链技术，加强产品溯源体系建设；采用大数据、云计算等技术，发展智慧农业，建立健全智能化、网络化的农业生产经营服务体系，为银行、保险等金融机构服务乡村产业提供信用支撑。

（六）提高龙头企业绿色发展能力。引导龙头企业围绕碳达峰、碳中和目标，研究应用减排减损技术和节能装备，开展减排、减损、固碳、能源替代等示范，打造一批零碳示范样板。畜禽粪污资源化利用整县推进、农村沼气工程、生态循环农业等项目，要将龙头企业作为重要实施主体，实现大型养殖龙头企业畜禽粪污处理支持全覆盖。引导龙头企业强化生物、信息等技术集成应用，发展精细加工，推进深度开发，提升加工副产物综合利用水平。鼓励龙头企业开展农业自愿减排减损。

（七）提高龙头企业品牌发展能力。引导龙头企业立足地方优势，发展特色产业，推动区域公用品牌建设。鼓励龙头企业将特色产业与生态涵养、文化传承相结合，发扬"工匠精神"，打造企业知名品牌。支持龙头企业按照高标准高质量要求，加强顶层设计，提高产品附加值和综合效益，打造一批具有国内、国际影响力的产品品牌。发挥产业联盟、相关行业协会作用，鼓励开展行业规范、技术服务、市场推广、品牌培训等服务。

（八）提高龙头企业融合发展能力。鼓励龙头企业发挥自身优势，推动各类资源要素跨界融合、集成集约，形成特色鲜明、丰富多样、一二三产业融合发展的农业全产业链。引导龙头企业立足资源特色，因地制宜发展乡村新型服务业、乡村制造业、乡村休闲旅游业等，贯通产加销服，融合农食文旅教，拓展农业多种功能，提高产业增值增效空间。鼓励龙头企业完善配送及综合服务网络，在大中城市郊区发展工厂化、立体化、园艺化农业，推广"生鲜电商+冷链宅配""中央厨房+食材冷链配送"等新模式，提高鲜活农产品供应保障能力。

### 三、探索模式，提升龙头企业联农带农水平

（九）打造农民紧密参与的农业产业化联合体。发挥龙头企业在产业链中的引领带动作用，联合农民合作社、家庭农场、农户以及从事农业技术研发、储运销售、品牌流通、综合服务等全产业链各类主体，共同开发优势特色资源、优化配置创新要素，建设一批国家、省、市、县级农业产业化重点联合体。引导农业产业化联合体成员间紧密合作，开展技术共享、信息共享、品牌共享、渠道共享、利益共享等，提高资源要素的利用和产出效率，提升产业综合效益和竞争力。引导农业产业化联合体健全章程，完善契约合同，规范理事会等议事决策制度，建立更加稳定、更加有效、更加长效的利益联结机制，让农民合理分享全产业链增值收益。

（十）探索农民共享收益的生产要素入股模式。引导农户以土地经营权、劳动力、资金、设施等要素，直接或间接入股龙头企业，在保障农户基本权益基础上，建立精准评估、风险共担、利益共享的合作机制。探索"拨改投""拨改股"，将财政

补助资金形成的资产量化到小农户，作为小农户入股龙头企业的股份。支持龙头企业出资领办创办农民合作社，鼓励农民合作社、家庭农场参股龙头企业，形成融合发展、共建共享的产业发展共同体。

（十一）推广农民广泛受益的农业社会化服务机制。支持龙头企业制定农业生产规程和操作规范，采取"公司+农户"、"公司+农民合作社+农户"等组织形式，为农户提供农资供应、技术集成、培训指导、农机作业、冷链物流、市场营销等全方位社会化服务，促进小农户和现代农业发展有机衔接。发挥好龙头企业在农业生产"三品一标"（品种培优、品质提升、品牌打造和标准化生产）提升行动中的示范带动作用，引领农业全产业链标准化生产。

（十二）拓宽农民多元发展的创业就业渠道。引导龙头企业发展劳动密集型产业，把产业链实体留在县域，将更多就业岗位留在乡村，吸纳农民就地就近就业，进一步拓宽农民收入来源。支持龙头企业依托乡村优势特色资源，延伸产业链，开发生产性服务业和生活性服务业，在乡村创造更多就业空间，进一步提高农户的工资性收入。鼓励龙头企业通过提供技术指导、创业孵化、信息服务，带动小农户围绕产业链发展初加工、库房租赁、物流运输、门店加盟、直播销售等，以创业带就业，加快农民致富步伐。

## 四、精准定位，构建龙头企业发展梯队

（十三）做强一批具有国际影响力的头部龙头企业。围绕"国之大者"，在粮棉油糖、肉蛋奶、种业等关系国计民生的重要行业，引导一批经济规模大、市场竞争力强的大型龙头企业，采取兼并重组、股份合作、资产转让等方式，组建大型企业集团，培育一批头部企业，在引领农业农村现代化发展方向、保障国家粮食安全和重要农产品有效供给中发挥关键作用。引导

头部龙头企业统筹利用国内国际两个市场、两种资源，在全球农业重要领域布局育种研发、加工转化、仓储物流、港口码头等设施，融入全球农产品供应链，提高对关键行业的产能、技术掌控能力。引导头部龙头企业发挥人才优势、技术优势和创新优势，引领行业发展方向，解决关键共性问题，培育全产业链优势。

（十四）做优一批引领行业发展的"链主"龙头企业。在肉蛋奶、果蔬茶以及满足消费者多样需求的特色农产品领域，引导一批产业链条长、行业影响力大的龙头企业，顺应产业发展规律，发挥"链主"型龙头企业引领行业集聚发展、带动产业转型升级的作用，立足当地特色，整合行业资源，制定行业标准，打造具有区域特色、适应新型消费的乡村产业集群。支持"链主"龙头企业整合创新链、优化供应链、提升价值链、畅通资金链，提高行业全产业链组织化水平、供应链现代化水平。

（十五）做强一批具有自主创新能力的科技领军型龙头企业。围绕打造国家战略科技力量，在制约国家粮食安全、重要农产品有效供给和农业农村现代化发展的"卡脖子"技术或短板领域，引导一批集成创新实力强、行业带动能力强、市场开拓力强的农业科技领军型龙头企业，发挥在满足市场需求、集成创新、组织平台方面的优势，开展农业产业共性关键技术研发、科技成果转化及产业化、科技资源共享服务等，增强龙头企业创新动力。发挥企业在联合攻关中的出题者作用，加大龙头企业对技术研发方向、路线选择、要素价格、各类创新要素配置的导向作用，鼓励和引导龙头企业加大自有资金投资研发力度，推动企业成为技术创新决策、研发投入、科研组织和成果转化的主体，提升龙头企业创新主体地位。

（十六）做大一批联农带农紧密的区域型龙头企业。在粮食生产功能区、重要农产品生产保护区、特色农产品优势区和脱贫地区，引导一批与农户、家庭农场、农民合作社、农村集体经济组织联结紧密、带动辐射效果好的龙头企业，根据行业特性和产品特点，探索建立农业产业化联合体等带动农户发展的不同联结模式，形成机制灵活、形式多样、各具特色的联农带农典型。发挥区域型龙头企业带动农民增收致富、带动乡村经济发展的作用，成为"万企兴万村"的标兵和表率。支持区域型龙头企业与脱贫地区特别是国家乡村振兴重点帮扶县、西藏和新疆地区广泛开展对接合作，在巩固拓展脱贫攻坚成果与乡村振兴有效衔接中发挥积极作用。

### 五、强化保障，优化龙头企业发展环境

（十七）加大政策支持。支持龙头企业参与优势特色产业集群、现代农业产业园、农业产业强镇等农业产业融合项目建设，相关项目资金向联农带农效果明显的龙头企业倾斜。鼓励有条件的地方按市场化方式设立乡村产业发展基金，加大对创新实力较强的龙头企业支持力度。推动地方按规定对吸纳脱贫人口、农村残疾人等就业的龙头企业给予补贴。强化进出口及投资政策引导，支持龙头企业熟悉国际商贸和投资规则，推动产品、装备、技术、标准、服务"走出去"，提高我国农业国际竞争力和影响力。支持龙头企业参与农业全产业链标准制定，培育一批农业企业标准"领跑者"。落实《自然资源部、国家发展改革委、农业农村部关于保障和规范农村一二三产业融合发展用地的通知》精神，进一步加强对龙头企业发展乡村产业的用地保障。

（十八）创新金融服务。各级农业农村部门要与相关金融机构深化交流合作、加强信息资源共享，建立多级联动的工作机制，加大对联农带农效果明显的龙头企业金融支持力度，确保优质金融服务全覆盖，形成金融支持龙头企业的合力。要引导和协调各类金融机构创新供应链信贷产品，加大信用贷款投放

力度，加大对龙头企业及全产业链主体的金融支持。创新抵押担保物范围和产权流转机制。

（十九）强化人才培养。支持科研院所、高等院校等机构的科研人员到龙头企业开展科技创业，完善知识产权入股、参与分红等激励机制。支持龙头企业积极开展校企合作协同育人，与涉农高校和职业院校合作共建实践实训基地、耕读教育基地，依托生产基地、产业园区等加强农村实用人才培训，加大对高素质农民、返乡入乡创业人员、新型农业经营主体带头人的培养力度。通过专题培训、实践锻炼、学习交流等方式，完善乡村企业家培养机制，加强对乡村企业家合法权益的保护。大力弘扬企业家精神，为企业家谋事创业营造良好舆论氛围。

（二十）完善指导服务。持续改善营商环境，深化放管服改革，构建亲清政商关系，切实为企业解决产业发展中遇到的问题。建立企业家智库，坚持问题导向、畅通沟通渠道，通过线上线下多种途径听取企业意见建议。引导各类互联网企业、平台型企业发挥自身优势，为龙头企业提供资金技术、高素质人才、营销渠道、运营管理等服务，促进观念更新、理念革新，加快补齐乡村产业发展短板，为农业农村发展注入新动能。

（二十一）加强典型宣传推介。围绕龙头企业创新发展、绿色发展、联农带农机制建设、促进农民就业增收、带动脱贫地区发展等方面，充分挖掘典型模式和成功做法，组织开展系列宣传报道，形成全社会关注乡村产业、支持龙头企业发展的良好氛围。利用线上渠道和新媒体资源，创新宣传推介手段，开展系列宣传推介活动。发挥行业协会作用，加强重点龙头企业推介。

农业农村部

2021 年 10 月 22 日

# 关于促进乡村民宿高质量发展的指导意见

文旅市场发〔2022〕77 号

各省、自治区、直辖市文化和旅游厅（局）、公安厅（局）、自然资源主管部门、生态环境厅（局）、卫生健康委、应急管理厅（局）、市场监管局（厅、委）、银保监局、文物局、乡村振兴局，新疆生产建设兵团文体广电和旅游局、公安局、自然资源局、生态环境局、卫生健康委、应急管理局、市场监管局、地方金融监督管理局、文物局、乡村振兴局：

乡村民宿是指利用乡村民居等相关资源，主人参与经营服务，为游客提供体验当地自然、文化与生产生活方式的小型住宿设施。乡村民宿是乡村旅游的重要业态，是带动乡村经济增长的重要动力，是助力全面推进乡村振兴的重要抓手。为贯彻落实《中共中央　国务院关于实施乡村振兴战略的意见》、《国务院办公厅关于服务"六稳"、"六保"进一步做好"放管服"改革有关工作的意见》等文件精神，推动乡村民宿高质量发展，现提出以下意见。

## 一、总体要求

（一）指导思想

以习近平新时代中国特色社会主义思想为指导，全面贯彻党的十九大和十九届历次全会精神，立足新发展阶段，贯彻新发展理念，构建新发展格局，以推动高质量发展为主题，以深化供给侧结构性改革为主线，顺应人民群众乡村旅游消费体验新需求，引导乡村民宿开发和建设，推动乡村旅游提质升级，带动群众就业增收，为巩固拓展脱贫攻坚成果，全面推进乡村振兴战略作出积极贡献。

（二）基本原则

坚持生态优先。深入践行绿水青山就是金山银山理念，保持乡村传统风貌，倡导低碳环保、朴实自然、和谐共生。

坚持文化为根。培育弘扬社会主义核心价值观，深入挖掘乡村文化蕴含的优秀传统、人文精神、道德规范，凸显文化特色、乡村文明。

坚持以人为本。把保障农民利益放在第一位，支持农民直接经营或参与经营的乡村民宿发展，同时兼顾旅游者的利益。

坚持融合发展。丰富乡村民宿产品，创新乡村旅游业态，延伸产业链、拓展价值链，助力推进农村一二三产业融合和城乡融合。

坚持规范有序。加强政府引导和统筹规划，防止大拆大建、盲目复制。统筹发展和安全，加强质量监管，持续提升乡村民宿安全保障能力。

（三）主要目标

到 2025 年，初步形成布局合理、规模适度、内涵丰富、特色鲜明、服务优质的乡村民宿发展格局，需求牵引供给、供给创造需求的平衡态势更为明显，更好满足多层次、个性化、品质化的大众旅游消费需求，乡村民宿产品和服务质量、发展效益、带动作用全面提升，成为旅游业高质量发展和助力全面推进乡村振兴的标志性产品。

## 二、重点任务

（一）完善规划布局，优化资源开发

将乡村民宿发展纳入各地旅游发展规划，与国民经济和社会发展规划、国土空间规划等相衔接，严守耕地和永久基本农田、生态保护红线，确保乡村民宿发展的协调性与可持续性。充分考虑资源禀赋、客源市场、交通区位、水源道路等条件，评估洪涝、山洪、地质等灾害风险。提升基础设施和公共服务设施水平，完善垃圾、污水等处理设施，确保生活垃圾规范处理、污水达标排放，提高乡村民宿的通达性、便捷度和舒适感。引导村民和乡村民宿经营主体共同参与农村人居环境建设和管护，倡导低碳环保经营理念。（自然资源部、生态环境部、文化和旅游部、应急管理部、国家文物局等按职责分工负责）

（二）丰富文化内涵，加强产品建设

深入挖掘文化文物资源，充分展示地域特色文化，丰富乡村民宿文化内涵。尊重历史文化风貌，合理利用自然环境、人文景观、历史文化、文物建筑等资源突出乡村民宿特色，将农耕文化、传统工艺、民俗礼仪、风土人情等融入乡村民宿产品建设，注重与周边社区的文化互动，鼓励乡村民宿参与公共文化服务。找准乡村民宿发展定位，适应不同群体、不同层次需求，打造特色鲜明、类型丰富、品质优良、价格合理的产品体系。以乡村民宿开发为纽带，开展多元业态经营，拓展共享农业、手工制造、特色文化体验、农副产品加工、电商物流等综合业态，打造乡村旅游综合体，有效发挥带动效应。（文化和旅游部、国家文物局、国家乡村振兴局等按职责分工负责）

（三）引导规范发展，加强品牌引领

指导乡村民宿经营主体落实相关公共安全责任和食品安全主体责任，建立治安、消防、食品、卫生、环境、防灾、燃气等公共安全管理制度、应急预案及必要的监测预警设施设备。乡村民宿应按照国家标准、行业标准配置消防设施、器材，落实日常消防安全管理，履行消防安全职责。指导乡村民宿使用治安管理信息系统或手机 APP、小程序、二维码等便利方式，落实旅客住宿实名登记、访客管理、接待未成年人入住"五必须"要求等治安管理制度。乡村民宿建筑应符合国家有关房屋质量安全标准。乡村民宿应配备卫生相关的清洗消毒保洁设施设备，没有条件设置独立清洗间、消毒间的，可通过专业洗涤消毒机构进行布草、公共用品等清洗消毒。推进实施旅游民宿国家、行业相关标准,培育一批乡村等级旅游民宿。鼓励各地在符合国家相关规定和标准基础上,因地制宜制定乡村民宿建筑、治安、消防、食品、卫生、环保、服务等地方标准。将乡村民宿纳入各级文化和旅游品牌建设工作。培育具有区域特征和地方特色的乡村民宿品牌,鼓励优质乡村民宿品牌输出民宿设计、运营管理、市场开拓等成熟经验。(公安部、生态环境部、文化和旅游部、国家卫生健康委、应急管理部、市场监管总局等按职责分工负责)

(四)创新经营模式,带动增收致富

积极吸引农户、村集体经济组织、合作社、企业、能人创客等多元投资经营主体参与乡村民宿建设。鼓励农户和返乡人员开发利用自有房屋自主经营乡村民宿,在规划布局、质量标准、建筑风格等方面加强指导。在尊重农民意愿并符合规划的前提下,鼓励农村集体经济组织通过注册公司、组建合作社、村民入股等方式整村连片发展乡村民宿。鼓励城镇居民等通过租赁产权明晰的闲置宅基地房屋、合作经营等方式开展乡村民宿经营。发挥乡村民宿就业渠道多、方式灵活等优势,鼓励和引导村民参与经营服务,提升劳动技能,促进增收致富。(文化和旅游部、自然资源部、国家乡村振兴局等按职责分工负责)

(五)加强宣传推广,引导合理消费

充分运用信息化手段,加强对乡村民宿产品的精准宣传和互动反馈,推出一批有故事、有体验、有品位、有乡愁的乡村民宿。将乡村民宿纳入文化和旅游消费惠民、会展节庆活动内容范围,鼓励各地将有条件的乡村民宿纳入政府机关和企事业单位会议培训、职工疗休养选择范围。支持乡村民宿加强与电商平台合作,争取电商平台在宣传营销、品牌推广等方面给予扶持。根据节庆、假期分布情况特点,在旅游高峰期加强信息服务,及时发布乡村民宿位置分布、入住率、停车场、交通路线等信息,合理引导游客,缓解拥挤压力。加强对乡村民宿的

消费引导，倡导健康消费、理性消费，不片面追求奢侈高价。（文化和旅游部、应急管理部等按职责分工负责）

### 三、保障措施

（一）加强统筹协调

各地要在地方党委政府的统筹领导下，加强部门间协调联动，在规划建设、规范管理、公共服务、环境营造、安全保障等方面同向发力，解决乡村民宿发展中遇到的难点障碍问题，推动形成政府管理、部门联动、行业自律、企业履责、社会监督的综合治理格局。（文化和旅游部、公安部、自然资源部、生态环境部、国家卫生健康委、应急管理部、市场监管总局、国家文物局、国家乡村振兴局等按职责分工负责）

（二）优化证照办理

坚持规范管理与促进发展相结合，鼓励县级以上地方政府先行先试、创新突破，结合本地实际出台乡村民宿管理办法，协调市场监管、公安、卫生健康、消防等相关职能部门明确证照办理条件和流程。鼓励除直接涉及公共安全和人民生命健康的领域的产品许可事项之外的，通过联合审核、一站式办理、多证合一、以备案代替发证、告知承诺制、信息共享等方式，优化证照办理流程，为乡村民宿经营者提供便捷、规范的证照办理服务。落实好《农家乐（民宿）建筑防火导则（试行）》（建村〔2017〕50号）相关要求。在符合国土空间规划前提下，鼓励复合利用依法登记的宅基地发展乡村民宿。符合地方人民政府关于市场主体住所（经营场所）条件规定的，办理营业执照。（公安部、自然资源部、文化和旅游部、应急管理部、国家卫生健康委、市场监管总局等按职责分工负责）

（三）保障用地用房

推动落实乡村旅游用地政策，在充分尊重农民意愿的前提下，鼓励依法盘活利用农村闲置宅基地和闲置住宅等资源。各地要依据国土空间规划,通过全域土地综合整治、城乡建设用地增减挂钩等方式有效盘活利用存量建设用地用于乡村民宿建设,探索灵活多样的供地方式。乡镇国土空间规划和村庄规划中可预留不超过5%的建设用地机动指标,用于发展乡村旅游等必须在村庄建设边界外进行的少量配套设施建设,但不得占用永久基本农田和生态保护红线,不得破坏生态环境和乡村原貌,确需占用耕地的应依法落实占补平衡。鼓励农村集体经济组织以自营、出租、入股、联营等方式依法使用农村集体建设用地建设乡村民宿。在农村闲置宅基地和闲置住宅盘活利用试点示范中,整合资源推动创建一批民宿集中村、乡村旅游目的地等盘活利用样板。(自然资源部负责)

(四)完善支持政策

统筹农村供水保障工程、数字乡村建设工程、农村人居环境整治、危房改造、农村垃圾污水处理、公共服务均衡配置等项目布局,支持供水供电、消防水源、消防车道、垃圾污水处理、绿化亮化等乡村民宿配套公共设施建设。鼓励将符合条件的乡村旅游基础设施建设项目纳入地方政府专项债券支持范围。引导金融机构依法合规创新金融产品和服务模式,拓展乡村民宿经营主体融资渠道,在农村宅基地制度改革试点地区,探索通过宅基地使用权抵押、农民住房财产权抵押、信用贷款等形式支持乡村民宿建设和经营,在防范风险的前提下降低融资条件和门槛。调动农民群众等参与乡村民宿发展的积极性,对乡村民宿投资建设、改造升级可给予资金补贴或提供贴息贷款,对评定等级的乡村民宿可给予资金奖励,对返乡进行民宿开发创业的,可按规定享受相关税收优惠政策。探索满足乡村民宿经营需求的保险服务,发挥保险业风险管理和补偿功能,支持乡村民宿应对疫情、极端天气等突发情况带来的经营风险。(自然资源部、文化和旅游部、应急管理部、银保监会、国家乡村振兴局按职责分工负责)

（五）加强人才培养

将乡村民宿规划设计、开发建设、经营管理和服务人员培训纳入相关各级乡村旅游培训计划，整合行业协会、职业院校、社会企业等力量，充分发挥乡村文化和旅游带头人作用，定期开展各种类型的岗位培训，按相关规定给予培训补贴。加大人才返乡创业扶持力度，支持外出务工农民、高校毕业生等回乡进行乡村民宿创业，为乡村民宿持续健康发展提供人才保障。（文化和旅游部、国家乡村振兴局按职责分工负责）

文化和旅游部　公安部

自然资源部　生态环境部

卫生健康委　应急部

市场监管总局　银保监会

文物局　乡村振兴局

2022 年 7 月 8 日

# 关于印发巩固拓展健康扶贫成果同乡村振兴有效衔接实施意见的通知

国卫扶贫发〔2021〕6号

河北省、山西省、内蒙古自治区、辽宁省、吉林省、黑龙江省、安徽省、福建省、江西省、山东省、河南省、湖北省、湖南省、广西壮族自治区、海南省、重庆市、四川省、贵州省、云南省、西藏自治区、陕西省、甘肃省、青海省、宁夏回族自治区、新疆维吾尔自治区卫生健康委、发展改革委、工业和信息化厅（局）、通信管理局、民政厅（局）、财政厅（局）、人力资源社会保障厅（局）、生态环境厅（局）、住房和城乡建设厅（局）、农业农村厅（局）、医保局、中医药局、扶贫办（乡村振兴局），各军种后勤部，战略支援部队参谋部，联勤保障部队卫勤局，武警部队后勤部：

为贯彻落实党中央、国务院关于巩固拓展脱贫攻坚成果同乡村振兴有效衔接的决策部署，巩固基本医疗有保障成果，推进健康乡村建设，防止因病致贫返贫，国家卫生健康委、国家发展改革委、工业和信息化部、民政部、财政部、人力资源社会保障部、生态环境部、住房和城乡建设部、农业农村部、国家医保局、国家中医药管理局、国家乡村振兴局和中央军委后勤保障部联合制定《关于巩固拓展健康扶贫成果同乡村振兴有效衔接的实施意见》。现印发给你们，请结合实际认真贯彻落实。

附件："十四五"期末巩固拓展健康扶贫成果主要指标

国家卫生健康委

国家发展改革委

工业和信息化部

民政部

财政部

人力资源社会保障部

生态环境部

住房和城乡建设部

农业农村部

国家医保局

国家中医药管理局

国家乡村振兴局

中央军委后勤保障部

2021 年 2 月 1 日

附件

## "十四五"期末巩固拓展健康扶贫成果主要指标

| 指标 | 属性 |
|------|------|
| 1. 乡村两级医疗卫生机构和人员"空白点"动态清零 | 约束性 |
| 2. 常住人口超过 10 万人的脱贫县要有 1 所县级医院达到二级医院医疗服务能力 | 约束性 |
| 3. 脱贫地区乡镇卫生院和行政村卫生室完成标准化建设，脱贫地区乡镇卫生院中医馆设置实现全覆盖 | 约束性 |
| 4. 签约家庭医生的农村低收入人口高血压、糖尿病、结核病和严重精神障碍的规范管理率达到 90% | 预期性 |

| 指标 | 属性 |
|------|------|
| 5. 大病专项救治病种≥30 种 | 约束性 |
| 6. 以省为单位，脱贫地区居民健康素养水平"十四五"期间总上升幅度达到 5 个百分点 | 约束性 |

（信息公开形式：主动公开）

# 关于巩固拓展健康扶贫成果同乡村振兴有效衔接的实施意见

巩固拓展健康扶贫成果同乡村振兴有效衔接，是建立巩固脱贫攻坚成果长效机制的重要举措，是支持脱贫地区接续推进乡村振兴的重点工作，是全面推进健康中国建设的根本要求，对于巩固基本医疗有保障成果，推进健康乡村建设，防止因病致贫返贫具有重要意义。为贯彻落实党中央、国务院关于实现巩固拓展脱贫攻坚成果同乡村振兴有效衔接的决策部署，现提出以下意见。

## 一、总体要求

（一）主要思路。以习近平新时代中国特色社会主义思想为指导，全面贯彻党的十九大和十九届二中、三中、四中、五中全会精神，坚定不移贯彻新发展理念，坚持以人民为中心的发展思想，坚持新时代卫生健康工作方针，在 5 年过渡期内，保持健康扶贫主要政策总体稳定，调整优化支持政策，进一步补齐脱贫地区卫生健康服务体系短板弱项，深化县域综合医改，深入推进健康乡村建设，聚焦重点地区、重点人群、重点疾病，完善国民健康促进政策，巩固拓展健康扶贫成果，进一步提升乡村卫生健康服务能力和群众健康水平，为脱贫地区接续推进乡村振兴提供更加坚实的健康保障。

（二）主要目标。到 2025 年，农村低收入人口基本医疗卫生保障水平明显提升，全生命周期健康服务逐步完善；脱贫地区县乡村三级医疗卫生服务体系进一步完善，设施条件进一步改善，服务能力和可及性进一步提升；重大疾病危害得到控制和消除，卫生环境进一步改善，居民健康素养明显提升；城乡、区域间卫生资源配置逐步均衡，居民健康水平差距进一步缩小；基本医疗有保障成果持续巩固，乡村医疗卫生机构和人员"空白点"持续实现动态清零，健康乡村建设取得明显成效。

## 二、保持政策总体稳定，巩固基本医疗有保障成果

（三）优化疾病分类救治措施。已纳入大病专项救治范围的 30 个病种，定点医院原则上保持不变。按照"定定点医院、定诊疗方案、加强质量安全管理"的原则，将大病专项救治模式推广作为脱贫地区县域医疗机构针对所有 30 种大病患者住院治疗的规范化措施。结合当地诊疗能力，可进一步扩大救治病种范围，并逐步推广到省、市级医疗机构。持续做好脱贫人口家庭医生签约服务，结合脱贫地区实际，逐步扩大签约服务重点人群范围，提供公共卫生、慢病管理、健康咨询和中医干预等综合服务，重点做好高血压、糖尿病、结核病、严重精神障碍等四种主要慢病患者的规范管理和健康服务。

（四）完善住院先诊疗后付费政策。在有效防范制度风险的前提下，有条件的地方可将县域内住院先诊疗后付费政策对象调整为农村低保对象、特困人员和易返贫致贫人口，患者入院时不需缴纳住院押金，只需在出院时支付医保报销后的自负医疗费用。加强医保经办机构与定点医疗机构信息互联互通，推进医疗保障"一站式"结算。

（五）健全因病返贫致贫动态监测和精准帮扶机制。加强与民政、医保、扶贫（乡村振兴）等部门数据比对和共享，发挥基层医疗卫生机构服务群众的优势，对脱贫人口和边缘易致贫

人口大病、重病救治情况进行监测，建立健全因病返贫致贫风险人群监测预警和精准帮扶机制，主动发现、及时跟进，做好救治、康复等健康服务，配合落实各项医疗保障政策和社会救助、慈善帮扶等措施。

（六）建立农村低收入人口常态化健康帮扶机制。加强农村低收入人口健康帮扶措施，大病专项救治、家庭医生签约服务措施对农村低收入人口重点落实，加强农村严重精神障碍患者服务管理和救治保障，做好失能半失能老年人医疗照护、0—3岁婴幼儿托育指导和妇女儿童保健服务，落实儿童青少年近视、肥胖、脊柱侧弯等健康预防政策。加强因病致贫返贫风险人群常态化健康帮扶落实情况监测。

（七）优化乡村医疗卫生服务覆盖。按照《关于印发解决贫困人口基本医疗有保障突出问题工作方案的通知》（国卫扶贫发〔2019〕45 号）中明确的医疗卫生机构"三个一"、医疗卫生人员"三合格"、医疗服务能力"三条线"、医疗保障制度全覆盖等十条指导工作标准要求，持续巩固拓展基本医疗有保障成果。动态监测乡村医疗卫生机构和人员变化情况，及时发现问题隐患，采取针对性措施解决，实行乡村医疗卫生机构和人员"空白点"动态清零。结合经济社会发展、乡村规划调整和移民搬迁情况，根据基本医疗有保障工作标准，优化乡镇、行政村和易地扶贫搬迁集中安置区卫生院、卫生室设置，进一步改善设施条件，加强合格医务人员配备。支持地方采取巡诊、派驻等灵活多样方式，确保农村医疗卫生服务全覆盖。加强巡诊、派驻到乡镇卫生院和村卫生室工作的医务人员管理，明确工作职责和服务要求。

### 三、加强和优化政策供给，提升脱贫地区卫生健康服务水平

（八）深化县域综合医改推进措施。按照"县强、乡活、村稳、上下联、信息通"的要求，支持脱贫地区推进紧密型县域

医共体建设，统筹整合优化资源配置，完善县域医疗卫生服务体系，提升县域医疗卫生服务能力。完善县乡一体化管理机制，依托现有资源建立开放共享的县域影像、心电、病理诊断和医学检验等中心，实现基层检查、上级诊断和区域内互认。推进医保支付方式改革，探索对紧密型医疗联合体实行总额付费，加强监督考核，结余留用，合理超支分担。有条件的地区可按协议约定向医疗机构预付部分医保资金，缓解其资金运行压力。推进乡村一体化管理，落实"两个允许"要求，进一步激发运行活力，调动基层医疗卫生服务提供积极性。落实家庭医生签约服务费政策，督促地方明确签约服务费收费和分配标准，提升签约履约积极性和主动性。落实签约居民在就医、转诊、用药等方面的差异化政策，逐步形成家庭医生首诊、转诊和下转接诊的模式。

（九）进一步完善医疗卫生服务体系。加大对脱贫地区、易地扶贫搬迁集中安置区等医疗卫生服务体系建设的政策、项目支持力度，鼓励地方政府加大对脱贫地区、易地扶贫搬迁集中安置区等基层医疗卫生机构建设的支持力度，持续推进乡村医疗卫生机构标准化建设，加强资金统筹整合和筹集，全面提升脱贫地区和易地扶贫搬迁集中安置区等医疗卫生机构基础设施条件和设备配置水平。加强临床重点专科建设，推动优质医疗卫生资源扩容下沉，提高脱贫地区卫生资源配置水平。加强脱贫地区乡镇卫生院中医馆建设，配备中医医师，加强脱贫地区村卫生室中医药设备配置和乡村医生中医药知识与技能培训，大力推广中医药适宜技术。加强脱贫地区危重孕产妇救治中心和危重新生儿救治中心、产前筛查和产前诊断服务网络建设，加强重点设备配备和骨干人才培养。

（十）补齐公共卫生服务体系短板。进一步加强对脱贫地区疾病预防控制体系、县级医院救治能力等方面的建设支持力度。加强疾病预防控制机构建设，改善疾控机构基础设施条件，鼓励有条件的地市整合市县两级检验检测资源，配置移动生物安全二级实验室，统筹满足区域内快速检测需要。加强疾控人才队伍建设，强化实验室设备配置和信息化建设，提升监测预警能力、现场流行病学调查能力和实验室检验检测能力。改善基层医疗卫生机构应急救治和应对条件，加强基层医疗卫生机构疾病预防控制能力建设。加强县级妇幼保健机构建设，进一步完善基础设施条件，持续加强儿童保健人员和新生儿科医师培训，加强基层医疗卫生机构儿童保健医师配备。鼓励综合医院开设精神心理科，加强基层医疗卫生机构精神卫生和心理健康服务人员配备，搭建基层服务网络。加强卫生监督执法体系建设，推进监督机构规范化建设，加强人才培养，支持监督机构基础设施建设及执法装备配备，推进监督信息化工作。

（十一）加强基层医疗卫生人才队伍建设。对脱贫地区基层医疗卫生机构，在编制、职称评定等方面给予政策支持。因地制宜加大本土人才培养力度，逐步扩大订单定向免费医学生培养规模，中央财政继续支持为中西部乡镇卫生院培养本科定向医学生，各地要结合实际为村卫生室和边远地区乡镇卫生院培养一批高职定向医学生，落实就业安置和履约管理责任，强化属地管理，建立联合违约惩戒机制。积极支持引导在岗执业（助理）医师参加转岗培训，注册从事全科医疗工作。继续实施全科医生特岗计划。落实基层卫生健康人才招聘政策，乡镇卫生院公开招聘大学本科及以上毕业生、县级医疗卫生机构招聘中级职称或者硕士以上人员和全科医学、妇产科、儿保科、儿科、精神心理科、出生缺陷防治等急需紧缺专业人才，可采取面试（技术操作）、直接考察等方式公开招聘；对公开招聘报名后形不成竞争的，可适当降低开考比例，或不设开考比例划定合格分数线。鼓励脱贫地区全面推广"县管乡用""乡管村用"。继续推进基层卫生职称改革，对长期在艰苦边远地区和基层一线工作的卫生专业技术人员，业绩突出、表现优秀的，可放宽学历等要求，同等条件下优先评聘。执业医师晋升为副高级技术职称，应当有累计一年以上在县级以下或者对口支援的医疗卫生机构提供医疗卫生服务经历。各类培训项目优先满足脱贫地区需求，培训计划单列下达，培训对象同等条件下予以优先招收。加强乡村医生队伍建设，逐步建立乡村医生退出机制。各地要支持和引导符合条件的乡村医生按规定参加职工基本养老保险。不属于职工基本养老保险覆盖范围的乡村医生，可在户籍地参加城乡居民基本养老保险。对于年满 60 周岁的乡村医生，各地要结合实际，采取补助等多种形式，进一步提高乡村医生养老待遇。

（十二）持续开展三级医院对口帮扶。根据新一轮东西部协作结对关系安排，适当调整对口帮扶关系，保持对口帮扶工作管理要求不变。各级卫生健康行政部门指导三级医院和脱贫地区县级医院续签对口帮扶协议，制定"十四五"期间医院学科建设规划。三级医院继续采取"组团式"帮扶方式，以驻点帮扶为主，向县级医院派驻管理人员和学科带头人不少于 5 人（中医院不少于 3 人），每批连续工作时间不少于 6 个月，远程帮扶为辅，注重提升远程医疗服务利用效率。在前期帮扶成效基础上，持续提升医院管理水平和医疗服务能力，针对性提升重大公共卫生事件应对能力，提高县级医院平战转换能力。

（十三）支持推动"互联网+医疗健康"发展。帮扶医院和上级医院加大脱贫地区县级医院远程医疗服务支持力度，推动更多优质医疗资源向脱贫地区倾斜。加快推进远程医疗向乡镇卫生院和村卫生室延伸。脱贫地区县域医共体或医联体要积极运用互联网技术，加快实现医疗资源上下贯通、信息互通共享、业务高效协同，积极开展预约诊疗、双向转诊、远程医疗等服务。推进"互联网+"公共卫生服务、"互联网+"家庭医生签约服务、"互联网+"医学教育和科普服务，利用信息化技术手段，提升农村卫生健康服务效率。

## 四、加快推进健康中国行动计划，健全完善脱贫地区健康危险因素控制长效机制

（十四）持续加强重点地区重大疾病综合防控。指导脱贫地区加强传染病监测报告和分析研判，落实针对性的防控措施。持续改善地方病流行区生产生活环境，对高危地区重点人群采取预防和应急干预措施，对现症病人开展救治和定期随访工作。持续推进包虫病综合防治，采取"以控制传染源为主、中间宿主防控与病人查治相结合"的策略，实行分类防控，提升西藏和四省涉藏州县防治能力，巩固防治成果。支持实施凉山州艾滋病防治攻坚第二阶段行动，有效遏制艾滋病等重大传染病的流行。巩固新疆结核病防治工作成效，完善"集中服药+营养早餐"等全流程规范化管理政策，持续降低结核病疫情。深入实施尘肺病等职业病综合防控，推进尘肺病等职业病主动监测与筛查，加强尘肺病康复站建设管理，提升基层医疗卫生机构职业病治疗康复能力。加强癌症、心血管疾病等早期筛查和早诊早治，强化高血压、糖尿病等常见慢性病健康管理。

（十五）实施重点人群健康改善行动。深入实施农村妇女宫颈癌、乳腺癌和免费孕前优生健康检查项目。将落实生育政策与巩固脱贫成果紧密结合起来，优化生育政策，增强生育政策包容性，加强新型婚育观念宣传倡导，提高服务管理水平。在脱贫地区继续实施儿童营养改善项目和新生儿疾病筛查项目，扎实做好孕产妇健康管理和0—6岁儿童健康管理，强化出生缺陷防治。加强农村普惠性婴幼儿照护服务，在农村综合服务设施建设中，统筹考虑婴幼儿照护服务设施建设，加大对农村家庭的科学育儿指导力度。鼓励社会组织、企事业单位、计生协会等社会力量积极探索农村婴幼儿照护和老年人健康服务发展项目。深入推进医养结合，完善上门医疗卫生服务政策，维护老年人健康。

（十六）全面推进健康促进行动。针对影响健康的行为与生

活方式、环境等因素，在脱贫地区全面实施健康知识普及、合理膳食、全民健身、控烟、心理、环境等健康促进行动。持续开展脱贫地区健康促进行动，推动健康教育进乡村、进家庭、进学校，以"健康知识进万家"为主题，为群众提供更加精准规范的健康教育服务。开展心理健康促进行动，提升农村居民心理健康素养，开展对抑郁、焦虑等常见精神障碍的早期筛查，及时干预，提高治疗率。

（十七）深入开展爱国卫生运动。发挥爱国卫生运动的统筹协调作用，持续推进脱贫地区农村人居环境整治。聚焦重点场所、薄弱环节，加大农村垃圾、污水、厕所等环境卫生基础设施建设力度，持续开展村庄清洁行动，建立长效管理维护机制。发挥爱国卫生运动文化优势与群众动员优势，大力开展健康科普工作，增强农村群众文明卫生意识，革除陋习，养成良好卫生习惯和文明健康、绿色环保的生活方式，提高农村群众生态环境与健康素养水平，引导农村群众主动参与到改善生态环境中来，营造共建共享的良好氛围。

## 五、组织实施

（十八）加强组织领导。落实中央统筹、省负总责、市县乡抓落实的工作机制，各地要将巩固拓展健康扶贫成果同乡村振兴有效衔接纳入实现巩固拓展脱贫攻坚成果同乡村振兴有效衔接决策议事协调工作机制统一部署推进，加强部门协同，结合实际制订实施方案，明确时间表、路线图，统筹做好政策衔接、机制平稳转型、任务落实、考核督促等工作，层层落实责任，确保政策平稳过渡、落实到位。

（十九）加强部门协作。落实部门职责，强化政策和工作协同。卫生健康部门负责统筹推进巩固拓展健康扶贫成果同乡村振兴有效衔接，督促工作落实。发展改革部门负责将有关建设任务纳入"十四五"巩固拓展脱贫攻坚成果同乡村振兴有效衔接规划，支持脱贫地区医疗卫生相关基础设施建设。财政部门负责通过现行渠道做好资金保障。民政部门负责农村低保对象、特困人员等农村低收入人口认定，做好农村低保、特困人员救助供养、临时救助等工作。医保部门负责落实好各项医疗保障政策。扶贫（乡村振兴）部门负责脱贫人口、易返贫致贫人口认定，做好数据共享和对接。人力资源社会保障部门负责职称评定、薪酬待遇、乡村医生参加养老保险等政策落实。农业农村、住房城乡建设、生态环境等部门负责爱国卫生运动相关工作。通信管理部门负责协调推进远程医疗网络能力建设。中央军委后勤保障部负责持续推进军队系统三级医院对口帮扶工作。中医药管理部门负责中医药系统三级医院对口帮扶工作和中医药服务体系、服务能力建设。

（二十）加强倾斜支持。现有支持脱贫地区的各类投入政策、资金和项目在过渡期内保持总体稳定，并向西部地区乡村振兴重点帮扶县倾斜。省市两级财政安排的卫生健康项目资金要进一步向脱贫地区和乡村振兴重点帮扶县倾斜。东西部协作、对口支援和社会力量等帮扶措施进一步向卫生健康领域倾斜。

（二十一）加强宣传引导。坚持正确舆论导向，加强巩固拓展健康扶贫成果同乡村振兴有效衔接的政策解读，强化政策培训，开展系列宣传活动，提高卫生健康行业和基层干部群众政策知晓度，引导社会预期。广泛宣传巩固拓展健康扶贫成果取得的工作进展和成效，广泛宣传广大医务工作者深入农村、深入基层为群众解除病痛的生动事迹，营造良好舆论氛围。

第四部分

# 有关人才振兴的文件

# 关于进一步推进东西部人社协作的通知

人社厅函〔2022〕173号

各省、自治区、直辖市及新疆生产建设兵团人力资源社会保障厅（局）、发展改革委、乡村振兴局：

东西部协作是巩固拓展脱贫攻坚成果和全面推进乡村振兴的重要力量，是支持西部地区建设，推动区域协调发展、协同发展、共同发展，缩小发展差距，实现共同富裕的重要举措。为贯彻党中央、国务院关于深化东西部协作的决策部署，切实发挥人社部门在东西部协作中的作用，现就进一步推进东西部人社协作有关事项通知如下：

## 一、工作目标

进一步健全东西部人社协作体制机制，创新协作方式，强化服务保障，提升协作效率，构建集劳务协作、品牌打造、技能培训、技工院校建设、人才交流于一体的东西部人社协作新格局，扎实巩固拓展人社脱贫攻坚成果，助力全面推进乡村振兴。

## 二、工作任务

（一）创新协作方式。各地要充分发挥区域间互补优势，积极整合帮扶资源，丰富协作形式。西部地区要指导国家乡村振兴重点帮扶县、大型易地搬迁安置区等重点地区与结对帮扶县（市、区）在就业、技工教育和技能培训、人才引智等方面加强工作联动。东部地区要将劳务协作、技能提升、人才支援等列入东西部协作重要内容，加大资金、资源、项目投入。鼓励结对关系调整前的东西部协作结对地区通过市场化方式继续保持协作关系。有条件地区可与劳动力流动较多的其他地区建立健全市场化协作机制。

（二）健全东西部劳务协作机制。西部地区要摸清本地脱贫人口和防止返贫监测对象外出务工意愿，建立有意愿外出人员清单；东部地区要挖掘本地区企业用工需求，动态归集发布适合脱贫人口和防止返贫监测对象的就业岗位，形成岗位需求清单。依托东西部协作机制，搭建完善用工信息对接平台，推动输出地、输入地信息共享、培训协同、高效对接。优化完善劳务协作机制，对受疫情、重大自然灾害影响的输出地及时开展劳务协作定向援助，对输入地及时分流承接压力，结合实际调整劳务协作目标任务。东部地区要落实稳岗责任，努力将脱贫人口稳在企业，稳在岗位。对吸纳协作地区脱贫人口和防止返贫监测对象就业成效明显的企业，可给予一定支持。加大易地扶贫搬迁就业帮扶力度，强化精准就业培训和劳务对接，依托东西部协作机制有序组织搬迁劳动力外出务工。按照已形成的协作帮扶关系，以国家乡村振兴重点帮扶县为重点，开展乡村与街道的精准对接，帮助愿意从事家政服务的农村转移劳动力直达家政社区服务网点就业。

（三）着力发展劳务品牌。各地要充分发挥东西部劳务协作作用，健全劳务品牌建设机制，扩大劳务品牌就业规模和产业容量，提高就业质量。鼓励各地积极参加劳务品牌发展大会，建成一批具有鲜明地域特色、过硬技能特征和良好市场口碑的劳务品牌，进一步带动就业创业，助推地区产业发展。鼓励东西部协作地区为家政劳务品牌搭建对接渠道，支持家政劳务品牌在家政服务劳务对接助力乡村振兴行动中发挥作用。

（四）促进就业帮扶车间稳固发展。各地要进一步发挥东西部人社协作机制在建立、稳定和发展就业帮扶车间方面的作用，全面摸底排查就业帮扶车间运营情况，做到基础底数清、政策落实清、经营状况清，确保完成就业帮扶车间数量稳定在 3 万个以上、吸纳脱贫人口和防止返贫监测对象就业数量稳定在 40 万人以上的年度目标。积极推动帮扶车间发展成为吸纳就业的产业，把易地搬迁安置区配套帮扶车间作为重点，支持帮扶车间扩大生产规模、延长产业链条，推动从单一生产类型、单一产业环节向综合工厂转型，促进聚集发展，提高产业集中度。

（五）大力实施以工代赈。各地要将以工代赈作为促进脱贫群众就近就业增收、提高劳动技能的一项重要举措。要在政府投资的重点工程项目和农业农村基础设施建设领域中，按照"应用尽用、能用尽用"的原则，大力实施以工代赈，充分挖掘工程项目用工潜力，为当地脱贫人口和防止返贫监测对象等群体提供规模性务工岗位。东部地区要充分发挥优势，积极吸纳西部省份外出务工人员参与当地工程项目建设，推动更多帮扶项目按照以工代赈方式实施，充分吸纳脱贫人口和防止返贫监测对象、农民工等重点群体务工就业。以工代赈项目要广泛组织脱贫人口和防止返贫监测对象和其他就业困难群体参与务工，合理确定劳务报酬发放标准和规模，尽可能提高以工代赈项目劳务报酬发放比例，最大程度发挥"赈"的作用。各地要统筹各类培训资金和资源，联合施工单位对以工代赈务工人员开展劳动技能培训和安全生产培训，帮助其掌握实际操作技能。

（六）加强技工教育培训协作交流。各地要建立健全以促进就业和适应产业发展、满足市场需求为导向的技工教育培训体系。西部地区要依托现有资源，新建、改（扩）建一批技工院校和职业培训机构，鼓励各级各类企业举办或参与举办技工院校，支持民办技工教育发展，不断提升自主发展能力。东部地区要鼓励本地技工院校、企业与西部地区技工院校开展校校合作、企校合作，扩大在西部地区招生和培训规模；支持各类培训机构到西部开展职业技能培训，推动培训资源共建共享，加大对搬迁群众的技能培训力度，提升训后上岗率。

（七）强化人才协作和智力支持。各地要通过实施人才双向挂职、"组团式"人才支援、柔性引才等方式，持续为脱贫地区人才队伍注入新力量。东部地区要加大人才选派力度，选派教育、医疗、产业、科技、管理等领域专业技术人才到西部地区开展帮扶工作；要鼓励各类专家到西部开展专题讲座、现场指导、技术咨询等活动，扶持基层重点领域、特殊区域和关键岗位专业技术人才培训工作，为西部培养培训一批急需紧缺和骨干专业技术人才。西部地区要加大政策保障力度，为帮扶人才提供便利和支持。

（八）持续深化东西部协作考核评价。各地要对照东西部协作考核评价发现的问题，扎实推进整改落实，助力协作地区牢牢守住不发生规模性返贫的底线。强化协作帮扶责任落实，定期组织开展对接调研，共同协调研究谋划推动重点工作。各地人力资源社会保障、发展改革、乡村振兴部门要优化对接机制，加强统筹协调和工作配合，推动协作帮扶顺利开展。东部地区要谋划推动好重大发展项目，提供强有力的协作支持。西部地区要强化发展主体责任，为帮扶项目落地创造良好条件。

### 三、工作要求

（一）加强组织领导。各地人力资源社会保障、发展改革、乡村振兴部门要加强协调联动，落实帮扶责任，积极拓展帮扶领域、健全帮扶机制、优化帮扶方式，因地制宜开展各类对接活动。要准确把握东西部协作工作方向，聚焦协作重点，坚持以发展的办法创新深化协作帮扶，不断提升协作工作质量水平。省级人力资源社会保障部门每年12月15日前将年度工作推进和落实情况报送人力资源社会保障部乡村振兴办。

（二）强化服务保障。鼓励劳务输出人数较多的地区，在劳务输入地建立综合性务工服务站（点），进一步强化输出输入联络对接，实地了解外出务工脱贫人口和防止返贫监测对象在输入地的就业状况、生活情况，做好后续跟踪服务，确保输得出、稳得住。东部地区输入地要畅通脱贫人口和防止返贫监测对象流入渠道，帮助其方便就业、稳定就业、维护合法权益，将在本地务工的脱贫人口和防止返贫监测对象全部作为工作对象，纳入稳岗就业服务范围。

（三）营造良好氛围。各地人力资源社会保障部门要牵头梳理总结东西部人社协作典型经验，充分利用网络、电视等多种媒体，广泛开展宣传，并及时报人力资源社会保障部乡村振兴办。我们将通过简报、报纸、官微等途径，摘登宣传各地经验做法。

人力资源社会保障部办公厅
国家发展改革委办公厅
国家乡村振兴局综合司
2022 年 11 月 23 日

# 关于促进退役军人投身乡村振兴的指导意见

退役军人部发〔2021〕48 号

民族要复兴，乡村必振兴。习近平总书记和党中央高度重视乡村振兴，强调要"举全党全社会之力推动乡村振兴"，指出"乡村振兴，人才是关键"。退役军人是重要的人力人才资源，是社会主义现代化建设的重要力量。促进退役军人投身乡村振兴，既是响应国家号召、投身国家战略的具体体现，也是引导他们返乡干事创业、实现人生价值的重要途径，有助于推动农村基层社会治理现代化能力提升，有助于推动农业农村经济社会更快更好发展，有助于推动乡村国防动员能力进一步强化。现就促进退役军人投身乡村振兴提出以下指导意见：

## 一、拓宽就业渠道

（一）鼓励退役军人到乡村重点产业创业就业。引导有资金、有技术、懂市场、能创新的退役军人，在农业内外、生产两端和城乡两头创业，发展特色种植业、规模养殖业、加工流通业、乡村服务业、乡村旅游和休闲农业等特色产业。重点支持返乡退役军人创办农产品储藏保鲜、分等分级、清洗包装等农产品初加工主体，发展蔬菜、水果、食用菌、茶叶等产业，利用新技术改造提升传统食品加工。引导农业产业化龙头企业、民营企业积极招用退役军人。支持退役军人从事乡村保洁员、水管员、护路员、生态护林员等工作，进一步增加就业收入。

（二）支持退役军人领办新型农业经营主体。鼓励退役军人创办领办家庭农场、农民合作社、农业社会化服务组织等新型农业经营主体和服务主体，并积极吸纳农村退役军人就业。支持退役军人中的乡村工匠、文化能人、手工艺人发挥自身特长，创办家庭工场、手工作坊、乡村车间等，开发剪纸、蜡染、刺绣、石雕、砖雕等乡土产业，领办兴办智慧农业、视频农业、直播直销等数字农业经营主体，创新产品营销模式，扩大销售市场，带动农民增收。

（三）持续引导退役军人参与乡村建设和基层治理。注重从退役军人党员中培养选拔村党组织书记，推动村党组织带头人队伍整体优化提升。落实艰苦边远地区乡镇公务员考录政策，适当降低门槛、放宽开考比例，鼓励县乡两级拿出一定数量的职位面向具有本地户籍或在本地长期生活工作的退役军人招考。鼓励复学的退役大学生士兵参加"一村一名大学生"、"三支一扶"等计划，反哺农业农村。引导退役军人从事乡村教师、农业经理人、乡镇人民调解员等职业，在同等条件下优先聘用，充实乡村建设人才队伍。鼓励各地通过适当方式引导退役军人参与农村环境整治提升、乡村公共基础设施建设及基本公共服务活动。

## 二、强化培育赋能

（四）引导参加学历教育。鼓励退役军人报考农业类高职院校，按规定享受优待政策。支持返乡入乡退役军人依托弹性学制、农学交替、送教下乡等教学培养方式，就地就近接受职业高等教育。

（五）加强涉农类职业技能培训。支持返乡入乡退役军人参加农业类相关职业技能培训。鼓励职业院校围绕本地农产特色，瞄准本地新农村建设要求，推出一批实用性强、见效快的中短期培训项目，符合条件的按规定纳入职业培训补贴范围，不断提高返乡入乡退役军人农技致富能力。

（六）做好农业创业培训。依托高素质农民培育计划，支持符合条件的退役军人参与新型农业经营和服务主体能力提升、种养加能手技能培训、农村创业创新带头人培育、乡村治理及社会事业发展带头人培育等行动，提升退役军人创业就业能力。按规定将符合条件的退役军人纳入农村实用人才带头人示范培训、地方农业执法骨干培训、农村创业创新培训、农机合作社运营管理等培训范围，针对性提升退役军人参与乡村振兴能力。有序推动农村创业创新导师队伍建设，加快培训平台共建共享，探索"平台+导师+创客"服务模式。

### 三、加强政策支持

（七）落实财税优惠政策。对符合条件的返乡创业退役军人，按规定纳入创业扶持政策范围。对符合条件的返乡入乡创业企业提供创业担保贷款贴息支持。充分发挥农产品产地冷藏保鲜设施建设、农业产业融合发展等项目的示范引领作用，引导、鼓励退役军人参与。返乡入乡退役军人从事个体经营或在乡企业招用退役军人，可按规定享受税收优惠政策。退役军人在乡村创办中小微企业，吸纳就业困难人员并为其缴纳社会保险费的，按规定给予企业社会保险补贴。

（八）加大金融政策支持。鼓励和支持金融机构创新金融产品和服务方式，引导银行机构提供专属信贷产品，推广"互联网+返乡创业+信贷"等模式，满足退役军人返乡创业融资需求。发挥政府性融资担保机构作用，为符合条件的返乡入乡退役军人提供融资担保，鼓励保险机构为退役军人农业创业企业提供综合保险服务，支持退役军人创办的乡村企业。引导各类产业发展基金、创业投资基金投入返乡入乡退役军人创办的项目，鼓励社会资本设立退役军人返乡入乡创业基金，拓宽资金保障渠道。

（九）加大用地政策支持。严格落实相关法律法规，在农村土地承包经营权、宅基地使用权、房屋财产权、集体收益分配权保障过程中，对回到农村、符合条件的退役军人，加强信息对接，维护合法权益。鼓励各地制定细则，在新编县乡级国土空间规划、省级制定土地利用年度计划中做好各类用地安排，支持退役军人等返乡入乡创业就业人员发展农村产业融合发展项目用地需求。农村整治用地指标，优先用于符合条件的返乡入乡退役军人。允许在符合国土空间规划和用途管制要求、不占用永久基本农田和生态保护红线的前提下探索创新用地方式，支持退役军人创办乡村休闲旅游等新产业新业态。

（十）加大保障政策支持。符合住房保障条件的退役军人家庭纳入城镇住房保障范围。推动地方政府建立社保关系转移接续机制，将返乡创业退役军人的权益纳入法治保障。

### 四、优化服务保障

（十一）做好公共服务。鼓励公共人力资源服务机构免费为退役军人提供职业介绍、创业指导等服务。建立完善退役军人就业台账，动态跟踪退役军人返乡入乡就业创业情况。鼓励各地打通部门间信息查询互认通道，提高服务精准度。积极培育市场化中介服务机构，引导行业协会商会发挥作用，鼓励为退役军人提供专业服务。积极邀请、支持、组织退役军人涉农企业参加各类招聘活动，有条件的可以设置退役军人涉农专区或专场招聘。

（十二）发挥聚集功能。依托农村产业融合发展示范园、农产品加工园、高新技术园区等，按规定设立一批乡情浓厚、特色突出、设施齐全的退役军人就业创业园区。建设一批集"生产+加工+科技+营销+品牌+体验"于一体、"预孵化+孵化器+加速器+稳定器"全产业链的孵化实训基地、众创空间和星创天地等，帮助退役军人开展上下游配套创业。

（十三）强化宣传激励。通过优秀人才评选、创新创业比赛、职业技能大赛等途径，每年选树一批乡村人才中的退役军人先进典型，按照国家有关规定给予表彰，引导退役军人增强力争上游、务农光荣的思想观念。掀起退役军人"返乡创业光荣、自主创业光荣、服务创业光荣"的社会新风尚,用身边人身边事教育引导身边人,让退役军人学有榜样、干有方向。对招用退役军人较多的乡村企业典型予以宣传,在退役军人事务、农业农村、工商联等相关评选表彰活动中,同等条件下予以优先考虑。

各地各部门要高度重视、相互配合,形成齐抓共管的工作合力,结合实际情况,拿出管用措施,积极促进退役军人投身乡村振兴,让退役军人就业创业有成就感、有获得感、有归属感,为全面推进乡村振兴和加快农业农村现代化做出新的更大贡献。

退役军人事务部　农业农村部

国家发展改革委　教育部

工业和信息化部　财政部

人力资源社会保障部　自然资源部

住房城乡建设部　文化和旅游部

中国人民银行　税务总局

市场监管总局　中国银保监会

全国工商联　国家乡村振兴局

2021 年 8 月 16 日

# 关于支持退役军人创业创新的指导意见

退役军人部发〔2022〕77 号

各省、自治区、直辖市及新疆生产建设兵团退役军人事务厅（局）、发展改革委、教育厅（教委、局）、科技厅（委、局）、工业和信息化主管部门、民政厅（局）、财政厅（局）、人力资源社会保障厅（局）、自然资源厅（局）、住房城乡建设厅（委、局）、农业农村（农牧）厅（局、委）、商务厅（局）、国资委、市场监管局（厅、委）、乡村振兴局、团委、工商联；中国人民银行上海总部，各分行、营业管理部，省会（首府）城市中心支行，各副省级城市中心支行；国家税务总局各省、自治区、直辖市、计划单列市税务局；各银保监局，各大型银行、股份制银行；中国证监会各派出机构，上海证券交易所、深圳证券交易所：

退役军人是重要的人才资源，是社会主义现代化建设的重要力量。支持有条件、有意愿的退役军人创业创新，促进退役军人中小企业、个体工商户等市场主体高质量发展，是做好"六稳"工作、落实"六保"任务的必要举措，是实现退役军人自身价值、助推经济社会发展、服务国防和军队建设的有效途径。为提升退役军人创业创新能力，培育壮大退役军人市场主体，带动更多就业，现提出以下意见。

## 一、总体要求

以习近平新时代中国特色社会主义思想为指导，深入贯彻习近平总书记关于退役军人工作的重要论述，全面落实党中央、国务院稳就业、保市场主体决策部署，坚持政府推动、市场引导、自愿选择、社会支持，在享受普惠性政策和公共服务基础上，同等条件下给予优先优待的原则，经过 3 至 5 年的努力，支持退役军人创业创新政策体系更加完善、服务能力有效提升，市场主体活力竞相迸发，带动就业能力持续增强，构建"以创新引领创业、以创业带动就业"的工作格局。

## 二、强化金融支持

（一）加大创业担保贷款支持力度。各地有关部门要落实创业担保贷款政策，为符合条件的退役军人创业创新提供融资支持，按规定免除反担保要求。鼓励有条件的地方适当提高贷款额度上限。推进创业担保贷款线上办理，简化审批流程、压缩审批时间。对还款积极、带动就业能力强、创业项目好的退役军人创业者，可累计提供不超过 3 次的创业担保贷款贴息支持。鼓励经办银行对暂时存在贷款偿还困难且符合相关条件的退役军人给予展期。

（二）创新金融信贷产品。各地有关部门要引导金融机构创新适合退役军人有效融资需求的信贷产品，为退役军人创业创新提供支持。发挥政府性融资担保机构作用，为退役军人中小企业、个体工商户提供融资增信支持，符合相关代偿条件的，依法依约及时履行代偿责任。有条件的地方可探索设立市场化风险补偿基金、提供贷款贴息等，支持退役军人创业创新。

（三）引导社会资本支持。切实发挥国家和地方中小企业发展基金等政府投资基金作用，撬动更多社会资本投早、投小、投创新，支持符合条件的退役军人创业创新。发挥多层次资本市场作用，为符合条件的退役军人创办企业上市或挂牌融资提供便利支持。加大债券产品创新，支持退役军人创办的企业通过发行创新创业公司债券等进行融资。鼓励各地退役军人事务部门引导社会资本设立专项基金，为退役军人创业创新提供资金支持。

## 三、大力降本减负

（四）落实税费减免。各地有关部门要按规定全面落实研发费用税前加计扣除、小规模纳税人阶段性免征增值税、小微企业减征所得税、增值税留抵退税等普惠税费支持政策。自主择业军队转业干部、自主就业退役士兵可按现行规定享受相应税收优惠政策。

（五）缓解租金压力。严格落实国务院出台的阶段性减免市场主体房屋租金政策，2022 年对退役军人服务业小微企业和个体工商户承租国有房屋减免 3—6 个月租金。鼓励将国有房屋直接租赁给退役军人中小微企业、个体工商户，对确需转租、分租的，要确保免租惠及最终承租人。引导非国有房屋租赁主体在平等协商的基础上合理分担疫情带来的损失。

（六）优化供地保障。各地有关部门在安排年度新增建设用地计划指标，统筹相关产业用地时，同等条件下优先考虑退役军人创办的企业。退役军人利用存量房产、土地资源发展国家支持的产业、行业的，可享受在一定年期内不改变用地主体和规划条件的过渡性支持政策，现有建设用地过渡期支持政策以 5 年为限。移民搬迁旧宅基地腾退节余的建设用地指标和村庄建设用地整治复垦腾退的建设用地指标，纳入增减挂钩管理的，优先支持退役军人发展乡村产业。退役军人创办农业休闲观光度假场所和农家乐的，可依法通过租赁等方式使用集体建设用地。

（七）落实补贴优惠。各地人力资源社会保障部门对符合条件的退役军人，按规定落实一次性创业补贴、社会保险补贴等。鼓励基础电信企业对退役军人创办的中小企业、个体工商户使用宽带和专线给予资费优惠。有条件的地方可建立退役军人创业风险救助机制，对退役军人创业者予以支持。

## 四、优化创业环境

（八）完善公共服务。各地有关部门要完善科技创新资源开放共享平台，强化对退役军人的技术创新服务。支持行业企业、军工企业面向符合条件的退役军人发布企业需求、技术创新清单，开展"揭榜挂帅"，引导退役军人精准创业创新。鼓励各级各类公共服务机构、展示交流平台、公共服务示范平台设立退役军人窗口或"绿色通道"，为退役军人登记注册、税费办理、补贴申领等提供专属式、一站式服务。

（九）强化载体建设。政府投资开发的孵化器、众创空间、加速器等创业载体应安排一定比例的场地，优先提供给退役军人优惠租用，有条件的地方可对退役军人到孵化器等各类创业载体创业给予租金补贴。鼓励孵化器、众创空间、加速器等各类创业载体向退役军人免费开放，并视情将支持退役军人创业创新情况纳入国家级科技企业孵化器考核评价。支持在国家大众创业万众创新示范基地、国家小型微型企业创业创新示范基地、全国农村创业创新园区（基地）等各类基地（园区）设立退役军人就业创业园地或开辟专区，按规定提供优惠服务。允许发行地方政府专项债券，支持符合条件的退役军人就业创业园地建设项目。

（十）积极搭建平台。各地退役军人事务部门要运用"互联网+创业创新"模式，推进退役军人中小企业、个体工商户与资本、技术、商超、电商在线实时对接，利用 5G 技术、云平台和大数据等助力创业创新。定期举办退役军人创业创新大赛、展交会等活动。建立健全与各级各类创业大赛、展交会、博览会联动机制，深化交流合作，支持各类创业大赛对退役军人予以倾斜。加强退役军人创业创新项目后续跟踪服务，强化与国有大中型企业、军工企业、金融机构的需求对接。

（十一）健全激励机制。各地有关部门要依法依规将退役军人中小企业、个体工商户纳入政府采购政策支持范围。对社会责任强、带动就业多、事迹突出的退役军人创业者，积极纳入"全国模范退役军人"、"全国爱国拥军模范"、"全国先进个体工商户"、"中国青年创业奖"、"全国乡村振兴青年先锋"评选表彰和"最美退役军人"、"最美拥军人物"学习宣传范围，在推选工商联执委会、全国青联委员时优先考虑。共青团中央等部门组织开展的青年创业帮扶计划，对符合条件的退役军人创业者给予倾斜。退役军人中小企业在同等条件下可优先参与科技型中小企业评价。鼓励符合条件的退役军人中小企业参与专精特新中小企业认定，并按规定享受相关政策。

## 五、深化服务引导

（十二）开展创业培训。各地有关部门要依托普通高校、职业院校、教育培训机构、公共职业技能培训平台等优质资源，对有创业意愿的退役军人开展风险提示、政策解读、经验分享、实践指导等创业培训，并按规定落实培训补贴。

（十三）做好创业服务。各地退役军人事务部门要充分发挥服务保障体系作用，用好全国退役军人就业创业信息平台，落实常态化联系制度，建立退役军人创办的中小企业、个体工商户等市场主体台账，实现"一企一档"、"一户一案"。要积极协调各部门资源，发挥就业创业指导团队、行业协会商会等社会力量作用，提供权威政策解读、个性化资源匹配等服务，助力企业纾困解难、发展壮大，带动更多退役军人就业。支持各地依法依规建立退役军人创业互助协作机制或平台，实现信息共享、抱团创业、融通发展。支持各地通过购买服务方式，引导市场化服务机构为符合条件的退役军人创业提供服务。

（十四）加强个体工商户引导扶持。各地有关部门要落实好退役军人个体工商户的各项优惠政策，推进准入退出便利化，推动电子营业执照跨区域、跨层级、跨领域应用，支持退役军人电子商务经营者依法依规使用网络经营场所登记注册。各地退役军人事务部门要充分利用个体工商户规模小、资产轻、灵活度高的特点，依托乡村振兴和区域一体化发展规划，结合地方资源禀赋和产业优势，发展一批退役军人个体工商户，培育一批产品质量好、诚信度高、有一定品牌影响力的知名退役军人个体工商户，支持一批经济效益好、发展前景广的退役军人个体工商户转型升级，带动更多就业。

## 六、加强组织实施

（十五）健全工作机制。各地有关部门要进一步提高政治站位，高度重视退役军人创业创新工作，多措并举，抓出实效。要在符合规定前提下，做到数据共享、信息互通，及时开展数据比对、分析研判和议事会商，推动财税、金融、土地、创业载体建设等扶持政策落地见效。

（十六）加强统筹协调。各地退役军人事务部门负责退役军人创业创新工作的整体推动，充分运用当地党委退役军人事务工作领导机构力量，主动沟通协调，争取部门支持。要加强与人民银行、银保监局等部门的协调联动，提高退役军人信贷服务覆盖面；要联合工信部门开展企业规模类型自测、"一起益企"等服务活动；要联合市场监管部门做好退役军人中小企业、个体工商户、农民专业合作社等市场主体数据比对和监测分析；要联合税务部门开展税费政策解读运用工作；要联合农业农村、乡村振兴等部门积极引导退役军人投身乡村振兴；要联合各级共青团、工商联等群团组织共同开展企业服务活动。

（十七）做好经费保障。各地有关部门要统筹利用好稳市场主体保就业等现有资金渠道因地制宜支持做好退役军人创业创新工作。对生产经营暂时面临困难但产品有市场、项目有前景、技术有竞争力的退役军人中小企业、个体工商户，各地可在现有资金渠道内按规定给予支持。

（十八）注重宣传引导。各地退役军人事务部门要把优惠扶持政策列出清单，建立政策明白卡，采取线上线下相结合的方式做好推送解读，扩大政策覆盖面和应用率。用好"退役军人创业光荣榜"，积极选树创业典型。充分运用报刊、电视、广播、网络等全媒体资源，总结推广试点示范经验做法，大力宣传退役军人创业创新典型和优秀企业家案例，营造全社会广泛关心、支持和参与退役军人创业创新良好氛围。

退役军人创办的企业是指有退役军人作为有限责任公司和股份有限公司控股股东、股份有限公司发起人、个人独资企业投资人、合伙企业合伙人的企业，或者由退役军人担任公司法定代表人、个人独资企业负责人、合伙企业执行事务合伙人满1年的企业。退役军人个体工商户是指在市场监管部门登记且经营者为退役军人的个体工商户。退役军人农民专业合作社是指由退役军人担任理事长的农民专业合作社（联合社）。中小企业划型按照《关于印发中小企业划型标准规定的通知》（工信部联企业〔2011〕300号）有关规定执行，若有修订以最新标准为准。

退役军人部　发展改革委

教育部　科技部

工业和信息化部　民政部

财政部　人力资源社会保障部

自然资源部　住房城乡建设部

农业农村部　商务部

人民银行　国资委

税务总局　市场监管总局

银保监会　证监会

乡村振兴局　共青团中央

全国工商联

2022年11月28日

# 关于进一步支持农民工就业创业的实施意见

人社部发〔2022〕76号

各省、自治区、直辖市及新疆生产建设兵团人力资源社会保障厅（局）、发展改革委、财政厅（局）、农业农村（农牧）厅（局、委）、乡村振兴局（支援合作办、合作交流办）：

促进农民工及脱贫人口就业创业，是保持就业大局稳定的重要支撑，是巩固拓展脱贫攻坚成果同乡村振兴有效衔接的关键举措。为深入贯彻党的二十大精神，落实党中央、国务院关于高效统筹疫情防控和经济社会发展决策部署，多措并举稳增长稳就业，进一步支持农民工及脱贫人口（含防止返贫监测对象，下同）就业创业，提出如下意见。

## 一、支持稳定农民工就业岗位

（一）强化稳岗扶持政策。全面落实社保费缓缴、稳岗返还、留工培训补助、社会保险补贴等政策，结合实际实行"免申即享""直补快办"，重点支持农民工就业集中的建筑业、制造业、服务业企业渡过难关，最大限度稳定农民工就业岗位。加速落地吸纳农民工就业数量较多、成效较好的项目，尽快发挥带动农民工就业作用。

（二）健全稳岗服务机制。加强对农民工所在企业的用工指导，会同相关行业主管部门依托公共就业服务机构、经营性人力资源服务机构开通省或地市范围内共享用工服务，组织暂时停工企业与用工短缺企业开展用工余缺调剂。坚持协商一致、依法依规组织开展用工余缺调剂，保障好共享用工中劳动者权益，同步推动稳就业、保用工，努力将农民工稳在当地。

## 二、引导农民工有序外出务工

（三）健全劳务协作机制。在东西部协作、对口支援和省内协作机制基础上，地理相邻、人员往来密切的省份可探索组建区域劳务协作联盟，推动区域内信息对接、培训联动，为农民工外出务工提供支持，根据需要提供"点对点"劳务输出。动态掌握农民工返乡情况，及时形成就业人员清单、失业人员清单和有意愿外出人员清单。健全跨区域就业服务机制，动员市场化服务机构参与，完善岗位收集、精准匹配、高效输出全流程服务，帮助有意愿外出的农民工再次外出。

（四）培育发展劳务品牌。着眼劳务品牌行业特征、区域特色、经营服务模式等，结合当地资源禀赋、文化特色分类打造一批知名劳务品牌，培育一批劳务品牌龙头企业，推动做大做强做优，提高农民工就业质量。举办劳务品牌推介活动，搭建展示交流平台，形成比学赶超的良好氛围，推动壮大更多劳务品牌。

（五）健全输出服务平台。在农民工及脱贫人口输出较多的市县、乡村和就业集中地区，合理设置就业服务站点，扩大服务供给，为农民工即时提供跨区域就业岗位信息，帮助有序外出务工。充分发挥各级各类人力资源服务机构作用，为农民工提供高效率、低成本、全流程的劳务输出服务。对组织农民工外出务工数量较多、成效较好的人力资源服务机构，按规定给予就业创业服务补助。

## 三、促进农民工就近就业创业

（六）加快发展县域特色产业。结合推进以县城为重要载体的城镇化建设，鼓励新办环境友好型和劳动密集型企业，提升县域就业承载力，为农民工提供更多就近就业机会。构建现代农业产业体系，发展乡村特色产业、农村电商等新产业新业态，推进农村一二三产业融合发展，支持农民工家门口就业。

（七）加快开发就近就业岗位。按照"应用尽用、能用尽用"的原则，充分挖掘重点工程项目主体工程建设及附属临建、服务保障、建后管护等方面用工潜力，围绕适合人工作业、劳动密集型的建设任务和用工环节，大力实施以工代赈，吸纳当地农民工参加工程建设，尽可能增加劳务报酬发放规模，为农民工就近就业增收创造条件。结合乡村振兴战略实施，持续推进乡村建设行动和农村人居环境整治提升行动，开发更多乡村基层服务管理岗位。依托县域特色农副产品、文化旅游等资源，积极开发适合农村留守人员特点和需求的就业岗位。

（八）加快推进返乡入乡创业。实施重点群体创业推进行动，组建一批创业服务专家队伍，为返乡创业农民工提供政策咨询、开业指导等专业化服务。强化试点示范，挖掘典型案例，高质量建设返乡入乡创业园、创业孵化基地，推荐带动就业明显、发展前景好的返乡入乡创业项目入驻。推动创业担保贷款、税费减免、场地安排、一次性创业补贴等政策"打包办""提速办"，为农民工返乡创业提供培育、孵化、加速等创业扶持。

## 四、强化农民工就业服务保障

（九）精准提供就业服务。允许失业农民工在常住地、就业地、参保地进行失业登记，同等提供职业指导、职业介绍等基本公共就业服务，落实就业扶持政策，促进尽快实现转岗就业。优化零工服务，加大零工信息归集推介力度，建立"即时快招"服务机制，动员人力资源服务机构提供优质高效的专业服务。推广"隔屏对话""无接触面试"等线下服务新模式，有序组织线下招聘活动，优化"互联网+就业"线上服务，满足农民工求职就业需求。

（十）开展各级各类培训。围绕市场急需紧缺工种，为有意愿外出农民工开展针对性技能培训、安全知识培训，大力开展新职业新业态培训，鼓励支持获得技能等级证书，加快推进产训结合行动，提升培训针对性和有效性，对符合条件的按规定给予补贴。积极推进乡村建设所需的农业农村本地人才技能培训，为不愿外出农民工提供种养殖等各类现代农业技术培训和其它涉农技术培训，提升农业农村产业发展能力和新型农业经营主体经营管理能力，帮助稳定收入水平，培养一批农业农村高技能人才和乡村工匠。

（十一）切实维护劳动权益。指导企业依法合规用工，保障农民工合法劳动权益。对企业依法解除、终止农民工劳动合同的，督促企业依法支付劳动报酬和经济补偿。持续深化推进根治欠薪，畅通线上线下维权渠道，依法查处拖欠农民工工资等违法问题，加大劳动争议处理力度，努力做到案结事了。支持有条件地区在农民工就业集中地区建立劳动维权咨询服务点，设立维权信息告示牌，明示劳动维权相关信息，提供免费维权咨询服务。

（十二）做好大龄农民工就业扶持。收集适合大龄农民工的就业岗位、零工信息，在农民工专场招聘活动中持续发布。尊重大龄农民工就业需求和企业用工需要，指导企业根据农民工身体状况合理安排工作岗位，强化安全生产管理，定期开展职业健康体检，不得以年龄为由"一刀切"清退。大龄农民工有就业需求的，可以到公共就业服务机构进行求职登记，享受免费公共就业服务。

## 五、实施防止返贫就业攻坚行动

（十三）做好就业失业监测。依托全国防返贫监测信息系统，聚焦未就业和就业不稳的脱贫人口，建立就业帮扶台账。加强与失业登记、参加社会保险等信息比对，定期开展电话联系、上门走访，准确掌握就业失业状态，及时发现苗头性、倾向性问题，按月在全国防返贫监测信息系统更新相关数据。

（十四）实施优先就业帮扶。将脱贫人口作为有组织劳务输出的优先保障对象，加密岗位归集发布，加快劳务输出组织，推动脱贫人口愿出能出。全面落实失业保险稳岗返还、社会保险补贴等政策，引导企业优先留用脱贫人口，对失业的优先提供转岗服务，帮助尽快实现再就业。强化就近就业岗位推荐，通过以工代赈工程项目、就业帮扶车间、乡村公益性岗位等方式，有序承接返乡脱贫人口。将吸纳脱贫人口就业数量作为认定就业帮扶车间的基本标准，利用衔接推进乡村振兴补助资金对就业帮扶车间吸纳脱贫人口就业给予奖补。

（十五）强化重点地区倾斜。聚焦国家乡村振兴重点帮扶县、易地搬迁大型安置区，依托东西部协作机制、省内协作机制，持续实施就业帮扶专项行动，密集开展岗位投放和招聘活动，援建一批产业项目、企业实体和就业帮扶车间，确保当地脱贫人口就业规模保持稳定。深化易地搬迁安置区按比例安排就业机制，政府投资建设项目、安置区周边以工代赈项目、基层服务管理和公共服务项目要安排一定比例的岗位用于吸纳搬迁群众就业。

（十六）加大安置保障力度。统筹用好现有各类乡村公益性岗位，对"无法离乡、无业可扶"且有就业意愿、有能力胜任岗位工作的脱贫人口实施安置，不得在现有规定外另行设置年龄、残疾等不必要的限制条件。充分考虑当地脱贫人口数量、就业困难程度及收入水平、岗位职责内容，科学设定岗位总量，合理确定岗位补贴标准，指导用人单位按规定为在岗人员参加工伤保险或购买人身意外伤害保险，依法签订劳动合同或劳务协议，每次签订期限不超过 1 年。督促用人单位加强在岗人员履职情况监管，定期考核工作成效、遵守规章制度和工作纪律情况。对于从事非全日制乡村公益性岗位的人员，在确保严格履行岗位职责的前提下，可采取适度灵活的管理方式，允许其同时从事其他灵活就业，灵活就业收入超出当地防止返贫监测范围的，应退出岗位。

各地要高度重视农民工及脱贫人口就业创业工作，进一步压实工作责任，动态掌握就业失业情况，及时提供针对性就业帮扶。工作中遇到的重大问题，请及时报告。

人力资源社会保障部
国家发展改革委　财政部
农业农村部　国家乡村振兴局
2022 年 11 月 9 日

# 关于切实加强就业帮扶巩固拓展脱贫攻坚成果助力乡村振兴的指导意见

人社部发〔2021〕26 号

各省、自治区、直辖市及新疆生产建设兵团人力资源社会保障厅（局）、发展改革委、财政厅（局）、农业农村（农牧）厅（局、委）、扶贫（乡村振兴）局（委、办）：

就业是巩固脱贫攻坚成果的基本措施。为贯彻党中央、国务院决策部署，持续做好脱贫人口、农村低收入人口就业帮扶，巩固拓展脱贫攻坚成果，助力全面推进乡村振兴，现提出如下意见。

## 一、总体要求

（一）指导思想

以习近平新时代中国特色社会主义思想为指导，深入贯彻党的十九大和十九届二中、三中、四中、五中全会和全国脱贫攻坚总结表彰大会精神，坚持以人民为中心的发展思想，严格落实"四个不摘"总体要求，健全脱贫人口、农村低收入人口就业帮扶领导体制和工作体系，促进脱贫人口稳定就业，增强脱贫稳定性，完善农村低收入人口和欠发达地区就业帮扶机制，助力提升脱贫地区整体发展水平，为巩固拓展脱贫攻坚成果、全面推进乡村振兴作出贡献。

（二）目标任务

帮助有就业意愿的未就业人员实现就业，帮助已就业人员稳定就业，保持脱贫人口就业规模总体稳定。加大易地扶贫搬迁安置区、乡村振兴重点帮扶县等重点地区倾斜支持力度，促进当地群众就业水平稳中提质。及时为农村低收入人口提供就业帮扶，使有就业意愿的都可以得到就业服务和技能培训，符合条件的都可以享受就业政策，农村低收入人口就业帮扶长效机制健全完善。

（三）主要原则

——平稳过渡。坚持优先理念，保持脱贫人口就业领域的扶持政策、资金支持、帮扶力量总体稳定，提高就业稳定性，实现扶上马送一程。

——扩面提质。坚持量质并重，在困难帮扶、兜底保障的基础上，扩大就业帮扶覆盖范围，提高就业帮扶水平，提升就业质量。

——拓展延伸。坚持良性循环，在全面推进乡村振兴中创造更多就业机会，以促进更加充分更高质量就业为乡村振兴提供强大人力资源支撑。

——协同联动。坚持广聚合力，发挥集中力量办大事优势，部门齐抓共管、同向发力，广泛动员社会力量参与，形成促进就业强大合力。

## 二、稳定外出务工规模

（四）推进劳务输出。健全有组织劳务输出工作机制，将脱贫人口作为优先保障对象，为有集中外出务工需求的提供便利出行服务。认定一批农村劳动力转移就业工作示范县，发挥示范带动作用。更好发挥就业帮扶基地、爱心企业作用，鼓励各类市场主体为脱贫人口提供更多就业和培训机会。对面向脱贫人口开展有组织劳务输出的人力资源服务机构、劳务经纪人，按规定给予就业创业服务补助。按规定对跨省就业的脱贫人口适当安排一次性交通补助，由衔接推进乡村振兴补助资金列支。有条件地区可对吸纳脱贫人口就业数量多、成效好的就业帮扶基地，按规定给予一次性奖补。

（五）促进稳定就业。指导企业与脱贫人口依法签订并履行劳动合同、参加社会保险、按时足额发放劳动报酬，积极改善劳动条件，健全常态化驻企联络协调机制。落实失业保险稳岗返还、培训补贴等政策，引导支持优先留用脱贫人口。对符合条件的吸纳脱贫人口就业的企业，按规定落实社会保险补贴、创业担保贷款及贴息等政策。对失业脱贫人口优先提供转岗服务，帮助尽快在当地实现再就业。

（六）强化劳务协作。充分发挥对口帮扶机制作用，搭建完善用工信息对接平台，推广使用就业帮扶直通车，建立常态化的跨区域岗位信息共享和发布机制。输出地要形成本地区就业需求清单，做好有组织输出工作，在外出较集中地区设立劳务工作站，同步加强省内劳务协作。输入地要形成本地区岗位供给清单，吸纳更多农村低收入人口到本地就业。对吸纳对口帮扶地区脱贫人口就业成效明显的企业，可通过东西部协作机制安排的资金给予支持。

（七）培树劳务品牌。结合本地区资源禀赋、文化特色、产业基础等优势，培育、创建、发展一批有特色、有口碑、有规模的劳务品牌，借助品牌效应扩大劳务输出规模，提高劳务输出质量。坚持技能化开发、市场化运作、组织化输出、产业化打造，制定专门工作计划，确定输出规模和输出质量目标，将脱贫人口作为重点输出对象。

## 三、支持就地就近就业

（八）支持产业发展促进就业。支持脱贫地区大力发展县域经济，建设一批卫星城镇，发展一批当地优势特色产业项目，提高就业承载力。依托乡村特色优势资源，发展壮大乡村特色产业，打造农业全产业链，鼓励发展家庭农场、农民专业合作社，增加就业岗位。加强乡村公共基础设施建设，在脱贫地区重点建设一批区域性和跨区域重大基础设施工程，在农业农村基础设施建设领域积极推广以工代赈方式，尽最大幅度提高劳务报酬发放比例，带动更多脱贫人口等农村低收入群体参与乡村建设，充分发挥以工代赈促进就业作用。在农村人居环境整治提升五年行动和提升农村基本公共服务水平过程中，优先安排脱贫人口从事相关工作。

（九）发展就业帮扶车间等就业载体。继续发挥就业帮扶车间、社区工厂、卫星工厂等就业载体作用，在脱贫地区创造更多就地就近就业机会。拓展丰富载体功能，打造集工作车间、公共就业服务中心、公共活动场所等功能为一体的综合性服务机构。延续支持就业帮扶车间等各类就业载体的费用减免以及地方实施的各项优惠政策。对企业、就业帮扶车间等各类生产经营主体吸纳脱贫人口（已享受过以工代训职业培训补贴政策人员除外）就业并开展以工代训的，根据吸纳人数给予最长不超过6个月的职业培训补贴，政策执行时间至2021年底。

（十）鼓励返乡入乡创业。引导农民工等人员返乡入乡创业、乡村能人就地创业，帮助有条件的脱贫人口自主创业，按规定落实税费减免、场地安排、创业担保贷款及贴息、一次性创业补贴和创业培训等政策支持。加强返乡创业载体建设，充分利用现有园区等资源在脱贫地区建设一批返乡入乡创业园、创业孵化基地，有条件的地方可根据入驻实体数量、孵化效果和带动就业成效给予创业孵化基地奖补。支持各地设立一批特色鲜明、带动就业作用明显的非遗扶贫就业工坊。

（十一）扶持多渠道灵活就业。鼓励脱贫地区发展"小店经济"、"夜市经济"，支持脱贫人口在县域城镇地区从事个体经营，创办投资小、见效快、易转型、风险小的小规模经济实体，支持脱贫人口通过非全日制、新就业形态等多种形式灵活就业，按照有关规定给予税费减免、场地支持、社会保险补贴等政策。设立一批劳务市场或零工市场，探索组建国有劳务公司，为脱贫人口提供更多家门口的就业机会。因地制宜引进一批特色产业，引导脱贫人口居家从事传统手工艺制作、来料加工。

（十二）用好乡村公益性岗位。保持乡村公益性岗位规模总体稳定，加大各类岗位统筹使用力度，优先安置符合条件的脱贫人口特别是其中的弱劳力、半劳力，动态调整安置对象条件。健全"按需设岗、以岗聘任、在岗领补、有序退岗"管理机制，进一步规范乡村公益性岗位开发管理，及时纠正查处安置不符合条件人员、违规发放补贴等行为。加强岗位统筹管理，保持同一区域内类似岗位间聘任标准、待遇保障水平等基本统一。对乡村公益性岗位安置人员按规定给予岗位补贴，购买意外伤害商业保险，依法签订劳动合同或劳务协议，每次签订期限不超过1年。

## 四、健全就业帮扶长效机制

（十三）优化提升就业服务。依托全国扶贫开发信息系统对脱贫人口、农村低收入人口、易地扶贫搬迁群众等重点人群就业状态分类实施动态监测，加强大数据比对分析和部门信息共享，完善基层主动发现预警机制，对就业转失业的及时提供职业指导、职业介绍等服务。动态调整就业困难人员认定标准，将符合条件的脱贫人口、农村低收入人口纳入就业援助对象范围。推进公共就业服务向乡村地区延伸，把就业服务功能作为村级综合服务设施建设工程重要内容，将公共就业服务纳入政府购买服务指导性目录，支持经营性人力资源服务机构、社会组织提供专业化服务。扩大失业保险保障范围，支持脱贫人口、农村低收入人口更好就业创业。

（十四）精准实施技能提升。实施欠发达地区劳动力职业技能提升工程，加大脱贫人口、农村低收入人口职业技能培训力度，在培训期间按规定给予生活费补贴。支持脱贫地区、乡村振兴重点帮扶县建设一批培训基地和技工院校。继续实施"雨露计划"，按规定给予相应补助。扩大技工院校招生和职业培训规模，支持脱贫户、农村低收入人口所在家庭"两后生"就读技工院校，按规定享受国家免学费和奖助学金政策。定期举办全国乡村振兴技能大赛，打造一批靠技能就业、靠就业致富的先进典型，激发劳动致富内生动力。

（十五）倾斜支持重点地区。将乡村振兴重点帮扶县、易地扶贫搬迁安置区作为重点地区，积极引进适合当地群众就业需求的劳动密集型、生态友好型项目或企业，扩大当地就业机会，组织专项就业服务活动实施集中帮扶。完善易地扶贫搬迁安置区按比例安排就业机制，政府投资建设项目、以工代赈项目、基层社会管理和公共服务项目要安排一定比例的岗位用于吸纳搬迁群众就业。支持乡村振兴重点帮扶县根据巩固拓展脱贫攻坚成果需要，适当加大乡村公益性岗位开发力度。鼓励乡村振兴重点帮扶县立足本地人力资源和传统文化优势，努力打造"一县一品"区域劳务品牌。

## 五、保障措施

（十六）加强组织领导。各地要将促进就业作为巩固拓展脱贫攻坚成果重要内容，列入乡村振兴重要议事日程，健全中央统筹、省负总责、市县乡抓落实的工作机制，加强制度设计，优化政策供给，明确部门分工，形成工作合力。人力资源社会保障部门要牵头做好相关政策研究制定，抓好政策落实、就业服务和职业培训，深入推进劳务协作。发展改革部门要统筹协调易地扶贫搬迁后续扶持，围绕大中型安置区和搬迁群众就业，加大以工代赈项目实施力度，积极拓宽农村低收入群体就业增收渠道。农业农村部门要推动乡村地区产业发展，创造更多就地就近就业机会。乡村振兴部门要将就业纳入乡村振兴战略总体部署统筹考虑，加强脱贫人口、农村低收入人口的认定、建档立卡和就业失业动态监测，将脱贫人口、农村低收入人口就业帮扶情况纳入市县党政领导班子和领导干部乡村振兴实绩考核范围。各级财政部门要按照预算法等有关规定对就业帮扶予以支持。

（十七）落实工作保障。保持就业帮扶各级工作协调机制、工作专班以及驻村工作队、服务队等帮扶力量总体稳定，加强机构设置和人员配置，做到工作不断、队伍不散。用好现有资金渠道，加强就业帮扶支持力度。各地在分配相关转移支付资金时，要向乡村振兴重点帮扶县以及脱贫人口、农村低收入人口较多地区倾斜。各地可根据巩固拓展就业扶贫成果的实际需要，制定更有针对性的政策措施，统筹保障政策落实和服务开展。

（十八）广泛宣传引导。充分利用全媒体平台，大力宣传促进脱贫人口、农村低收入人口就业创业的优惠政策和服务举措，提高政策知晓度。广泛挖掘就业致富典型案例，讲好就业故事，使劳动脱贫的理念深入人心，营造全社会关心关爱脱贫人口、农村低收入人口就业创业的良好氛围。

各地要根据本文件精神，结合实际制定具体实施细则。本文件自印发之日起实施，政策执行期限截止 2025 年 12 月 31 日。

人力资源社会保障部

国家发展改革委

财政部

农业农村部

国家乡村振兴局

2021 年 5 月 4 日

# 关于印发《国家乡村振兴重点帮扶地区职业技能提升工程实施方案》的通知

人社部发〔2021〕45 号

各省、自治区、直辖市及新疆生产建设兵团人力资源社会保障厅（局）、乡村振兴（扶贫、东西协作）部门：

为贯彻党的十九大和十九届二中、三中、四中、五中全会精神，落实党中央、国务院关于实现巩固拓展脱贫攻坚成果同乡村振兴有效衔接的部署，加强高技能人才和乡村工匠培育，助力乡村振兴，"十四五"期间，人力资源社会保障部、国家乡村振兴局决定实施国家乡村振兴重点帮扶地区职业技能提升工程。现将《国家乡村振兴重点帮扶地区职业技能提升工程实施方案》印发给你们，请结合实际，建立工作机制，落实实施方案，统筹资金渠道，有序推进实施，确保工程建设质量和效益。

人力资源社会保障部
国家乡村振兴局
2021 年 6 月 28 日

## 国家乡村振兴重点帮扶地区职业技能提升工程实施方案

为落实中共中央、国务院《关于实现巩固拓展脱贫攻坚成果同乡村振兴有效衔接的意见》和《关于全面推进乡村振兴加快农业农村现代化的意见》，加强高技能人才和乡村工匠培育，助力乡村振兴，人力资源社会保障部、国家乡村振兴局共同编制本实施方案。

## 一、总体要求

（一）指导思想。以习近平新时代中国特色社会主义思想为指导，全面贯彻党的十九大和十九届二中、三中、四中、五中全会精神，健全人社领域常态化帮扶机制，加大东西部职业技能开发对口协作力度，增强国家乡村振兴重点帮扶地区职业技能培训资源供给，加强创新型、应用型、技能型人才培养，为巩固脱贫攻坚成果、促进区域协调发展、全面推进乡村振兴提供技能人才支撑。

（二）建设目标。聚焦国家乡村振兴重点帮扶地区，综合考虑大型特大型易地扶贫搬迁安置区技能培训需求，建立完善职业指导、分类培训、技能评价、就业服务协同联动的公共服务体系。加强技工教育和职业培训基础能力建设，加大帮扶力度，做到"应培尽培、能培尽培"，努力实现每个有培训需求的脱贫家庭和防止返贫致贫监测对象家庭（以下简称帮扶家庭）劳动力都有机会接受职业技能培训，每个有就读技工院校意愿的帮扶家庭"两后生"都有机会接受技工教育，丰富技能教育层次，加强高技能人才培养。"十四五"期间，累计开展职业技能培训不少于300万人次，培养5万名左右高级工以上高技能人才和乡村工匠，更好服务乡村振兴。

## 二、实施范围

重点支持国家乡村振兴重点帮扶县、西藏自治区、新疆维吾尔自治区和新疆生产建设兵团。

## 三、主要任务

（一）建设一批技工院校和职业培训机构。实施技工教育发展"十四五"规划，支持生源数量较充足、具备发展技工教育条件县市，依托现有资源，新建、改（扩）建100个左右技工院校和职业培训机构，逐步实现每个具备条件的地级以上城市建立1所技师学院，每个具备条件的县（市）建立1所技工学校。鼓励各级各类企业举办或参与举办技工院校，支持民办技工教育发展。加大对口支援工作力度，对西藏技师学院和南疆四地州技工院校予以倾斜支持，推动落实部区共建备忘录各项措施。

（二）建设一批高技能人才培训基地。深入实施"十四五"职业技能培训规划，以推动技能人才高质量培养为目标，以创新发展为根本动力，以实现更加充分更高质量就业为导向，落实高技能人才培养补助政策，分层分级建设100个左右高技能人才培训基地。

（三）建设一批技能大师工作室。根据本地区产业发展需要，培育一批服务乡村振兴的能工巧匠，加强资金支持，分层分级建立100个左右技能大师工作室，组建工作团队，充分发挥带徒传技、技能攻关、技艺传承、技能推广等带动作用。

（四）组织实施一批专项职业能力培训考核。按照在已备案的项目中遴选一批、面向社会征集一批、围绕当地特色产业开发一批的原则，选择就业需求量大、操作技能简单易学的就业技能，组织实施专项职业能力培训考核计划。开发100个左右专项职业能力考核规范，力争每县至少实施一个专项职业能力项目。

（五）培育一批劳务品牌。立足社会需求和特色产业，积极培育100个左右知名劳务品牌，形成"一县一品"的品牌效应，提升脱贫劳动力输出的影响力和竞争力。发挥公共就业服务机构、人力资源服务机构和劳务经纪人的积极作用，深入基层开展"送政策、送信息、送技能、送岗位"的"四送"活动，不断开拓劳务输出渠道，扩大脱贫劳动力外出务工的规模。

（六）培养一批高技能人才和乡村工匠。技工院校要积极面向往届初高中毕业生、帮扶家庭子女及劳动力等各类群体广泛开展招生工作，鼓励其就读高级工班、预备技师（技师）班，成长为高技能人才。深入实施新生代农民工职业技能提升计划，以输出地为主，组织返乡农民工开展就业创业培训，促进农民工就近就业创业。以输入地为主，组织转岗和失业农民工开展定向定岗培训，提升农民工就业能力。大力开展中国特色企业新型学徒制培训，组织开展以工代训、就业技能培训、岗位技能提升培训和创业培训。推广网络创业培训和乡村创业带头人培训。结合市场需求，加快培养一批高技能人才和乡村工匠。

（七）举办乡村振兴职业技能大赛。每两年举办一届全国乡村振兴职业技能大赛。引导支持国家乡村振兴重点帮扶地区结合当地特色产业发展状况，举办具有地方特色的职业技能竞赛。依托优质院校和职业培训机构建设一批职业技能竞赛集训基地，做好选手集训、高技能人才培训等工作。发挥职业技能竞赛引领带动作用，为技能劳动者提供展示交流平台。

## 四、完善服务保障政策

（一）加大东西部协作和对口支援力度。将职业教育培训协作纳入东西部协作和对口支援工作重要内容，把国家乡村振兴重点帮扶县作为帮扶重点，扩大东西部地区优质教育培训资源供给和输出。加强技工院校对口帮扶，鼓励院校采取专业联建、师资交流、教研共享、网上课堂等多种渠道和方式，援助改善基础条件、扩展办学规模、建设特色专业。建设东西部技工院校合作联盟，采取联合招生、合作办学等形式，共同培养高技能人才。

（二）落实好技工教育各项资助政策。继续实施雨露计划，对帮扶家庭子女接受技工教育给予补助，原补助标准、补助方式、发放程序、资金来源保持不变。各技工院校要对帮扶家庭学生开辟招生绿色通道，优先招生、优先安排在订单定向培养班或企业冠名班、优先落实助学政策、优先安排实习、优先推荐就业。

（三）落实好职业培训补贴政策。对帮扶家庭子女、劳动者等开展免费职业技能培训，对高校毕业生和企业职工按规定给予职业培训补贴。参加企业新型学徒制培训的给予企业每人每年5000元以上的职业培训补贴，由企业自主用于学徒培训工作。对符合条件的劳动者参加专项职业能力项目培训的，可按规定纳入政府补贴性职业技能培训项目范围，落实职业培训和鉴定补贴。

（四）加强师资队伍建设和技术支持。遴选建设一体化师资研修基地，建设技工院校师资研修平台。在技工院校一体化师资专项培训计划、师资能力提升行动和网络师资研修等工作中，向国家乡村振兴重点帮扶地区倾斜。积极推动技工教育人才参与对口支援，协调落实好政策待遇。加强创业培训师资和创业导师队伍建设。建立技工教育管理、专业建设、技术开发、教学改革等方面专家队伍，为国家乡村振兴重点帮扶地区技工教育和职业培训提供技术支持。

## 五、工作要求

（一）提高思想认识，加强组织领导。各级人力资源社会保障、乡村振兴部门要将实施国家乡村振兴重点帮扶地区职业技能提升工程提上重要日程，协调纳入当地经济社会发展总体规划。要以地方政府为主导，建立人力资源社会保障部门牵头协调、多部门共同参与的工作机制，统筹推进各项工作有序实施。

（二）加大支持力度，强化资金保障。国家乡村振兴重点帮扶地区所在省（区）人力资源社会保障部门要按照统筹规划、集中使用、提高效益的要求，将中央和省级财政安排的各项资金统筹使用，发挥好企业职工教育培训经费、就业补助资金、职业技能提升行动专账资金等各类资金的作用。有结对帮扶和对口支援任务的省（市）要主动对接帮扶地区，做实做细帮扶项目，积极协调将相关项目和资金需求纳入帮扶规划总盘子。

（三）细化工作方案，落实相关责任。各地区、各有关部门抓紧进行安排部署，可结合实际制定具体实施方案和工作安排，明确结对帮扶关系和具体目标任务。分阶段深入开展工作，协调解决问题，推动工作落实。人力资源社会保障和乡村振兴部门将对工程实施情况定期进行总结，适时开展监督检查，评估工作成效。

（四）加大宣传力度，营造良好氛围。各地要以大力发展技工教育、实施职业技能提升行动、推动技能人才评价制度改革、举办和参加技能大赛、弘扬工匠精神等为重点，大力宣传技工教育、职业培训、就业创业等政策措施，大力弘扬劳模精神、劳动精神、工匠精神，动员社会各界广泛参与国家乡村振兴重点帮扶地区职业技能提升工程，引导劳动力接受职业技能教育培训，及时总结推广经验做法，选树一批技能致富典型，营造技能成才良好环境。

# 第五部分

# 有关文化振兴的文件

# 关于推动公共文化服务高质量发展的意见

文旅公共发〔2021〕21 号

各省、自治区、直辖市文化和旅游厅（局）、发展改革委、财政厅（局），新疆生产建设兵团文化体育广电和旅游局、发展改革委、财政局：

推动公共文化服务高质量发展，是进一步深化文化体制改革，发展社会主义先进文化的重要任务，也是让人民享有更加充实、更为丰富、更高质量的精神文化生活，保障人民群众基本文化权益，满足对美好生活新期待的必然要求。为在新的形势下更好推动公共文化服务实现高质量发展，现提出以下意见。

## 一、总体要求

（一）指导思想。以习近平新时代中国特色社会主义思想为指导，深入贯彻落实党的十九大和十九届二中、三中、四中、五中全会精神，坚持统筹推进"五位一体"总体布局、协调推进"四个全面"战略布局，把握时代发展新趋势，全面贯彻新发展理念，以人民为中心，以社会主义核心价值观为引领，以高质量发展为主题，以深化公共文化服务供给侧结构性改革为主线，完善制度建设，强化创新驱动，努力推动文化治理体系和治理能力现代化，为人民群众提供更高质量、更有效率、更加公平、更可持续的公共文化服务，使城乡居民更好参与文化活动，培育文艺技能，享受文化生活，激发文化热情，增强精神力量，提高社会文明程度，为建设社会主义文化强国奠定基础。

（二）主要原则

坚持正确导向，推动品质发展。牢牢把握社会主义先进文化前进方向，强化政治引领，提升人民文明素质，切实承担起举旗帜、聚民心、育新人、兴文化、展形象的使命任务。

坚持统筹建设，推动均衡发展。加强城乡公共文化服务体系一体建设，促进区域协调发展，健全人民文化权益保障制度，推动基本公共文化服务均等化。

坚持深化改革，推动开放发展。深化公共文化服务体制机制改革，创新管理方式，扩大社会参与，形成开放多元、充满活力的公共文化服务供给体系。

坚持共建共享，推动融合发展。在把握各自特点和规律的基础上，促进公共文化服务与科技、旅游相融合，文化事业、产业相融合，建立协同共进的文化发展格局。

## 二、主要任务

（三）深入推进公共文化服务标准化建设。全面落实国家基本公共服务标准。在保障国家基本标准落实到位的基础上，推动各省（区、市）结合本地区实际制定地方标准，地（市）、县（区）制定目录。要加强事前论证和风险评估，控制在财政承受范围以内，不得脱离实际盲目攀高，确保财力有保障、服务可持续。进一步完善公共图书馆、文化馆（站）和村（社区）综合性文化服务中心等建设和服务标准规范，健全公共数字文化标准规范体系，根据工作实际，适当提升有关指标，发挥引导作用。依托行业组织，加强公共图书馆、文化馆评估定级工作。以省（区、市）为主体，开展乡镇（街道）综合文化站评估定级。建立健全科学规范的评估标准体系，进一步完善评估定级结果运用机制，鼓励地方通过经费分配、项目安排等方式，加大奖优力度。

（四）完善基层公共文化服务网络。积极推动将公共文化设施建设纳入县城城镇化补短板强弱项项目。根据实际，加大对城镇化过程中新出现的居民聚集区、农民新村的公共文化设施配套建设力度。以县级公共图书馆、文化馆总分馆制为抓手，优化布局基层公共文化服务网络。强化县级总馆建设，实现总分馆图书资源的通借通还、数字服务的共享、文化活动的联动和人员的统一培训。合理布局分馆建设，鼓励将若干人口集中，工作基础好的乡镇（街道）的综合文化站建设为覆盖周边乡镇（街道）的区域分中心。具备条件的可在人口聚居的村（社区）的基层综合性文化服务中心建设基层服务点。推广"乌兰牧骑"等红色文艺轻骑兵形式，大力发展城乡流动文化服务。继续推进"边疆万里文化长廊"建设，打造"文化国门"。充分发挥县、乡、村公共文化设施、资源、组织体系等方面的优势，强化文明实践功能，推进与新时代文明实践中心融合发展。推动公共图书馆、文化馆、博物馆、美术馆、非遗馆等建立联动机制，加强功能融合，提高综合效益。

（五）创新拓展城乡公共文化空间。立足城乡特点，打造有特色、有品位的公共文化空间，扩大公共文化服务覆盖面，增强实效性。适应城乡居民对高品质文化生活的期待，对公共图书馆、文化馆（站）功能布局进行创意性改造，实现设施空间的美化、舒适化。支持各地加强对具有历史意义的公共图书馆、文化馆的保护利用。鼓励在都市商圈、文化园区等区域，引入社会力量，按照规模适当、布局科学、业态多元、特色鲜明的要求，创新打造一批融合图书阅读、艺术展览、文化沙龙、轻食餐饮等服务的"城市书房""文化驿站"等新型文化业态，营造小而美的公共阅读和艺术空间。着眼于乡村优秀传统文化的活化利用和创新发展，因地制宜建设文化礼堂、乡村戏台、文化广场、非遗传习场所等主题功能空间。鼓励将符合条件的新型公共文化空间作为公共图书馆、文化馆分馆。积极推进社区文化"嵌入式"服务，将文化创意融入社区生活场景，提高环境的美观性和服务的便捷性。鼓励社区养老、文化等公共服务设施共建共享。

（六）促进公共文化服务提质增效。推动基本公共文化服务融入城乡居民生活，提高群众知晓率、参与率和满意率。继续实施公共文化设施免费开放，拓展服务内容，创新服务形式，提升服务品质。进一步加强错时开放、延时开放，鼓励开展夜间服务。推动公共图书馆、文化馆拓展阵地服务功能，面向不同群体，开展经典诵读、阅读分享、大师课、公益音乐会、艺术沙龙、手工艺作坊等体验式、互动式的公共阅读和艺术普及活动；鼓励"走出去"，创新开展创意市集、街区展览、音乐角、嘉年华等文化活动。各级公共图书馆、文化馆（站）可发挥平台作用，通过与社会力量合作、公益众筹等方式，面向不同文化社群，开展形式多样的个性化差异化服务。鼓励有条件的公共图书馆、文化馆提炼开发文化IP，加强文创产品体系建设。加强公共文化服务品牌建设，在全国遴选推介公共图书馆优秀阅读品牌、文化馆（站）优秀艺术普及活动品牌。面向不同年龄段群体开展特色文化服务。鼓励各地根据实际，推动公共文化服务与教育融合发展，面向中小学生设立课外教育基地。鼓励有条件的文化馆将说唱、街舞、小剧场话剧等文化形式纳入服务范围。积极适应老龄化社会发展趋势，提供更多适合老年人的文化产品和服务，让老年人享有更优质的晚年文化生活。加强面向残疾人的文化服务。

（七）做大做强全民艺术普及品牌。切实推动全民艺术普及，使艺术融入日常生活，使生活更具审美品味。推动各地设立全民艺术普及月，鼓励举办全民艺术节，增强社会影响力。坚持以社会主义核心价值观引领群众文艺创作生产与传播，充分发挥"群星奖"等示范作用，推动创作更多有力量、有筋骨、有温度的群众文艺精品。健全支持开展群众性文化活动机制。举办全国性群众文化展演、调演活动。广泛开展广场舞展演、大众合唱节等群众喜闻乐见的文化活动。以市、县为主体组织"百姓明星"大赛，引导城乡群众在文化生活中当主角、唱大戏。与互联网平台合作，创新广场舞等群众文化活动管理和服务手段。进一步加强群众文化艺术培训，使各级文化馆成为城乡居民的终身美育学校。鼓励各地以文化馆为主导，联合社会艺术培训机构，组建全民艺术普及联盟，搭建推广平台。充分发挥群众文艺在国际文化交流中的作用，创造条件组织国际艺术院团到基层开展公益性演出，在"欢乐春节"、海外中国文化旅游年、国际艺术节、多边或双边文化交流中更多地植入群众文化活动、项目，展现中国形象，讲好中国故事，以民相亲促进心相通。

（八）加快推进公共文化服务数字化。加强智慧图书馆体系建设，建立覆盖全国的图书馆智慧服务和管理架构。提升数字文化馆网络化、智能化服务水平。进一步完善国家公共文化云等平台的大数据管理和服务功能。推动国家云和地方云、地方云和当地智慧城市平台的对接。整合利用全国群众文化活动资源，打造分级分布式数字文化资源库群，优化资源结构，提升资源质量。加大微视频、艺术慕课等数字资源建设力度。推动将相关文化资源纳入国家文化大数据体系建设。鼓励公共文化机构与数字文化企业对接合作，大力发展基于 5G 等新技术应用的数字服务类型，拓宽数字文化服务应用场景。探索发展数字文化大众化实体体验空间，加强数字艺术、沉浸式体验等新型文化业态在公共文化场馆的应用。推广群众文化活动高清网络直播，形成"云上群星奖"等群众文化网上集成展示平台。培育线上文化服务品牌。鼓励公共文化机构打造有影响力的公众号，培养具有高粘性的"粉丝"文化社群。推动在互联网视频平台开设全民艺术普及专题。鼓励与企业合作，探索有声图书馆、文化馆互动体验等新型文化服务方式。

（九）进一步强化社会参与。加大政府购买公共文化服务力度。举办全国或区域性公共文化产品和服务采购大会，建设线上线下相结合的交易平台，促进供需对接。鼓励利用多种方式，推动社会力量参与公共文化设施运营、活动项目打造、服务资源配送等。根据实际，稳步推进有条件的地市级以上公共图书馆、文化馆、博物馆、美术馆开展法人治理结构改革。稳妥推动基层文化设施社会化运营。存在人员缺乏等困难的县级特别是乡镇（街道）、村（社区）文化场馆，可根据实际，通过政府委托运营整体场馆或部分项目的形式，引入符合条件的企业和社会组织，提高运营效率和服务水平。创新监管方式，重点做好政治导向和服务绩效等方面的评估。规范推广政府与社会资本合作（PPP）模式，引导社会资本积极参与建设文化项目，兼顾公共文化服务和文化产业发展，为稳定投资回报、吸引社会投资创造条件。

（十）促进文化志愿服务特色化发展。实施全民阅读推广人和全民艺术普及推广人培育计划，鼓励专业文艺工作者、书评人等积极组织阅读推广和艺术普及推广等活动，并通过新媒体形式传播艺术和阅读知识。发挥"春雨工程"等志愿服务项目的示范引领作用，开展"美好生活"系列主题志愿服务活动。以省（区、市）为单位打造具有区域影响力的文化志愿服务品牌，以市、县为单位培育一批有特色、有影响、惠民生的文化志愿服务项目。进一步规范文化志愿者的招募，分类对文化志愿者进行培训辅导。推动建立各类文化志愿团体。完善文化志愿服务记录和激励制度，逐步建立星级文化志愿者认证制度，对服务时间长、表现突出、贡献较大的优秀文化志愿者团队和个人按国家有关规定给予表彰奖励，增强广大文化志愿者的工作成就感和社会荣誉感。

（十一）加强乡村文化治理。紧紧围绕乡村振兴战略，将乡村文化建设融入城乡经济社会发展全局，融入乡村治理体系。深入开展乡镇综合文化站专项治理。结合实际，适当拓展乡村基层综合性文化服务中心旅游、电商、就业辅导等功能。坚持"见人见物见生活"，加强乡村地区非物质文化遗产保护和利用。

开展乡村艺术普及活动，依托中国民间文化艺术之乡，推进"艺术乡村"建设，提升乡村文化建设品质。建立艺术家、策展人等专业人士与民间文化艺术之乡的对接机制，挖掘乡土底蕴，传承乡村文脉。开展"村晚"等富有文化特色的农村节庆活动，形成具有区域影响力的乡村名片，打造节庆新民俗。整合优质资源与力量，持续开展"戏曲进乡村"等送文化下基层活动。结合全国乡村旅游重点村镇建设，打造特色乡村文化和旅游品牌，拓展乡村文化和旅游发展新模式。坚持平等、参与、共享的原则，加强对城市新生代外来务工人员的文化帮扶，推动他们更好融入城市，成为城乡文化交流的重要力量。

### 三、保障措施

（十二）加强组织领导。各级文化和旅游行政部门要在党委政府领导下，积极协调配合宣传、发展改革、财政、广电、体育等部门，在规划编制、政策衔接、标准制定和实施等方面加强合作，进一步形成推动公共文化服务高质量发展的工作合力。开展公共文化服务高质量发展试点工作，培育一批高质量发展项目，发挥示范引领作用。鼓励各地因地制宜，完善政策环境，创新工作手段，积极探索开展各项工作的新思路新办法。支持京津冀、长三角、粤港澳大湾区、成渝地区双城经济圈等区域发挥创新引擎作用，推动公共文化服务实现高质量协同发展。持续探索革命老区、民族地区、边疆地区和脱贫地区推进公共文化服务体系建设的新路径，努力实现与经济社会的同步发展。加强对地方试点的总结评估，对实践证明行之有效的经验做法，及时总结提炼，完善规范，普及推广。

（十三）加强法制和财政保障。全面贯彻落实公共文化服务保障法、公共图书馆法、公共文化体育设施条例等法律法规。积极推动地方公共文化立法。建立健全公共文化服务执法检查制度，提高依法行政能力和水平。进一步完善法律法规规定的各项基本制度。修订文化馆管理办法，制定公共图书馆馆藏文献信息处置管理办法、公共图书馆文化馆年报编制指南、乡镇综合文化站建设与运营指南等配套规章和文件。进一步完善财政保障机制。落实公共文化领域中央与地方财政事权和支出责任划分改革方案，推动各级财政完善保障机制，把基本公共文化产品和服务项目纳入各级政府预算，全面实施公共文化服务领域预算绩效管理，强化绩效评价结果应用，发挥财政资金最大效益。充分发挥各级财政资金引导作用，鼓励民间资本参与公共文化服务建设。

（十四）建设一支精干高效的基层文化人才队伍。建立健全文化人才的发现、培养、使用和评价机制，为基层文化队伍搭建展示才华的平台。在文化战线培养一批长期扎根基层，有责任心、有能力、具有深厚实践经验的专家型干部。实施基层文化队伍培训项目，强化实践引导，创新交流机制。鼓励文化艺术职业院校开展合作培训。继续开展"三区"人才支持计划文化工作者专项工作。落实基层文化服务岗位人员编制和经费，保持基层文化队伍相对稳定。结合本地实际，采取县招乡用、派出制、县乡双重考核等形式，配齐配强乡镇综合文化站文化专干。实施乡村文化和旅游能人支持项目，支持培养一批扎根乡村、乐于奉献、服务群众的乡村文化骨干。鼓励乡村文艺团队参与乡村文化设施的管理运营和服务，激活基层文化阵地。

文化和旅游部

国家发展改革委

财政部

2021 年 3 月 8 日

# 关于持续推动非遗工坊建设助力
# 乡村振兴的通知

办非遗发〔2021〕221 号

各省、自治区、直辖市文化和旅游厅（局）、人力资源社会保障厅（局）、乡村振兴局，新疆生产建设兵团文化广电体育和旅游局、人力资源社会保障局、乡村振兴局：

为深入贯彻习近平总书记关于非物质文化遗产保护重要指示批示精神，落实党中央、国务院关于扎实做好巩固拓展脱贫攻坚成果同乡村振兴有效衔接的工作部署，根据中共中央办公厅、国务院办公厅印发的《关于进一步加强非物质文化遗产保护工作的意见》有关要求，文化和旅游部、人力资源社会保障部、国家乡村振兴局在非物质文化遗产（以下简称"非遗"）助力精准脱贫工作基础上，继续推动非遗工坊（原非遗扶贫就业工坊）建设，加强非遗保护，促进就业增收，巩固脱贫成果，助力乡村振兴。现将有关事项通知如下：

一、明确认定条件。非遗工坊是指依托非遗代表性项目或传统手工艺，开展非遗保护传承，带动当地人群就地就近就业的各类经营主体和生产加工点。非遗工坊的认定应符合以下条件：一是依托本地区一项或多项非遗代表性项目，或者富有特色、具备一定群众基础和市场前景的传统手工艺开展生产；二是具备能够开展生产的场地、水电暖、工具设备等条件；三是以脱贫人口、监测帮扶对象为重点，吸纳带动脱贫人口就业数量较多、成效较好。具体条件可参照当地就业帮扶车间认定标准，结合非遗工坊生产经营实际合理确定场地、吸纳带动就业人数等条件，持续做好脱贫人口、监测帮扶对象的就业帮扶，巩固拓展脱贫攻坚成果，助力全面推进乡村振兴。

二、开展遴选认定。支持有意愿的企业、合作社和带头人在脱贫地区、乡村振兴重点帮扶县、易地扶贫搬迁安置区设立非遗工坊。省级文化和旅游部门要根据认定条件，会同本级人力资源社会保障、乡村振兴部门制定本地区非遗工坊认定办法，发挥政策引导作用，鼓励社会力量积极参与，推进非遗工坊建设。县级文化和旅游部门要会同本级人力资源社会保障、乡村振兴部门开展遴选认定工作，并将符合条件的非遗工坊录入县级巩固拓展脱贫攻坚成果和乡村振兴项目库，落实就业帮扶车间各项优惠政策。已在脱贫地区设立的非遗扶贫就业工坊，符合条件的按规定纳入非遗工坊支持范围。鼓励其他地区建设非遗工坊，探索开展非遗助力乡村振兴工作。经认定的非遗工坊应每年向县级文化和旅游部门确认或更新登记信息，连续两年未确认登记信息的非遗工坊，自动取消非遗工坊资格。

三、广泛吸纳就业。充分发挥非遗工坊优势，将其作为拓宽就业渠道的重要手段，围绕当地需求特点，大力开发手工制作、加工制造等居家就业、灵活就业岗位，为当地提供更多家门口就业机会。将脱贫人口、农村低收入人口等作为工作重点，优先吸纳其到非遗工坊就业，按规定落实社会保险补贴以及地方支持就业帮扶车间的各项优惠政策。支持非遗工坊培育特色劳务品牌，提升非遗工坊人员就业质量。

四、加强技能培训。根据脱贫地区人群的就业需要和技能需求，依托非遗工坊开展传统手工类职业技能培训，符合条件的按规定落实相关补贴政策。结合非遗工坊需求和脱贫人口、监测帮扶对象特点，进一步丰富集中培训、实操实训、订单式培训、上门培训、远程培训等形式多样的培训活动，有效提升技能水平。在各类职业技能竞赛中设置非遗技能类竞赛项目，开展相关技能展示交流，加强非遗助力乡村振兴人才队伍建设。

五、培养优秀带头人。在中国非遗传承人研修培训计划中面向非遗工坊带头人开设专门培训班。鼓励中国非遗传承人研修培训计划参与院校面向非遗工坊开展调研、培训、交流活动。支持非遗工坊带头人参加高技能人才培训基地培训。对符合条件的非遗工坊带头人按规定给予税费减免、场地安排、创业担保贷款及贴息、一次性创业补贴和创业培训补贴等政策支持。支持优秀非遗工坊带头人建设技能大师工作室，并给予资金支持。推动将优秀非遗工坊带头人培育成乡村文化和旅游能人、乡村工匠、非遗代表性传承人。

六、提升产品竞争力。支持中国非遗传承人研修培训计划参与院校开展非遗工坊帮扶行动，在尊重优秀传统文化、尊重地域文化特点、尊重民族传统的基础上，帮助非遗工坊提升产品品质和设计水平。各地要在中国非遗传承人研修培训计划年度任务制定、优秀成果遴选中对参与帮扶行动的院校予以倾斜。各地要加强交流互鉴，因地制宜探索工作路径，支持非遗工坊合理运用著作权、商标权、专利权、地理标志等多种手段，加强知识产权保护，培育具有当地特色的非遗工坊知名品牌。鼓励非遗工坊引入现代管理制度和方式，提高生产力和市场竞争力。

七、拓展销售渠道。建立非遗工坊产品目录（以下简称"目录"），在中国成都国际非遗节、中国非遗博览会等重要展会活动中设置专门展示展销平台，帮助目录产品与各类企业对接，实现订单交易。推动目录产品与网络销售平台建立长期稳定的合作关系，协调平台在"非遗购物节"等销售活动中，对目录产品给予流量投放、宣传推广、直播选品等方面的支持。将目录产品纳入文化消费范围，嵌入各类消费场所。将符合条件的目录产品列入消费帮扶范畴。鼓励非遗工坊深入挖掘本地区文化内涵，生产特色传统手工艺产品。鼓励在 A 级旅游景区、历史文化街区等场所，为非遗工坊进景区、进街区等搭建制作体验和销售平台提供支持。

八、做好宣传推广。充分发动各类媒体，综合运用网络、报纸、杂志、广播电视等媒体平台，围绕本地区优秀非遗工坊和带头人开展深度报道、专栏报道和跟踪报道。支持非遗工坊及相关企业运用短视频、直播等形式讲述产品的地域和民族特色，以及其中所蕴含的文化内涵和工匠精神。依托乡村旅游创客基地，推动非遗工坊建设与乡村旅游相结合，培育特色鲜明、体现地方人文的研学旅游项目。文化和旅游部将定期发布非遗工坊建设优秀案例，开展集中宣传推广工作。

九、强化组织领导。把非遗工坊建设工作纳入本地区乡村振兴工作体系，建立健全工作机制，明确工作任务、负责单位和负责人，定期开展会商沟通，通报各项工作进展，协调解决非遗工坊建设运营中遇到的困难与问题，推动非遗工坊可持续发展，创造更多就业机会。支持东部地区依托东西部协作、对口支援机制，开展非遗工坊建设相关调研、交流和对口援建活动。文化和旅游部门要牵头做好非遗工坊建设各项工作，促进非遗保护传承，组织做好人员培训、产品设计、生产销售、宣传推广等工作。人力资源社会保障部门要会同乡村振兴部门为非遗工坊落实相关扶持政策，更好发挥吸纳带动就业作用。乡村振兴部门要将认定的符合条件的非遗工坊录入县级巩固拓展脱贫攻坚成果和乡村振兴项目库，给予相应支持。

十、加强跟踪管理。定期开展调查，加强部门间信息共享，及时对接非遗工坊相关情况。文化和旅游部门要会同人力资源社会保障部门实时监测非遗工坊存续发展状况，对非遗工坊持续予以指导和扶持。乡村振兴部门要及时提供非遗工坊吸纳带动脱贫人口、监测帮扶对象情况，非遗工坊录入县级巩固拓展脱贫攻坚成果和乡村振兴项目库情况，实现信息动态更新。各省级文化和旅游部门要定期统计本地区非遗工坊建设信息，并通报本级人力资源社会保障、乡村振兴部门，同时报送文化和旅游部。

特此通知。

文化和旅游部办公厅
人力资源社会保障部办公厅
国家乡村振兴局综合司
2021 年 12 月 7 日

# 关于印发《国家通用语言文字普及提升工程和推普助力乡村振兴计划实施方案》的通知

教语用〔2021〕4 号

各省、自治区、直辖市教育厅（教委）、乡村振兴局、语委，新疆生产建设兵团教育局、乡村振兴局、语委：

　　为深入贯彻落实习近平总书记关于教育的重要论述和关于语言文字工作的重要指示批示精神，贯彻落实《中共中央　国务院关于实现巩固拓展脱贫攻坚成果同乡村振兴有效衔接的意见》和《国务院办公厅关于全面加强新时代语言文字工作的意见》，教育部、国家乡村振兴局、国家语委研究制定了《国家通用语言文字普及提升工程和推普助力乡村振兴计划实施方案》。现印发给你们，请认真贯彻执行。

教育部

国家乡村振兴局

国家语委

2021 年 12 月 23 日

## 国家通用语言文字普及提升工程和推普助力乡村振兴计划实施方案

　　推广普及国家通用语言文字，是铸牢中华民族共同体意识的重要途径，是建设高质量教育体系的基础支撑，是实施乡村振兴战略的有力举措，对经济社会发展具有重要作用。为加大国家通用语言文字推广力度，提升普及程度和质量，落实国家语言文字事业"十四五"发展规划相关要求，制定本实施方案。

## 一、总体要求

### (一) 指导思想

以习近平新时代中国特色社会主义思想为指导，全面贯彻党的十九大和十九届二中、三中、四中、五中、六中全会精神，落实全国语言文字会议部署，坚持以服务铸牢中华民族共同体意识为主线，按照"聚焦重点、全面普及、巩固提高"的新时代推广普通话工作方针，全面推行国家通用语言文字教育教学，实现巩固拓展推普脱贫攻坚成果同乡村振兴有效衔接，全面提高国家通用语言文字普及程度和质量，推动国家语言文字事业高质量发展。

### (二) 基本原则

——系统谋划、统筹推进。基于国家通用语言文字推广普及不平衡不充分的现状，系统谋划国家通用语言文字普及提升工作，统筹推进区域、城乡协调发展。

——突出重点、精准施策。精准聚焦民族地区、农村地区，重点关注学前儿童、教师、青壮年劳动力、基层干部等人群，一地一策、一类一策，专项推动、重点突破。

——尊重规律、协同创新。遵循语言文字工作规律，稳中求进、提质增效，加强部门协同、上下联动，拓展工作路径，创新工作手段。

### (三) 工作目标

按照立足新发展阶段、贯彻新发展理念、构建新发展格局、推动高质量发展的要求，经过五年努力，实现国家通用语言文字普及程度和质量全面提升。

到 2025 年，全国范围内普通话普及率达到 85%；基础较薄弱的民族地区普通话普及率在现有基础上提高 6—10 个百分点，接近或达到 80% 的基本普及目标。推普脱贫攻坚成果得到巩固拓展，推普助力乡村振兴作用彰显。国家通用语言文字教育教学质量持续提升，国民语言文字应用能力和语言文化素养不断增强，社会用语用字更加规范，网络语言环境持续向好，语言服务能力显著增强。

## 二、重点任务

准确分析、明确定位，坚持目标方法效果统一，实施三大行动。聚焦民族地区，服务铸牢中华民族共同体意识，集中力量开展推普攻坚行动；聚焦农村地区，巩固推普脱贫攻坚成果，助力乡村振兴战略，实施推普助力乡村振兴计划；聚焦普通话普及率已达到85%的省份和基础较好的城市地区，以更全面更充分普及为目标，开展国家通用语言文字高质量普及行动。

（一）民族地区推普攻坚行动

1. 推进学前儿童学会普通话。实施"童语同音"计划，为学前儿童进入义务教育阶段学习奠定良好语言基础。巩固全面使用国家通用语言文字保育教育成果，组织开展幼儿园教师、保育人员普通话专项培训，完成国家级示范培训4万人次，省、市、县培训同步开展，做到应培尽培。教师坚持使用普通话与幼儿交流，鼓励幼儿在日常生活和游戏中大胆说普通话，营造用普通话日常交流的环境。总结"百园千师万家"项目试点经验，广泛开展园对园、师对师、家对家结对帮扶和"小手拉大手""大手拉小手"学讲普通话活动。支持继续在四川省开展"学前学会普通话"行动项目。

2. 提升教师国家通用语言文字教育教学能力。严格落实教师持教师资格证书、普通话等级证书上岗制度。实施国家通用语言文字示范培训计划，通过脱产培训、送培送教、远程自学等方式，对未达标的教师开展专项培训。加强语言文字规范标准培训，将教师国家通用语言文字教育教学能力培训纳入"国培计划""省培计划"等项目。

3. 加大青壮年劳动力普通话培训力度。持续推进"职业技能+普通话"教育培训，灵活合理设计内容和方式。鼓励研发口袋书、资源包、实用培训教材等，充分利用"互联网+"、广播电视"村村通"等，扩大培训规模，提升培训效能。因地制宜，积极推动青壮年劳动力普通话培训纳入当地人力资源社会保障、农业农村、文化和旅游、共青团、妇联等相关部门培训项目。

4. 增强基层干部国家通用语言文字应用能力。基层干部要带头学、说普通话，切实发挥表率作用。采取多种举措，通过专项培训、集中学习、"一对一"互帮互学等方式，普遍提升基层干部使用国家通用语言文字开展工作的能力。落实国家机关工作人员普通话水平应当达到国家规定的等级标准的法定要求。

（二）推普助力乡村振兴计划

1. 服务乡村教育振兴。促进国家通用语言文字教育与"五育"融合发展，服务落实立德树人根本任务。结合乡村温馨校园建设，加强乡村中小学经典诗文教育、规范汉字书写教育，推广开设诵读、书法、篆刻等语言文化"第二课堂"，丰富乡村校园文化，助力把乡村中小学校打造为乡村文化中心。推动师生在校园内使用普通话进行日常生活交流，营造良好的普通话学习环境。选树一批乡村书香校园，推介乡村学校推广普及国家通用语言文字的典型案例和经验。

2. 繁荣发展乡村语言文化。实施经典润乡土计划，因地制宜开展国家通用语言文字和中华经典文化乡村行活动。大力弘扬社会主义核心价值观，挖掘整理乡规民约、地方戏曲、俗语民谣等乡村优秀语言文化资源，创造性开发文学、书画、歌舞、戏剧等文艺作品，通过诵、写、演、唱等形式创新演绎。引导乡村规范使用国家通用语言文字，结合乡村生态文明建设和人居环境整治，打造一批以诗词、书法、楹联等语言文化内容为主的特色乡村和品牌项目，提升乡村语言文化品位。

3. 助力乡村产业振兴。依托田园风光、村落建筑、非物质文化遗产、红色旅游等特色资源，注入语言文化内涵，积极探索语言文字助力乡村产业发展的特色模式。聚焦农村电子商务、农业手工业、旅游康养、文化创意等产业，发挥语言文化在创新设计产品包装、宣传广告、景观文化等方面的独特作用，提升产业、产品附加值。开展语言志愿服务，帮助乡村招商引资、品牌打造、产销对接。树立一批语言文化助力乡村产业振兴典型。

4. 提高乡村人才语言文化素养。培育乡村语言文化宣传骨干。将国家通用语言文字培训纳入高素质农民培育工作。通过新时代文明实践中心（所、站）、农民夜校、乡村文化大院等平台，支持采取固定服务和流动服务相结合的形式，为农村电商人员、旅游服务人员、进城务工人员、农村妇女、易地扶贫搬迁安置点群众等，提供国家通用语言文字培训服务。

5. 助力乡村治理体制建设。以提升农村基层干部普通话沟通能力为切入点、突破口，做到培训一人带动一村，进一步提升乡村整体普通话普及程度和水平。支持有条件的地区在考察考核农村基层干部时，注重了解其国家通用语言文字应用能力，对尚未达到相关要求的有针对性地加强培训。

（三）国家通用语言文字高质量普及行动

1. 全面提升国家通用语言文字教育教学质量。进一步发挥学校作为语言文字工作基础阵地作用，落实国家通用语言文字作为教育教学基本用语用字的法定要求，全面推行国家通用语言文字教育教学，全面推行使用国家统编教材，加大教学质量支撑力度。将语言文字规范化要求纳入学校、教师、学生管理等教育教学各环节和评估评价体系，确保2025年底前完成学校语言文字工作达标建设。加强师范生和教师"三字一话"（钢笔字、毛笔字、粉笔字和普通话）教学基本功和教学技能训练，开展教师普通话水平和使用情况动态监测，将中小学生普通话水平纳入国家义务教育质量监测内容，发布《中小学生普通话水平测试等级标准》。实施高校语言文字工作提升计划，支持高校加强语言文字相关学科专业建设、教师队伍建设和科学研究等。

2. 提升社会语言文字规范化水平。将语言文字规范化要求纳入行业管理、城乡管理和文明城市、文明村镇、文明单位、文明校园创建内容。加强地名用字、拼写和企业名称、商品名称、广告的用语用字管理。加强网络语言监管与引导，建设健康文明的网络语言环境。深入实施中华经典诵读工程，集聚社会资源和力量，开展全民诵读、语言文化讲堂和研修研学等活动，增强国民语言文字应用能力和语言文化素养。打造中华经典诵写讲特色乡镇、社区、学校、军营等，展示基层传承弘扬中华优秀语言文化的典型经验和风采。

3. 提升语言文字科技赋能水平。发挥科技支撑和引领作用，支持有条件的地区和高校、科研机构、企业开展语言智能技术研究，着力在自然语言处理、机器写作、机器翻译、机器评测等领域取得实质性成果。充分利用智能语音、大数据分析等技术，提升国家通用语言文字学习效能。升级普通话水平智能评测技术，完善测试管理系统。面向国家信息化发展和社会应用需求，分类整合国家通用语言文字学习资源，完善国家通用语言文字培训平台、全球中文学习平台，加强语言知识库、语料库和资源平台建设。

4. 提升语言服务国家和社会能力。建设 300 个国家语言文字推广基地，鼓励建设省级基地，提供语言文字咨政、培训等服务。发挥东西部协作、对口支援机制作用，支持推广国家通用语言文字。持续开展大学生推普志愿服务活动，组建普通话水平测试员语言服务团。实施第二期国家手语和盲文规范化行动计划。面向老年人、残疾人、外籍人员等，提供社会生活、智能产品使用等语言服务。为重大赛事、展览、会议、活动等提供高质量语言服务保障。加强应急语言服务。支持内地与港澳、大陆与台湾语言文化交流，为港澳地区普通话学习提供服务。

### 三、工作保障

（一）加强组织领导。坚持党的领导，推动地方各级政府将国家通用语言文字推广普及纳入议事日程，纳入政府相关工作绩效管理目标和履行教育职责评价体系。教育部、国家乡村振兴局、国家语委牵头抓总，适时对各地工作进展情况开展调度。国家语委有关委员单位要结合工作职责，积极推动实施本方案。省级教育（语言文字工作）部门、乡村振兴部门要加大统筹力度，强化资金保障，细化工作举措，加强本地区工作督促指导。

（二）加大宣传力度。坚持集中式与常态化宣传并举，提升宣传时度效。用好全国推广普通话宣传周活动等平台，创新宣传方式，充分利用融媒体手段，制作推普短视频、微课、公益广告、文创产品等，加强语言文化品牌项目、优秀案例、特色乡村宣传展示，对推普用普学普突出地区、集体和个人进行宣传表扬。充分挖掘、提炼工作中涌现出的典型经验、做法，加强国家通用语言文字法律法规和政策宣传解读，营造良好推普氛围。

（三）推进法制建设。积极推动修订国家通用语言文字法，指导地方依据国家通用语言文字法修订完善相关地方性法规规章，巩固国家通用语言文字主体地位。落实新修订的普通话水平测试管理规定，健全普通话测试管理制度。将语言文字规范化要求纳入相关法律法规。

（四）强化评估监测。要将推广国家通用语言文字作为教育、乡村振兴督导评估的重要内容，加强督导检查，确保按时完成各项任务。开展国家通用语言文字使用情况调查。重点开展党政机关、互联网等新媒体、"窗口"行业等领域用语用字规范化监测，定期发布监测结果。

# 关于推动文化产业赋能乡村振兴的意见

文旅产业发〔2022〕33 号

为全面贯彻乡村振兴战略，落实《中共中央　国务院关于做好 2022 年全面推进乡村振兴重点工作的意见》提出的"启动实施文化产业赋能乡村振兴计划"，以文化产业赋能乡村经济社会发展，制定本意见。

## 一、总体要求

（一）指导思想

以习近平新时代中国特色社会主义思想为指导，全面系统学习贯彻习近平总书记关于"三农"工作的重要论述，全面贯彻党的十九大和十九届历次全会精神，准确把握乡村振兴战略的科学内涵，围绕立足新发展阶段、贯彻新发展理念、构建新发展格局、推动高质量发展，实现巩固拓展脱贫攻坚成果同乡村振兴有效衔接，促进共同富裕，牢牢守住保障国家粮食安全和不发生规模性返贫两条底线，强化以城带乡、城乡互促，以文化产业赋能乡村人文资源和自然资源保护利用，促进一二三产业融合发展，贯通产加销、融合农文旅，传承发展农耕文明，激发优秀传统乡土文化活力，助力实现乡村产业兴旺、生态宜居、乡风文明、治理有效、生活富裕，为全面推进乡村振兴、加快农业农村现代化作出积极贡献。

（二）基本原则

文化引领、产业带动。以社会主义核心价值观为引领，统筹优秀传统乡土文化保护传承和创新发展，充分发挥文化赋能作用，推动文化产业人才、资金、项目、消费下乡，促进创意、设计、音乐、美术、动漫、科技等融入乡村经济社会发展，挖掘提升乡村人文价值,增强乡村审美韵味,丰富农民精神文化生活,推动人的全面发展,焕发乡村文明新气象,培育乡村发展新动能。

农民主体、多方参与。充分尊重农民意愿,切实调动农民的积极性主动性创造性,把维护农民根本利益、促进农民共同富裕作为出发点和落脚点,鼓励各方力量广泛参与,加强对乡村本土文化人才的培育和支持,建立有效利益联结机制,不断提升农民的获得感和幸福感。

政府引导、市场运作。强化政府引导、扶持和服务职能,制定有效政策措施,充分发挥市场机制作用,调动市场主体积极性,以重点产业项目为载体,促进资源要素更多向乡村流动,增强农业农村发展活力。

科学规划、特色发展。立足各地资源禀赋和区域功能定位,因地制宜、有序推进,提升规划水平、设计品质、建设标准,防止盲目投入和低水平、同质化建设,避免大拆大建、拆真建假,保护好村落传统风貌,推动乡村经济社会更高质量、更可持续发展。

(三)发展目标

到 2025 年,文化产业赋能乡村振兴的有效机制基本建立,汇聚和培育一批积极参与文化产业赋能乡村振兴的企业、机构和人才,推动实施一批具有较强带动作用的文化产业赋能乡村振兴重点项目,形成一批具有市场竞争力的特色文化产业品牌,建成一批特色鲜明、优势突出的文化产业特色乡镇、特色村落,推出若干具有国际影响力的文化产业赋能乡村振兴典型范例。优秀传统乡土文化得到有效激活,乡村文化业态丰富发展,乡村人文资源和自然资源得到有效保护和利用,乡村一二三产业有机融合,文化产业对乡村经济社会发展的综合带动作用更加显著,对乡村文化振兴的支撑作用更加突出。

## 二、重点领域

（一）创意设计赋能。引导创意设计企业、平台、工作室及设计师向乡村拓展业务、落地经营，为乡村集体经济组织和各类企业、农民合作社、农户等提供创意设计服务。鼓励创意设计、规划建筑、园林景观等单位积极参与乡村建设，建设各具特色的美丽乡村、美丽庭院，创造宜业宜居宜乐宜游的良好环境。鼓励高校艺术、设计类专业结合教学、科研和社会实践，为乡村建设提供创意设计支持。大力发展创意农业，加强农产品包装、设计和营销，提升农业品牌知名度和农产品文化附加值。鼓励发展特色农业，挖掘特色种植业、林业、畜牧业等文化内涵。

（二）演出产业赋能。依托演出企业、演出团体、艺术院校等机构，充分挖掘地方特色资源，帮助和指导乡村开发演出项目，培养乡村文艺演出队伍，发展提升乡村舞蹈、戏剧、曲艺、游艺、杂技等业态。鼓励依托乡村传统演出团体及其骨干人员，积极开发武术、舞龙、舞狮、锣鼓等特色民俗表演项目。因地制宜发展中小型、主题性、特色类旅游演出项目。

（三）音乐产业赋能。鼓励音乐工作者、音乐企业、音乐院校、音乐类行业组织等深入乡村采风、展演和对接帮扶，加强对乡村传统音乐的创编、提升，创作一批形式多样、内容健康的音乐作品。加强民族民间传统音乐的收集整理和活化利用。提升乐器制造业专业化、品牌化水平，推动乐器生产向乐器文化拓展，鼓励发展音乐培训、互动体验等复合型业态。鼓励有条件的地方发展音乐节、音乐会、音乐园区（基地）等特色项目，打造音乐主题特色文化乡村。

（四）美术产业赋能。发挥美术工作者引领带动作用，支持有条件的地方依托乡土文化传统，突出地方特色，发展壮大、巩固提升美术产业。鼓励各级美术院校、画院、美术馆在具备条件的乡村设立写生创作和展示基地，支持打造乡村摄影基地，提升乡村地区美术产业专业化水平。加大人才培训和扶持力度，把引进外来人才和培养本地人才结合起来，提升农民画师、雕塑师等人才的创作水平。加强乡村美学普及和教育，提升审美水平和人文素养，让欣赏美、追求美、塑造美成为乡村文明新风尚。推动更多美术元素、艺术元素应用到乡村规划建设，鼓励兴办特色书店、剧场、博物馆、美术馆、图书馆、文创馆。

（五）手工艺赋能。实施中国传统工艺振兴计划，推动传统工艺在现代生活中广泛应用。鼓励非物质文化遗产传承人、设计师、艺术家等参与乡村手工艺创作生产，加强各民族优秀传统手工艺保护和传承，促进合理利用，带动农民结合实际开展手工艺创作生产，推动纺染织绣、金属锻造、传统建筑营造等传统工艺实现创造性转化和创新性发展。推动手工艺特色化、品牌化发展，培育形成具有民族、地域特色的传统工艺产品和品牌，鼓励多渠道、多形式进行品牌合作，提升经济附加值。充分运用现代创意设计、科技手段和时尚元素提升手工艺发展水平，推动手工艺创意产品开发。

（六）数字文化赋能。鼓励数字文化企业发挥平台和技术优势，创作传播展现乡村特色文化、民间技艺、乡土风貌、田园风光、生产生活等方面的数字文化产品，规划开发线下沉浸式体验项目，带动乡村文化传播、展示和消费。充分运用动漫、游戏、数字艺术、知识服务、网络文学、网络表演、网络视频等产业形态，挖掘活化乡村优秀传统文化资源，打造独具当地特色的主题形象，带动地域宣传推广、文创产品开发、农产品品牌形象塑造。推广社交电商、直播卖货等销售模式，促进特色农产品销售。

（七）其他文化产业赋能。鼓励各地结合文化资源禀赋和文化产业发展特点，培育打造地方特色鲜明、文化内涵突出、一二三产业有机融合的文化业态。支持特色产业发展，传承弘扬茶、中医药、美食等特色文化，开发适合大众康养、休闲、体验的文化和旅游产品。推进特色文化制造业发展，积极开发传统文化节日用品、特色文化产品。鼓励各地发掘乡村传统节庆、赛事和农事节气，结合中国农民丰收节、"村晚"、"乡村文化周"、"非遗购物节"等活动，因地制宜培育地方特色节庆会展活动。研究推动优秀农业文化展示区建设，鼓励和支持文化工作者深入中国重要农业文化遗产地，挖掘农耕文化中蕴含的优秀思想观念、人文精神、道德规范，不断深化优秀农耕文化的传承、保护和利用。鼓励有条件的地方引入艺术机构，以市场化方式运营具有乡土文化特色的艺术节展。

（八）文旅融合赋能。坚持以文塑旅、以旅彰文，推动创意设计、演出、节庆会展等业态与乡村旅游深度融合，促进文化消费与旅游消费有机结合，培育文旅融合新业态新模式。实施乡村旅游艺术提升计划行动，设计开发具有文化特色的乡村旅游产品，提升乡村旅游体验性和互动性。推动非物质文化遗产融入乡村旅游各环节，支持利用非遗工坊、传承体验中心等场所，培育一批乡村非物质文化遗产旅游体验基地。支持有条件的中国重要农业文化遗产地建设农耕文化体验场所，弘扬优秀农耕文化。鼓励各地加强"中国民间文化艺术之乡"建设，塑造"一乡一品""一乡一艺""一乡一景"特色品牌，形成具有区域影响力的乡村文化名片，提升乡村文化建设品质，充分开发民间文化艺术研学游、体验游等产品和线路。全面推进"创意下乡"，有效提升旅游商品开发水平和市场价值。

## 三、政策举措

（一）培育壮大市场主体。支持各地培育和引进骨干文化企业，扶持乡村小微文化企业和工作室、个体创作者等发展，鼓励其他行业企业和民间资本通过多种形式投资乡村文化产业。推广"公司+农户"经营模式，鼓励各类农民合作社、协作体和产业联盟在整合资源、搭建平台等方面发挥积极作用。推动建立完善农民入股、保底收益、按股分红等多种利益联结机制，通过"资源变资产、资金变股金、农民变股东"，让农民更多分享产业增值收益。建立文化产业赋能乡村振兴企业库。支持积极参与文化产业赋能乡村振兴的企业申报国家文化产业示范基地。

（二）建立汇聚各方人才的有效机制。各级文化和旅游行政部门要制定政策举措，建立有效机制，引导文化产业从业人员、企业家、文化工作者、文化志愿者、开办艺术类专业的院校师生等深入乡村对接帮扶和投资兴业，带动文化下乡、资本下乡、产业下乡。鼓励各地结合实际，探索实施文化产业特派员制度，建设文化产业赋能乡村振兴人才库。实施文化和旅游创客行动，营造良好创新创业环境，支持文化和旅游从业者、相关院校毕业生、返乡创业人员、乡土人才等创新创业。注重发挥乡村文化和旅游能人、产业带头人、非物质文化遗产代表性传承人、工艺美术师、民间艺人等领头作用，挖掘培养乡土文化人才，培育新型职业农民队伍。鼓励普通高等学校、职业学校、研究机构在乡村设立文化和旅游类实习实践实训基地。

（三）加强项目建设和金融支持。按照自愿申报、动态管理、重点扶持的原则，遴选一批文化产业赋能乡村振兴重点项目，加大支持和服务力度，促进项目落地实施。国家开发银行在符合国家政策法规、信贷政策并遵循市场化运作的前提下，按照"保本微利"的原则，对乡村文化和旅游项目提供包括长周期、低成本资金在内的综合性优质金融服务支持。鼓励金融机构因地制宜、创新产品，通过上门签约、灵活担保、主动让利等多种方式，为乡村文化和旅游经营主体提供信贷支持。引导各类投资机构投资乡村文化和旅游项目。鼓励保险机构开展针对乡村文化和旅游项目的保险业务。

（四）统筹规划发展和资源保护利用。统筹县域城镇和村庄规划建设，通盘考虑土地利用、历史文化传承、产业发展、人居环境整治和生态保护，严禁违规占用耕地和违背自然规律绿化造林、挖湖造景，严格限制林区耕地湿地等占用和过度开发，加强自然环境、传统格局、建筑风貌等方面管控，注重生态优先、有序开发，合理规划布局乡村文化和旅游发展空间。在有效保护的基础上，探索乡村文化遗产资源合理利用的有效机制。将非物质文化遗产保护与美丽乡村建设、农耕文化保护相结合，充分发挥非物质文化遗产代表性项目和代表性传承人作用，合理利用非物质文化遗产资源。鼓励有条件的地方将文化和旅游用地纳入国土空间规划和年度用地计划，在完善审批程序、严格用途管理的前提下，加大对文化产业赋能乡村振兴相关重点设施、项目的用地支持。鼓励通过开展城乡建设用地增减挂钩和工矿废弃地再利用的方式建设文化产业赋能乡村振兴项目。文化和旅游项目中，属于永久性设施建设用地的，依法按建设用地管理；属于自然景观用地及农牧渔业种植、养殖用地的，不改变原用地用途的，不征收（收回）、不转用。结合文化产业赋能乡村振兴项目的业态特点，探索农村一二三产业融合发展用地新方式，依法办理农用地转用和土地征收手续。在村庄建设边界外，办理用地审批手续时，除依法应当以招标拍卖挂牌等方式公开出让的土地外，可将建设用地批准和规划许可手续合并办理，核发规划许可证书，并申请办理不动产登记。按照国家统一部署，探索支持企业和个人通过农村集体经营性建设用地入市的渠道，以出让、出租等方式使用集体建设用地从事文化和旅游经营活动。鼓励乡村文化和旅游项目经营实行长期租赁或先租后让。在符合国土空间规划前提下，鼓励对依法登记的宅基地等农村建设用地进行复合利用，发展乡村民宿、民俗体验、文化创意等业态。

## 四、组织实施

地方各级文化和旅游、教育、自然资源、农业农村、乡村振兴部门和国家开发银行各级机构要按照本意见要求，根据本地区实际情况，在当地党委政府统一领导下，加强部门协同，协调各方力量，统筹各类资源，加大支持力度，扎实推进文化产业赋能乡村振兴工作。东部地区文化和旅游行政部门要在东西部协作工作框架下，引导文化和旅游企业到西部地区开展投资合作，助力西部地区乡村振兴。文化和旅游部会同相关部门遴选一批文化产业赋能乡村振兴试点县（市、区），充分发挥县域统筹规划、资源配置作用，探索体制机制创新，总结经验做法，形成可复制、可推广的典型示范。加大在国际舞台宣传力度，对外讲好中国文化产业赋能乡村振兴故事。鼓励各地因地制宜开展文化产业特色乡镇、特色村落建设。鼓励文化和旅游领域智库、研究机构、行业协会及各类公益组织、公益基金等积极参与文化产业赋能乡村振兴工作。各地文化和旅游行政部门要与相关部门紧密配合，做好协调、推进、总结、评估等工作。

文化和旅游部

教育部

自然资源部

农业农村部

国家乡村振兴局

国家开发银行

2022 年 3 月 21 日

# 第六部分

# 有关生态振兴的文件

# "十四五" 乡村绿化美化行动方案

林生发〔2022〕104 号

乡村绿化美化是实施乡村振兴战略的重要任务。2018 年以来，各地认真贯彻党中央、国务院决策部署，扎实推进乡村绿化美化取得积极进展。但是，我国乡村绿化总量不足、质量不高，区域发展不平衡，绿化成果巩固难等问题依然存在，与农村群众日益增长的优美生态环境需要还有较大差距。为科学开展乡村绿化美化，促进农村人居环境整治提升，制定本方案。

## 一、总体要求

（一）指导思想

以习近平新时代中国特色社会主义思想为指导，认真贯彻习近平生态文明思想，牢固树立和践行绿水青山就是金山银山理念，以"保护、增绿、提质、增效"为主线，持续推进乡村绿化美化，改善提升农村人居环境，建设生态宜居美丽乡村，为建设人与自然和谐共生的现代化作出贡献。

（二）基本原则

——保护优先，突出特色。尊重自然、顺应自然、保护自然，全面保护乡村山水田园、林草植被，维护自然生态系统原真性和完整性。注重乡土味道，保留乡村风貌，留住田园乡愁。

——因地制宜，分类指导。树立系统观念，推进山水林田湖草沙一体化保护和系统治理。统筹耕地保护和生态建设，严禁违规占用耕地绿化造林。顺应村庄发展规律，根据村庄分类，合理确定村庄绿化重点任务和实施步骤。

——科学绿化，量力而行。坚持科学、生态、节俭绿化理念，因地制宜、适地适绿，数量和质量并重。根据地理位置、自然禀赋和发展基础，稳步推进乡村绿化美化，务求实效。

——政府引导，多方参与。充分发挥地方各级政府在组织发动、政策支持等方面的作用，广泛动员村民积极参与，鼓励引导社会资本投入乡村绿化美化。

（三）行动目标

到 2025 年，全国平均村庄绿化覆盖率达到 32%，乡村"四旁"植树 15 亿株以上，全面巩固提升国家森林乡村，绿化一批国有林区、国有林场居住点，建设一批具有地方特色的森林乡村、绿美乡村，乡村自然生态得到全面保护，乡村绿化水平明显提高，农村人居环境持续改善。

东部地区、中西部条件较好的地区，乡村绿化布局科学，村庄内部基本做到应绿尽绿，科学绿化落地见效，村容村貌明显改善，绿化管护长效机制全面建立。

中西部具备条件的地区，大部分村庄内部基本做到应绿尽绿，绿化质量有效提高，村容村貌持续改善，绿化管护机制基本建立。

自然条件较差、经济欠发达的地区，循序渐进推进乡村绿化，基本实现村村有树、村村有绿，村容村貌得到改善。

**二、主要任务**

（四）科学编制相关规划。县域范围内，统筹考虑主导产业、人居环境、生态保护等因素，在县、乡（镇）级国土空间总体规划中，优化绿色空间系统布局，编制"多规合一"的实用性村庄规划，明确乡村绿化美化要求，科学划定绿化用地，合理安排年度绿化任务。优先安排村庄周边荒山荒地荒滩、废弃和受损山体、矿山废弃地、退化林地草地等绿化任务。有条件的县级行政区，可以依据县、乡（镇）级国土空间总体规划、村庄规划，以及国土绿化任务要求，编制乡村绿化美化专项规划，合理确定乡村绿化目标和重点任务，批复后叠加到国土空

间规划"一张图"上。（自然资源部、国家林草局按职责分工负责）

（五）保护乡村自然生态。突出保护乡村山体田园、河湖湿地、原生植被，维护乡村自然生态系统原真性和完整性。加强天然林保护修复、公益林管护，保护天然草原，提高生态系统自我修复能力和稳定性。开展重点生态功能区、重要自然生态系统、自然遗迹、自然景观及珍稀濒危物种种群、极小种群保护。推进乡村小微湿地保护，开展乡村小溪流、小池塘等小微湿地修复。严格保护古树名木及其自然生境，对古树名木实行挂牌保护，及时抢救复壮。到 2025 年，实现普查范围内乡村散生古树名木和古树群全面挂牌保护。严禁采挖移植天然大树、古树名木和法律法规禁止采挖的其他林木。（国家林草局、农业农村部按职责分工负责）

（六）稳步增加乡村绿量。实施重要生态系统保护和修复工程，统筹山水林田湖草沙系统治理，科学恢复林草植被。开展护村林、护路林、护岸林建设，构建乡村生态廊道体系。因害设防、节约用地，充分利用农村道路、沟渠、田坎等现有空间，加强农田（牧场）防护林建设。在风沙严重的三北地区、黑土地区、黄河故道区等重点区域，合理规划建设农田防护林。鼓励通过农村土地综合整治，利用废弃地、边角地、空闲地、拆违地，增加村庄绿地。支持有条件的乡村，开展一村一公园建设。大力实施农村"四旁"绿化、立体绿化，见缝插绿、应绿尽绿，充分挖掘绿化潜力，鼓励栽植乡土珍贵树种。引导村民在庭院中栽植果蔬、花木等，打造小花园、小果园、小菜园，积极发展乔、灌、草、花、藤多层次绿化，提升庭院绿化水平。推进实现"山地森林化、农田林网化、村屯园林化、道路林荫化、庭院花果化"。（国家林草局、自然资源部、农业农村部、国家乡村振兴局按职责分工负责）

（七）着力提升绿化质量。优先采用乡土树种草种绿化，审慎使用外来树种草种，防止乡村绿化城市化、奢侈化。居民区周边避免选用易致人体过敏的树种草种。推进保障性苗圃建设，加大乡村绿化紧缺的乡土、珍贵树种苗木生产，鼓励有条件的地区开展赠苗下乡活动。加强中幼林抚育、退化林和退化草原修复，修复村庄周边缺株断带、林相残破的生态廊道和农田林网，提升生态防护功能，利用林间空地补植乡土珍贵树种，适当保留林间和林缘草地，促进天然更新，培育健康稳定的林草复合生态系统。注重历史文化传承，增加长寿命乡土树种比重，营造具有浓郁地方特色的地带性植被。注重常绿树种与落叶树种结合、观叶植物与观花观果植物结合、水系绿化与水生植物培育结合，形成优美和谐的乡村自然生态景观。（国家林草局负责）

（八）发展绿色惠民产业。结合乡村绿化，充分挖掘绿色产业发展潜力。根据区域生态资源禀赋、发展条件、比较优势等，加快产业结构调整，继续推动林草生态产业转型升级。树立大食物观，向森林、草原要食物。在适生区域，扩大油茶等木本粮油种植面积，开展低产林改造，促进经济林生产提质增效。提高天然草原生产能力，在适宜地区且符合规划的前提下，开展人工草地建设，利用农区的农闲田发展人工饲草料地。在不影响森林生态系统的前提下，适度发展林下经济。支持企业发展特色林草产品精深加工。鼓励打造绿色食品、森林生态标志产品等品牌，加强品牌培育和保护。利用农林业展会、产销对接活动等广泛开展品牌营销，发展电商、微商等多方式线上线下对接。依托森林草场，发展乡村旅游、文化体验、健康养老等新产业新业态。按照有关规定遴选认定一批国家经济林重点产区、国家森林康养基地。（国家林草局、农业农村部、国家乡村振兴局按职责分工负责）

（九）弘扬乡村生态文化。将乡村绿化美化纳入乡规民约，引导树立植绿爱绿护绿的良好风尚，提高生态保护意识，巩固提升乡村绿化成果。推动全民义务植树与乡村绿化有机衔接。挖掘和弘扬生态文化、红色文化、民族民俗文化，加强古树名木文化传承。充分利用村民广场、乡村公园等公共绿地，开展乡村生态文化科普宣传，打造生态文化展示的绿色窗口。将乡村绿化美化作为改善农村人居环境的重要组成，纳入各级农民教育培训内容，普及乡村绿化知识。（国家林草局、农业农村部、国家乡村振兴局按职责分工负责）

（十）推动国有林场林区绿色发展。将国有林区、国有林场居住点纳入农村人居环境整治提升范围，统筹考虑、同步推进。全面加强林区林场规划建设，加大林区林场居民点绿化美化力度，改善职工群众人居环境。支持林区林场开展森林经营，实施森林质量精准提升工程，优化森林结构和功能，提高森林生态系统质量、稳定性和碳汇能力。推进林区林场产业转型，推动国家储备林建设，鼓励培育珍贵树种和大径材，大力发展特色经济林、生态旅游等绿色低碳产业，提高职工群众收入。（国家林草局、农业农村部、国家乡村振兴局按职责分工负责）

（十一）建立健全长效管护机制。加强乡村绿化抚育管护、补植补造，建立完善绿化后期养护管护制度，巩固好绿化成果。加强护林员队伍管理、培训，充分发挥生态护林员、专职护林员的巡护作用，落实管护责任，强化火源监管和有害生物防治。将村庄内部及周边绿化成果管护纳入农村人居环境长效管护制度，明确地方政府和职责部门、运行管理单位责任。有条件的地区，可以探索建立绿化管护社会化服务体系。（国家林草局、农业农村部、国家乡村振兴局按职责分工负责）

（十二）强化典型示范引领。加强国家森林乡村动态管理，提升建设水平。鼓励有条件的地区，开展具有地方特色的乡村绿化建设，发挥示范引领作用。总结推广一批可复制、易推广的乡村绿化美化经验做法。（国家林草局、农业农村部、国家乡村振兴局按职责分工负责）

### 三、保障措施

(十三)加强组织领导。按照中央统筹、省负总责、市县乡抓落实的工作机制,将乡村绿化美化纳入农村人居环境整治提升重要内容,明确时间表、路线图,一体谋划、一体推进。各级林业和草原、农业农村、自然资源以及乡村振兴部门要各司其职、各负其责,密切协同配合,形成工作合力。以林长制为抓手,推动市县乡党委和政府切实担负责任,确保各项建设任务落到实处。(国家林草局、农业农村部、自然资源部、国家乡村振兴局按职责分工负责)

(十四)完善推进机制。完善以质量实效为导向、以农民满意为标准的工作推进机制。继续通过中央财政造林补助支持乡村绿化,鼓励地方创新采取以奖代补、先造后补等方式,提高资金使用效率。完善农民参与机制,鼓励村民投工投劳,吸纳更多农村低收入群体就地就近就业。落实好农机新产品购置与应用补贴。鼓励通过政府购买服务等方式,支持有条件的农民合作社参与乡村绿化项目。鼓励社会资本参与乡村绿化美化,探索以林草生态保护修复为导向的建设模式,对于集中连片开展林草地生态保护修复达到一定规模和预期目标的经营主体,可在符合国土空间规划的前提下,依法办理用地审批和供地手续后,利用不超过3%的修复面积用于生态旅游、森林康养等相关产业开发。(国家林草局、农业农村部、自然资源部、国家乡村振兴局按职责分工负责)

(十五)加强科技支撑。制定完善乡村绿化有关标准。精选乡村绿化、产业发展等培训课程,组织开展远程教学、现场办班等多形式技术培训。加强林草乡土专家队伍建设,遴选一批"看得见、问得着、留得住"的乡土专家。推动科研院所、涉林(草)院校发挥专长,围绕乡村绿化美化,开展科技服务,带动科技创新创业,鼓励组建"1+N"科技服务团创新服务模式。

发展乡村绿化"三支一扶"岗位，引导大中专院校毕业生参与绿化美化乡村工作。（国家林草局、农业农村部、国家乡村振兴局按职责分工负责）

（十六）营造良好氛围。将乡村绿化美化统筹纳入农村人居环境公益性宣传范围，借助报刊、广播、电视等新闻媒体和网络新媒体，深入开展宣传报道。加强舆论引导，积极回应社会关切，推广科学绿化理念，营造全社会关心支持乡村绿化美化工作的良好氛围。（国家林草局、农业农村部、国家乡村振兴局按职责分工负责）

# 关于做好农村供水保障工作的指导意见

水农〔2021〕244 号

各省、自治区、直辖市、新疆生产建设兵团水利（水务）厅
（局）、发展改革委、财政厅（局）、人力资源社会保障厅
（局）、生态环境厅（局）、住房城乡建设厅（局）、农业农村厅
（局）、卫生健康委（局）、乡村振兴局：

农村供水工程是一项保民生、得民心、稳增长的惠民工程，
是全面推进乡村振兴的一项重要内容。为贯彻落实《中共中央
国务院关于实现巩固拓展脱贫攻坚成果同乡村振兴有效衔接的
意见》和《中共中央　国务院关于全面推进乡村振兴加快农业
农村现代化的意见》，提升农村供水工程建设和管理水平，顺应
广大农村居民对美好生活的向往，全面推进乡村振兴，现提出
以下意见。

## 一、总体要求

（一）指导思想。以习近平新时代中国特色社会主义思想为
指导，全面贯彻党的十九大和十九届二中、三中、四中、五中
全会精神，深入贯彻落实党中央、国务院关于全面推进乡村振
兴的决策部署，立足新发展阶段、贯彻新发展理念、构建新发
展格局，坚持以人民为中心，稳步推进农村饮水安全向农村供
水保障转变，实现巩固拓展脱贫攻坚成果同乡村振兴有效衔接。
坚持问题导向和目标导向相统一，以建设稳定水源为基础，实
施规模化供水工程建设和小型工程标准化改造，不断提升农村
供水保障能力，更好满足农村居民改厕、洗涤、环境卫生等用
水需求。坚持建管并重，更加注重管理，强化水质保障和水费
收缴，提升运行管理和服务水平，保证农村居民在共建共享发

展中有更多获得感、幸福感和安全感。

（二）工作原则。

统一规划，持续提升。以县域为单元，按照全面推进乡村振兴战略的要求，优化农村供水工程布局，完善农村供水基础设施。稳步实施规模化供水工程建设，实现高质量发展。通过改造、新建、联网、并网和维修养护等措施，巩固拓展农村供水脱贫攻坚成果。

突出管理，完善机制。健全农村供水长效运行管理体制机制，积极推进专业化管理。明晰工程产权，落实工程管护主体，健全完善农村供水管水员队伍，提升信息化管理水平。强化水源保护和水质保障，建立合理水价机制，强化水费收缴，辅以必要的财政补助，确保工程发挥效益。

政府主导，两手发力。农村供水保障实行地方行政首长负责制，地方人民政府是农村供水保障的责任主体，工程建设、维修养护和水源保护资金来源由地方各级人民政府负责落实，对国家乡村振兴重点帮扶县予以倾斜支持。有条件的地区，充分发挥财政资金的引导作用，吸引银行贷款和社会资金投入，开展工程建设和管理。

广泛参与，社会监督。充分发挥乡镇人民政府、村集体、基层党组织和村民作用，参与农村供水工程项目规划、建设、运行维护和水源保护，合理分担供水设施建设和运行维护费用。充分尊重农民意愿，真正做到问需于民，问计于民。畅通各级举报监督电话，发挥社会监督作用。

（三）主要目标。按照全面推进乡村振兴的要求，适当提高农村供水标准，完善农村供水工程设施，稳步提升农村供水保障水平。到 2025 年，全国农村自来水普及率达到 88%，提高规模化供水工程覆盖农村人口的比例；完善农村供水长效运行管理体制机制，提升工程运行管护水平；强化水源保护，完善水质净化消毒设施设备，不断提高水质达标率。到 2035 年，继续完善农村供水设施，提高运行管护水平，基本实现农村供水现代化。

## 二、做好农村供水脱贫攻坚与乡村振兴有效衔接

（四）巩固拓展农村供水成果。地方水行政主管部门会同有关部门做好对供水薄弱地区、脱贫地区、脱贫人口和供水易反复人群的饮水状况动态监测，加强摸排，找准农村供水存在的问题和风险隐患，建立问题台账。公布供水单位服务电话，畅通群众反映问题和举报监督通道，建立健全问题快速发现和响应机制，将农村供水问题解决纳入地方人民政府帮扶政策范围，及时化解农村供水风险和隐患，保持动态清零。强化工程管理管护，巩固维护好已建农村供水工程成果。加强与气象、水文等部门对接，做实应急供水方案，加强演练，必要时采取启动应急备用水源、凿井取水、应急调水、拉水送水等措施，防止出现规模性饮水不安全问题。

（五）分类推进农村供水发展。统筹考虑乡村振兴发展、实际用水需求、地方财力水平等因素，对于城郊融合类村庄和集聚提升类村庄，优先实施规模化供水工程建设，实现供水高质量发展；对于特色保护类村庄和规模化供水工程不能覆盖的区域，通过加强水源保护、小型工程规范化建设和改造，提升供水保障水平；对于搬迁撤并类村庄和暂不具备改造条件的分散供水工程，通过水源保护和维修养护，辅以必要的工程建设，保障饮水安全。

## 三、稳步推进农村供水工程建设

（六）实施稳定水源工程。综合考虑农村供水工程规模、村庄与人口变化、供水能力等因素，做好用水供需平衡分析，优先利用已建水库、引调水等骨干水源工程作为农村供水工程水源，因地制宜建设一批中小型水库等水源工程，加强水源调度和优化配置，解决水源不稳定的问题。新建供水工程，强化水源论证，提高水源稳定性。人口分散地区，加强小水源和储水

供水设施建设，辅以应急供水措施，解决季节性缺水问题。

（七）扎实推进农村供水工程建设。以县域为单元，统筹农村供水发展。有条件的地方，实施规模化供水工程建设。其他地区，更新改造老旧供水管网和设施，解决农村供水的"卡脖子"问题；实施小型工程标准化建设和改造，因地制宜、科学有效减少单纯依靠水柜水窖方式供水人口数量，提高农村供水保障水平。推进供水入户，提升农村自来水普及率。

（八）强化水质保障。在做好千吨万人供水工程（日供水人口超过10000人或日供水规模超过1000吨，简称千吨万人供水工程）水源保护的基础上，推进千人供水工程（日供水人口1000人至9999人，简称千人供水工程）水源保护。千吨万人供水工程全面配备净化消毒设施设备，以地表水或水质不稳定的地下水为水源的千人供水工程，配备净化设施设备；千人供水工程配备消毒设备。加强水质检测监测，不断提升水质保障水平。

## 四、健全完善农村供水管理体制机制

（九）创新工程管护机制。以县域为单元，稳步推进农村供水工程统一监管，提升运行管理和技术服务能力。明晰工程产权，明确并落实工程管护责任主体。千吨万人供水工程推行企业化经营、专业化管理和信息化监管。小型供水工程，可通过政府购买服务、经营权承包、政府与社会资本合作等方式，探索专业化管护，提升管理服务水平。

（十）完善农村水价形成机制。制定或者调整农村集中供水水价，应当遵循"补偿成本、公平负担"的原则，并充分考虑农村居民的承受能力。单村供水工程水价及收费方式由村民委员会按照一事一议民主议事机制确定。对于供水规模利用率较低的工程，可实行"基本水价+计量水价"的两部制水价，并充分征求农村居民意见。创新水费收缴方式，便于用水户便捷缴费，提高水费收缴率。有条件的地区可安排一定的财政补助资金，对工程维修养护予以支持，促进工程正常运行。

（十一）提升信息化管理水平。以县域农村集中供水工程为对象，健全完善农村供水管理信息系统，提高信息化管理水平。加强对千吨万人供水工程的取用水水量、进出厂水水质、主要供水设施设备运行状态的自动化监控系统建设，增强预报、预警、预演、预案能力。对于水源取水口和加压泵站，加强远程控制，提升工作效率，降低供水成本。推进不同层级系统之间的信息共享，促进互联互通。

（十二）健全完善农村供水管水员制度。按照确有必要、按需配备、人事相宜的原则，健全完善农村供水工程管水员制度。有条件的地区可统筹利用现有公益性岗位，按规定聘用符合公益性岗位条件的人员担任农村供水管水员。在水费收缴的前提下，可通过村集体经营收益、光伏发电收入补贴等方式，对农村供水管水员给予相应补贴。地方水行政主管部门要会同人力资源社会保障部门明确农村供水管水员的岗位职责，利用《农村供水管水员知识问答》等培训教材，采取适宜培训方式，提高农村供水管水员履职尽责能力。对履职不到位、工程管理不好、群众满意度低的管水员，进行岗位轮换或淘汰，切实发挥农村供水管水员作用。

## 五、保障措施

（十三）压实地方人民政府主体责任。农村供水保障实行中央统筹、省负总责、市县乡抓落实的工作机制，地方各级人民政府是农村供水保障的责任主体。把农村供水保障作为全面推进乡村振兴的一项重要任务，纳入对市县党政领导班子和领导干部推进乡村振兴实绩考核范围。做好最严格水资源管理制度中的农村供水考核工作。省级水行政主管部门要会同有关部门组织编制"十四五"农村供水保障规划，逐级分解农村供水保障任务，落实责任分工，层层传导压力，指导督促县级人民政府落实主体责任，并将小型供水工程的管理管护责任层层压实至乡镇人民政府。单村供水工程和村内供水设施要发挥好村级党组织和村委会以及村级管水组织的作用，确保每处工程都有管护单位和人员，保障工程正常运行。对脱贫地区、脱贫人口饮水安全状况监测不力、问题整改不彻底、工程管理不到位、漠视群众利益等工作作风不严不实的，出现整村连片停水断水或严重水质超标等突出供水问题，将对有关责任单位和人员进行责任追究。

（十四）发挥政府投入引导作用。农村集中供水工程建设投资，由地方各级人民政府负责落实。对于中型水库等水源工程建设，可以结合现有投资渠道，争取中央预算内投资适当补助。对于农村供水工程维修养护和小型水库建设，中央财政通过现有转移支付渠道给予适当补助。地方要多渠道筹集工程建设资金，合理安排政府投入，用于农村供水工程建设和改造。将符合条件的农村供水工程建设和改造项目纳入地方政府专项债券支持范围。脱贫地区要统筹整合财政涉农资金，支持农村供水工程建设，并将农村供水工程建设纳入巩固拓展脱贫攻坚成果和乡村振兴项目库，有序安排实施。

（十五）积极发挥市场作用。在加大地方人民政府投资的同时，要发挥好政府资金的引导作用，积极探索利用市场化方式，吸引银行信贷资金和其他社会资本，开展农村供水工程建设。水行政主管部门要积极做好农村供水工程项目前期工作，发展改革、财政部门要支持发挥财政资金的引导作用，依法依规吸引社会资本参与农村供水工程建设和管理。各地要继续落实好用电、用地、税收等优惠政策，支持农村供水事业发展。

（十六）发挥部门合力。水行政主管部门负责组织做好农村供水项目前期工作、工程建设和运行管护，加强绩效管理和项目监督检查。发展改革部门负责农村供水工程建设的规划统筹。财政部门结合财力和实际需要统筹安排财政资金，会同相关部门加强资金监管。生态环境部门会同有关部门监督管理饮用水水源地生态环境保护工作。卫生健康部门负责指导开展饮用水水质监测和卫生监督。住房城乡建设部门会同水行政主管部门负责指导地方推进供水入户。农业农村、乡村振兴部门配合水行政主管部门在全面实施乡村振兴战略和巩固拓展脱贫攻坚农村供水成果中推动农村供水有关政策落实。

（十七）强化技术指导。地方水行政主管部门要会同生态环境、卫生健康等部门，围绕水源保护、净化消毒、水质检测监测等技术，编写通俗易懂、图文并茂的教材，创新工作方法，加强专业技能培训，逐步实行经培训后持证上岗，提高工程管水人员的能力水平。研究推广农村供水水质保障、小型分散工程供水保障、冬季防冻等技术。

（十八）注重示范和宣传引导。地方水行政主管部门要会同有关部门因地制宜，打造一批规模化供水、小型工程标准化建设和改造、企业化运营、水质保障、计量收费、信息化管理等方面的农村供水工程示范样板，加强凝练总结，推广可复制的经验做法，发挥示范效应，促进对标达标。加强农村供水政策解读和饮水安全知识宣传，积极发挥村规民约及用水户协会作用，加强引导，提高用水户安全用水、节约用水和有偿用水意识，发挥社会参与和监督作用，营造良好的社会舆论发展氛围。

水利部　发展改革委

财政部　人力资源社会保障部

生态环境部　住房城乡建设部

农业农村部　卫生健康委

乡村振兴局

2021 年 8 月 10 日

# 加快农村能源转型发展助力
# 乡村振兴的实施意见

国能发规划〔2021〕66号

农村地区能源绿色转型发展，是满足人民美好生活需求的内在要求，是构建现代能源体系的重要组成部分，对巩固拓展脱贫攻坚成果、促进乡村振兴，实现碳达峰、碳中和目标和农业农村现代化具有重要意义。为深入贯彻落实党中央、国务院决策部署，加快推动农村能源转型发展，根据《中共中央　国务院关于全面推进乡村振兴加快农业农村现代化的意见》《中共中央　国务院关于实现巩固拓展脱贫攻坚成果同乡村振兴有效衔接的意见》，制定本实施意见。

## 一、总体要求

（一）指导思想

以习近平新时代中国特色社会主义思想为指导，深入贯彻党的十九大和十九届历次全会精神，立足新发展阶段，完整、准确、全面贯彻新发展理念、构建新发展格局，坚持以人民为中心的发展思想，深入落实"四个革命，一个合作"能源安全新战略，将能源绿色低碳发展作为乡村振兴的重要基础和动力，统筹发展与安全，推动构建清洁低碳、多能融合的现代农村能源体系，全面提升农村用能质量，实现农村能源用得上、用得起、用得好，为巩固拓展脱贫攻坚成果、全面推进乡村振兴提供坚强支撑。

（二）基本原则

清洁低碳，生态宜居。坚持生态优先、绿色发展，支持乡村新能源开发利用，推动农业生产、农民生活、农村交通用能清洁化、低碳化，助力建设生态宜居美丽乡村。

因地制宜，就近利用。充分结合各地资源禀赋，统筹开发利用方式，优先就地、就近消纳，减少能源输送距离和转化环节，提高农村能源资源综合利用效率。

经济可靠，惠民利民。大力发展农村新能源产业，着力降低农户用能成本，促进减支增收，不断提高群众的获得感和幸福感。

（三）主要目标

到 2025 年，建成一批农村能源绿色低碳试点，风电、太阳能、生物质能、地热能等占农村能源的比重持续提升，农村电网保障能力进一步增强，分布式可再生能源发展壮大，绿色低碳新模式新业态得到广泛应用，新能源产业成为农村经济的重要补充和农民增收的重要渠道，绿色、多元的农村能源体系加快形成。

## 二、巩固拓展脱贫帮扶成果

（四）巩固光伏扶贫工程成效

充分发挥好全国光伏扶贫信息监测系统作用，加强对光伏扶贫电站的运维管理，培育和发展新能源生产运营中心，突破容量和地域限制，建成光伏扶贫电站集中管控体系，提高电站集约化管理水平。鼓励能源企业联合设备厂商，组织专业化团队对光伏扶贫电站进行精细化管理维护，保证电站可靠运行和稳定收益，做好电站管护员培训，向脱贫户提供组件清洗、看护等岗位。电网企业继续保障全额消纳，及时结算电费、转付补贴。县级政府加强村级光伏扶贫电站收益监督管理，定期公开收益资金分配使用情况。积极探索扶贫电站参与碳交易市场的路径和模式，进一步巩固拓展脱贫攻坚成果。

（五）持续提升农村电网服务水平

用中央预算内资金重点支持乡村振兴重点帮扶县、其他脱贫地区、革命老区等农村电网薄弱地区，持续提升农村电网供电保障能力，推动网架结构和装备升级，满足大规模分布式新能源接入和乡村生产生活电气化需求。对符合条件地区因地制宜实施大电网延伸。

（六）支持县域清洁能源规模化开发

在具备资源条件的中西部脱贫地区，特别是乡村振兴重点帮扶县，优先规划建设集中式风电、光伏基地，为脱贫县打造支柱产业。

### 三、培育壮大农村绿色能源产业

（七）推动千村万户电力自发自用

支持具备资源条件的地区，特别是乡村振兴重点帮扶县，以县域为单元，采取"公司+村镇+农户"等模式，利用农户闲置土地和农房屋顶，建设分布式风电和光伏发电，配置一定比例储能，自发自用，就地消纳，余电上网，农户获取稳定的租金或电费收益。支持村集体以公共建筑屋顶、闲置集体土地等入股，参与项目开发，增加村集体收入。项目开发企业为村民提供就业岗位，帮助脱贫户增收。

（八）积极培育新能源+产业

鼓励能源企业发挥资金、技术优势，建设光伏+现代农业。农业企业、村集体在光伏板下开展各类经济作物规模化种植，提升土地综合利用价值。地方政府提供政策支持及拓展产品销路，农户通过土地租赁、参与电站运维、农场劳务等增加收益。在适宜荒漠化、盐碱地、采矿采煤塌陷区，推广"新能源+生态修复、矿山治理"等模式。在林区、牧区合理布局林光互补、牧光互补等项目，打造发电、牧草、种养殖一体化生态复合工程。建设新能源+农村景观示范，地方政府主导，结合新型城镇化建设、易地搬迁安置区配套基础设施提升完善和郊区亮化等工程，推动新能源与路灯、座椅等公共设施一体化发展。

（九）推动农村生物质资源利用

引导企业有序布局生物质发电项目，鼓励企业从单纯发电转为热电联产。在农林生物质资源丰富的县域，探索农田托管服务和合作社秸秆收集模式，或以村为单元建设农林废弃物收集站，由专业化企业建设规模化生物质热电联产、生物质天然气项目、生物质热解气化项目、生物质液体燃料项目，就近满足乡镇生产生活用电、用热、用气、用油需要。在畜禽养殖规模较大的县域，结合农村有机垃圾治理，建设区域有机废弃物集中处理沼气生物天然气项目、园区型"养殖—沼气—种植"项目和农户庭院型沼气项目。

（十）鼓励发展绿色低碳新模式新业态

在县域工业园区、农业产业园区、大型公共建筑等探索建设多能互补、源荷互动的综合能源系统，提高园区能源综合利用率。采用合同能源管理运营模式，引导企业、社会资本、村集体等多方参与，建设新能源高效利用的微能网，为用户提供电热冷气等综合能源服务。完善配套政策机制，推动增量配电企业发展综合能源服务，创新发展新能源直供电、隔墙售电等模式。

（十一）大力发展乡村能源站

依托基层电信、农机服务网点、制造企业维修网点等，建设分布式可再生能源诊断检修、生物成型燃料加工、电动汽车充换电服务等乡村能源站，培养专业化服务队伍，提高农村能源公共服务能力。

## 四、加快形成绿色低碳生产生活方式

（十二）推动农村生产生活电气化

坚持政府主导、电网支撑、各方参与，推动提升农村电气化水平。在粮食主产区、特色农产品优势区，推动农产品加工包装、仓储保鲜、冷链物流等全产业链电能替代。支持地方开展新能源汽车和家电下乡，推广普及节能高效家电，经济发达地区的电网企业合理确定乡镇供电配置标准，满足农户使用新型家电设备的要求。

（十三）继续实施农村供暖清洁替代

大力推广太阳能、风能供暖。利用农房屋顶、院落空地和具备条件的易地搬迁安置住房屋顶发展太阳能供热。在大气污染防治重点地区的农村，整县域开展"风光+蓄热电锅炉"等集中供暖。在青海、西藏、内蒙古等农牧区，采用离网型光伏发电+蓄电池供电，利用户用蓄热电暖气供暖。积极推动生物质能清洁供暖。合理发展以农林生物质、生物质成型燃料等为主的生物质锅炉供暖，因地制宜推广生物质热解气等集中供暖，鼓励采用大中型锅炉，在乡村、城镇等人口聚集区进行集中供暖。在大气污染防治非重点地区乡村，因地制宜推广户用成型燃料+清洁炉具供暖模式。因地制宜推进地热能供暖。在地热资源丰富、面积较大的乡镇，优先开展地热能集中供暖。利用地源热泵，加快推广浅层地温能和中深层地热资源开发利用，打造地热能高效开发利用示范区。

（十四）引导农村居民绿色出行

引导充电业务运营商、新能源汽车企业在大型村镇、易地搬迁集中安置区、旅游景区、公共停车场等区域建设充换电站，优先推进县域内公务用车、公交车、出租车使用电动车，推广新能源汽车在旅游景区和特色小镇的应用。探索建立车桩站联动、信息共享、智慧调度的智能车联网平台，推动新能源汽车成为农村微电网的重要组成部分。

## 五、组织实施

（十五）发挥试点带动作用

在全国乡村振兴重点帮扶县优先推进农村能源绿色低碳试点，结合当地经济社会和资源条件，鼓励有资金、技术和建设经验的企业与地方政府合作，选择合适新能源品种和发展模式，为县、乡镇、村提供一揽子供用能解决方案。

（十六）实施主体多元化

支持各类市场主体依法平等进入农村能源建设领域。有序向社会资本开放配售电业务，积极培育配售电、储能、综合能源服务等新兴市场主体。鼓励政府和社会资本合作 PPP 等融资经营模式，引导社会力量进入农村能源站、综合能源服务等可商业化运营的领域，形成资金合力。

（十七）加大财政金融支持力度

各级政府将农村能源建设纳入经济社会发展规划，加强对脱贫地区农村能源的支持。鼓励金融机构创新融资方式和服务模式，将支持县域乡村能源产业发展和能源基础设施建设作为绿色金融服务重点，对优质农村能源项目在贷款准入、期限、利率等方面给予差异化支持。

（十八）健全完善农村能源普遍服务体系

建立市场化的农村能源普遍服务体系。积极探索以市场化运营为主、政府加强政策支持的新机制、新模式，鼓励和引导农户、村集体自建或与市场主体合作，参与农村能源基础设施和服务网点建设。加强农村能源人才队伍建设。发挥村集体、合作社等组织的作用，加大技术培训和宣传力度，加强农村能源基层队伍建设。引导高等院校和科研院所，积极向农村输送科技人才，壮大农村能源人才队伍。提高农村能源技术服务水平。推动有关科研院所、高校和企业等创新主体联合攻关农村能源发展共性问题。通过技术宣讲、入户培训等方式，推动成熟适用的农村能源新技术成果在农村地区集成转化、示范推广和应用，促进农村能源可持续发展。

（十九）加强农村能源统计能力建设

以县域为单元，建立健全农村能源统计体系，落实县、乡镇、村各层级责任单位，明确能源生产统计分类、能源品种统计范围和能源消费统计指标体系，提升能源数据归集质量，强化全品类能源数据支撑。在经济发达的县域，加快建设智慧能源大数据平台，采用数字化方式采集农村能源数据。在经济欠发达的县域，指定专职人员，采用入户采集、表单调查等方式，对农村能源生产消费情况进行全面普查。

# 关于过渡期内支持巩固拓展
# 脱贫攻坚成果同乡村振兴有效衔接的通知

自然资办发〔2022〕45 号

各省、自治区、直辖市自然资源主管部门，新疆生产建设兵团自然资源局，各派驻地方的国家自然资源督察局，部乡村振兴工作领导小组成员单位：

脱贫攻坚期内，自然资源部和各级自然资源主管部门坚持以习近平新时代中国特色社会主义思想为指导，认真学习贯彻习近平总书记关于扶贫工作的重要论述，坚决落实党中央、国务院决策部署，立足部门职责，加强政策供给，有力地支持打赢脱贫攻坚战。为更好地推动巩固拓展脱贫攻坚成果同乡村振兴有效衔接，部坚持和落实最严格的耕地保护制度、最严格的生态环境保护制度和最严格的节约用地制度，统筹发展和安全，对以往印发的政策文件进行了梳理，明确了过渡期内有关支持事项，现通知如下。

## 一、科学推进村庄规划编制管理

顺应乡村发展规律，根据乡村人口变化、区位条件和发展优势，通盘考虑土地利用、产业发展、居民点布局、人居环境整治、生态保护和历史文化传承，在县级国土空间总体规划中统筹城镇和村庄布局，科学确定村庄分类，加快推进有条件有需求的村庄编制"多规合一"实用性村庄规划。依据村庄类型，分类引导村庄规划编制的内容和深度，可以多个行政村为单元联合编制，实现资源高效配置、空间高效融合。编制村庄规划要落实上位规划确定的各类管控边界、约束性指标等管控要求，坚持村民主体地位，尊重村民意愿，反映村民诉求，合理安排村庄用地布局。

## 二、加强建设用地计划指标保障

每个脱贫县每年安排新增建设用地计划指标 600 亩，专项用于巩固拓展脱贫攻坚成果和乡村振兴用地需要，不得挪用；原深度贫困地区新增建设用地计划指标不足的，由所在省份协调解决。

## 三、完善耕地保护措施

按照《自然资源部　农业农村部　国家林业和草原局关于严格耕地用途管制有关问题的通知》（自然资发〔2021〕166号）要求，改进和规范建设占用耕地占补平衡制度，耕地转为其他农用地及农业设施建设用地实行年度"进出平衡"。严格控制新增农村道路、畜禽养殖设施、水产养殖设施和破坏耕作层的种植业设施等农业设施建设用地使用一般耕地。过渡期内，继续执行跨省域补充耕地国家统筹政策，补充耕地指标优先考虑耕地保护成效突出的革命老区、民族地区、边疆地区和脱贫地区。鼓励支持脱贫地区光伏项目在戈壁、荒漠等地区建设，不得新增占用耕地建设光伏项目。

## 四、延续建设占用永久基本农田预审政策

2024 年 1 月 2 日前，原深度贫困地区、集中连片特困地区、国家扶贫开发工作重点县省级以下基础设施、易地扶贫搬迁、民生发展等建设项目，确实难以避让永久基本农田的，可纳入重大建设项目范围，由省级自然资源主管部门办理用地预审，并按照规定办理农用地转用和土地征收。

## 五、优化完善增减挂钩节余指标跨省域调剂政策

按照《自然资源部　财政部　国家乡村振兴局关于印发

〈巩固拓展脱贫攻坚成果同乡村振兴有效衔接过渡期内城乡建设用地增减挂钩节余指标跨省域调剂管理办法〉的通知》（自然资发〔2021〕178号），支持原"三区三州"及其他深度贫困县、国家乡村振兴重点帮扶县所在省份，优先按照东西部协作和对口支援关系开展增减挂钩节余指标跨省域调剂。对其他脱贫地区继续实施城乡建设用地增减挂钩节余指标省域内交易政策。同时，工矿废弃地复垦利用政策已到期，政策到期后不再新增项目，但符合条件的工矿废弃地可纳入增减挂钩实施。

## 六、优化工业项目用地指标控制

国家乡村振兴重点帮扶县、原深度贫困地区按规划新批准的工业项目，过渡期内，其建设用地控制指标可不受相应地区行业投资强度控制指标约束。

## 七、推动城镇低效用地再开发

继续支持脱贫地区依据国土空间规划开展城镇低效用地再开发。在城镇开发边界内编制或修编详细规划，优化存量空间结构；在保障安全和节约集约的原则基础上，因地制宜制定地方规划用地标准，引导土地混合开发和空间集约复合利用，推动城镇有机更新。不再开展历史遗留工矿废弃地复垦利用、低丘缓坡开发利用试点。

## 八、盘活利用集体建设用地

按照《自然资源部　国家发展改革委　农业农村部关于保障和规范农村一二三产业融合发展用地的通知》（自然资发〔2021〕16号）要求，农村集体经济组织兴办企业或者与其他单位、个人以土地使用权入股、联营等形式共同举办企业的，可以依据《土地管理法》第六十条规定使用规划确定的建设用地；单位或者个人也可按照国家统一部署，通过集体经营性建设用地入市的渠道，以出让、出租等方式使用集体建设用地；在充分尊重农民意愿的前提下，可依据国土空间规划，以乡镇或村为单位开展全域土地综合整治，盘活农村存量建设用地，腾挪空间用于支持农村产业融合发展和乡村振兴；在符合国土空间规划和用途管制要求、确保安全的前提下，鼓励对依法登记的宅基地等农村建设用地进行复合利用，发展乡村民宿、农产品初加工、电子商务等农村产业。

## 九、加强矿产资源开发利用

在生态保护红线之外，加大地质找矿力度，选择有市场前景、有资源潜力的资源富集区开展前期调查勘查，统筹安排矿产资源开发利用的指标、项目、技术、资金等，在同等条件下，向国家乡村振兴重点帮扶县、原深度贫困地区倾斜支持。

## 十、加大地质灾害防治力度

加大地质灾害防治投入，对脱贫地区上报的符合条件的特大型地质灾害治理项目予以重点支持。加强山体崩塌、滑坡、泥石流等地质灾害防治，抓好灾害易发区的监测预警、搬迁避让和工程治理等措施的落实，建立健全脱贫地区地质灾害防治体系。

## 十一、搞好地质信息服务

引导和鼓励各类市场主体、地勘单位等积极开展原深度贫困地区现有地质资料的二次开发，深入挖掘地质资料潜力，继续开展地质资料专题服务和定制服务。积极实施原深度贫困地区地质调查，进一步摸清地质资源优势；继续加强原深度贫困地区土地质量地球化学调查，助力特色农业发展；继续加强原深度贫困地区地下水综合调查，助力解决饮水用水难题。

本文件自下发之日起执行，有效期至 2025 年 12 月 31 日。此前部印发的支持脱贫攻坚的政策文件，有关规定与本文件明确支持事项规定不一致的，以本文件为准。

自然资源部办公厅
2022 年 10 月 13 日

# "十四五"支持革命老区巩固脱贫攻坚成果衔接推进乡村振兴实施方案

发改振兴〔2021〕1619号

实现巩固拓展脱贫攻坚成果同乡村振兴有效衔接，是新时代支持革命老区振兴发展的重要任务。为贯彻落实国家"十四五"规划《纲要》、《国务院关于新时代支持革命老区振兴发展的意见》以及《"十四五"特殊类型地区振兴发展规划》有关要求，支持革命老区走出新时代振兴发展新路，制定本实施方案。实施方案重点支持《国务院关于新时代支持革命老区振兴发展的意见》明确的12个革命老区，全国其他革命老区县市参照执行。

## 一、基本形势和重要意义

党的十八大以来，各地区各部门深入贯彻习近平总书记重要讲话和指示批示精神，认真落实党中央、国务院决策部署，支持全国革命老区如期打赢脱贫攻坚战，为全面建成小康社会作出积极贡献。然而，革命老区很多仍属于欠发达地区，12个革命老区涉及21个省、自治区、直辖市的相关县（市、区）中，264个为原国家扶贫开发工作重点县。"十四五"时期，聚焦重点区域、重点领域、重点人群，支持革命老区全面巩固拓展脱贫攻坚成果衔接推进乡村振兴，有利于把革命老区建设得更好、让老区人民过上更好生活，逐步实现共同富裕目标，有利于扎实推进农业农村现代化，促进新型城镇化高质量发展，为社会主义现代化建设提供坚实支撑。

## 二、健全革命老区脱贫地区长效帮扶机制

（一）健全防止返贫动态监测和帮扶机制。建立健全多部门

参与的防止返贫动态监测帮扶机制，重点跟踪监测收入变化和"两不愁三保障"巩固情况，建立健全快速发现和响应机制。坚持就业优先，支持革命老区统筹用好乡村公益性岗位，提供技能培训和用工信息，建立农业新型经营主体带动帮扶机制，帮助脱贫家庭主要劳动力就近获得稳定的就业机会。建立健全扶贫项目资产长效运行管理机制，推动特色产业可持续发展。充分发挥农村基层党组织战斗堡垒作用，对脱贫村、易地扶贫搬迁安置村（社区）、乡村振兴任务较重的村，以及党组织软弱涣散村，继续选派驻村第一书记和工作队。注重扶志扶智相结合，建立正向激励机制，促进形成自强自立、争先发展的精神面貌。

（二）加大易地扶贫搬迁后续扶持。以西部地区、原深度贫困地区、大型特大型安置区为重点，从就业需要、产业发展和后续配套设施建设提升完善等方面加大扶持力度，持续完善安置区配套基础设施、产业园区配套设施、公共服务设施，切实提升社区治理能力，持续加大就业和产业扶持力度，完善后续扶持政策体系，持续巩固易地搬迁脱贫成果。支持革命老区开展好易地扶贫搬迁安置区就业帮扶专项活动。

（三）深入实施以工代赈和消费帮扶。加大革命老区以工代赈支持力度，以农村劳动力特别是脱贫人口、易返贫致贫监测对象和其他低收入人口为赈济对象，以改善生产生活条件、发放劳务报酬等为主要赈济模式，有序拓展以工代赈实施范围和建设领域、赈济模式，重点支持农村公益性基础设施、农村产业发展配套基础设施建设，最大程度吸纳当地农村劳动力务工就业，最大限度提高劳务报酬发放比例，依托项目建设有针对性地开展实训。在农业农村基础设施建设领域大力推广以工代赈方式，扩大以工代赈方式实施范围。支持革命老区开展消费帮扶，鼓励利用国家粮食交易平台等公共平台的资源和优势，推进特色农产品产销对接，拓展销售渠道，促进群众稳定增收。

（四）集中支持一批革命老区乡村振兴重点帮扶县。对位于革命老区的国家乡村振兴重点帮扶县，从财政、金融、土地、人才、基础设施建设、公共服务等方面给予集中支持，增强巩固拓展脱贫攻坚成果和衔接推进乡村振兴发展能力。支持赣闽粤、大别山、湘赣边、海陆丰、琼崖、浙西南、沂蒙、太行等东中部革命老区所在省份，自主选择一部分经济发展基础薄弱的县作为省级乡村振兴重点帮扶县。各级政府有关支持革命老区振兴的财政、融资配套、投资等政策，要重点向乡村振兴重点帮扶县倾斜。建立跟踪监测机制，对乡村振兴重点帮扶县进行定期监测评估。

| 专栏1　位于12个革命老区的国家乡村振兴重点帮扶县 |
| --- |
| 　　重庆城口县、酉阳县、彭水县。广西百色市德保县、靖西市、那坡县、凌云县、乐业县、田林县、隆林县，河池市凤山县、东兰县、罗城县、环江县、巴马县、都安县、大化县，崇左市天等县，南宁市马山县。贵州遵义市正安县、务川县，铜仁市沿河县、松桃县，黔西南州晴隆县、望谟县、册亨县，黔南州罗甸县、三都县，黔东南州榕江县、从江县。云南文山州马关县、广南县。陕西汉中市略阳县、镇巴县，安康市汉滨区、紫阳县、岚皋县、白河县，商洛市丹凤县、商南县、山阳县、镇安县、柞水县。甘肃白银市会宁县，平凉市庄浪县、静宁县，庆阳市环县、镇原县。宁夏吴忠市红寺堡区、同心县，固原市原州区、西吉县，中卫市海原县。 |

### 三、推动革命老区城乡融合发展

（五）大力实施乡村建设行动。加快推进革命老区宜居宜业美丽乡村建设，支持规范开展全域土地综合整治，将保护历史文化名镇名村、传统村落、村寨、乡村风貌与革命遗址遗迹保护修复有机结合。支持老区完善乡村水、电、路、气、邮政通信、广播电视、物流等基础设施，提升农房建设质量，全面推进"四好农村路"建设。支持老区开展农村人居环境整治提升行动，稳步解决乡村垃圾和黑臭水体等环境问题。支持左右江革命老区边境村镇建设，统筹建设住房和配套生产生活设施，打造宜居宜业生活环境。支持革命老区县市因地制宜发展特色种养业、手工业、特色小吃、文化旅游等富民产业，促进群众就地就近就业和增收致富。

（六）推进革命老区重点县城建设。支持革命老区加快县城补短板强弱项，支持县城环境卫生、市政公用设施、公共服务设施、产业配套设施提质增效，加快老旧小区改造，增强综合承载能力。支持城镇污水处理设施、城镇排水防涝设施建设，不断提高革命老区城乡供水保障水平。支持革命老区县域经济发展，推进重点县城建设，完善县域交通基础设施，发挥辐射带动周边的作用，支持湖北仙桃、湖南浏阳等县城产业转型升级示范园区建设以及福建长汀、广东海丰、陕西富平等全国县城建设示范地区建设。健全城乡融合发展体制机制，统筹城乡市政公用设施建设，促进有条件的地区城镇公共基础设施向周边乡村延伸，推动基本公共服务常住人口全覆盖，保障符合条件的未落户农民工在流入地平等享受城镇基本公共服务。

---

**专栏2　"十四五"革命老区重点县城发展**

　　支持江西吉安县，福建上杭县、长汀县，广东海丰县，湖北红安县，湖南攸县，山东新泰市，浙江缙云县，海南琼海市，陕西富平县等全国县城建设示范地区建设。支持福建南安市，广东普宁市，河北武安市，河南济源市，湖北仙桃市、枣阳市，湖南浏阳市，贵州仁怀市，陕西神木市等县市加快县城经济发展，建设县域经济百强县。

---

（七）支持革命老区重点城市发展。加强与城市群中心城市合作，明确差异化发展定位，因地制宜建设城市群节点城市、先进制造业基地、商贸物流中心和区域专业服务中心，提高对革命老区乡村振兴的引领带动作用。支持赣州、延安、遵义、长治等城市建设省域副中心城市，增强辐射带动能力。支持龙岩、梅州、郴州、临沂等城市建设省际交界地区节点城市，强化跨省合作联动发展。支持六安、黄冈、汕尾等城市加强与省

会城市的对接协作，加强与都市圈协调联动。支持吉安、信阳、巴中、庆阳等城市改善基础设施条件，加强产业合作，建设特色产业基地。支持三明市区与永安组团发展，支持百色在沿边开发开放中加快发展，支持张家界、恩施等城市建设知名旅游目的地，支持丽水在浙江共同富裕示范区建设中为其他山区地区提供经验借鉴与实践示范。衔接落实"十四五"革命老区基础设施建设实施方案，规划建设一批铁路、公路、机场、航运、能源、水利、信息基础设施项目，支持革命老区开展交通强国建设试点工作，持续改善基础设施条件。

（八）加强公共服务设施建设。更好聚焦老区群众普遍关注的民生问题，办好民生实事。支持革命老区持续改善义务教育办学条件，深入推进义务教育薄弱环节改善与能力提升工作，改善学校寄宿条件，继续改善规划保留的乡村小规模学校办学条件，推动城区优质教育资源向乡镇辐射。推进革命老区农村学前教育普及普惠发展，办好乡镇公办中心幼儿园，支持常住人口较多的行政村建设达标的村级公办幼儿园，人口较少的村联合办园。衔接落实中西部欠发达地区优秀教师定向培养计划、教育部直属师范大学与地方师范院校采取师范生公费教育，为革命老区脱贫县培养优秀师资，改善中小学教师队伍质量。支持革命老区脱贫县开展三级医院对口帮扶工作，对未纳入"十四五"时期三级医院对口帮扶县级医院关系的县级医院，由省内自主安排帮扶工作并建立长效机制，鼓励合作共建专科联盟和远程医疗协作网。积极推广三明医改经验。支持革命老区提升乡村卫生健康服务能力，加大基层医疗卫生机构基础设施建设和设备配套支持力度，改善乡镇卫生院和村级卫生室机构设施设备条件，促进医养结合。有条件的地方可根据农村需求适当开展高职（专科）层次订单定向医学生培养，培育一批乡村卫生人才。

## 四、支持革命老区特色产业发展

（九）加快推进农业现代化。支持革命老区建设优势农产品产业带和特色农产品优势区，坚持绿色发展方向，强化品牌意识，培育绿色食品、有机农产品、地理标志农产品，推行食用农产品达标合格证制度，创建绿色有机农产品基地，深入实施地理标志农产品保护工程。重点建设优质水稻、小麦、杂粮、茶叶、中药材、木本油料、果业、健康水产、畜禽养殖及优质蔬菜基地，深入推进优质粮食工程，建设高质量农产品综合供应基地。立足农业资源多样性和气候适宜优势，支持琼崖、海陆丰、左右江等革命老区发展热带特色高效农业，支持赣州、延安、临沂等地建设设施蔬菜基地，支持恩施、巴中、安康等富硒产业发展。加强种质资源保护利用和种子库建设，优先支持革命老区建设现代农作物良种繁育基地。加强革命老区防洪、灌溉、水源等水利工程建设，加快大中型灌区续建配套与现代化改造，新建一批大中型灌区，有序推进老区重大水利工程建设。积极支持革命老区发展农业保险。

---

**专栏3　"十四五"革命老区现代农业发展**

　　高标准农田建设。统筹考虑自然条件、建设任务等因素，支持赣闽粤、陕甘宁、大别山、左右江、川陕等革命老区建设高标准农田，提高农业综合生产能力。

　　现代种业提升。按照全国统一规划和布局，建设农作物良种繁育基地和畜禽保种场等，完善育种创新、标准化繁种、良种推广等方面设施装备。

　　现代农业平台建设。支持创建国家级现代农业产业园，加快建设国家农村产业融合发展试点示范县（市、区）、国家农村产业融合发展示范园和国家农业科技园区。

　　公共基础设施改建。实施农村电网巩固提升工程，着力解决川陕、大别山、左右江等革命老区电网老化薄弱等突出问题，支持新改建一批农村公路，新建和改扩建一批集中供水厂、村级供水站、供水管网，有序改造卫生厕所。

　　深入推进优质粮食工程。因地制宜开展粮食绿色仓储、粮食品种品质品牌、粮食质量追溯、粮食机械装备、粮食应急保障能力、粮食节约减损健康消费"六大提升行动"，加快粮食产业高质量发展，提升粮食安全保障能力。

（十）加快发展特色制造业。支持在有条件的革命老区优先布局一批国家级创新平台，支持科研院所、高等学校与革命老区开展合作。做大做强特色先进制造业，支持发展清洁能源、有色金属、装备制造、纺织服装、生物医药等特色产业及配套产业。支持赣闽粤原中央苏区依托稀土资源优势，加快建设稀土科研平台和有色金属产业基地。支持陕甘宁、太行等革命老区加快推动能源资源产业集约节约利用，促进旅游业发展，建设清洁能源基地和文化旅游目的地。支持大别山、川陕、湘鄂渝黔、湘赣边、浙西南等革命老区积极融入长江经济带发展，大力发展电子信息、农产品加工、清洁能源和绿色产业。支持左右江革命老区依托沿边开放和资源优势，加快建设清洁能源和特色资源精深加工基地。支持海陆丰、琼崖、沂蒙等东部地区革命老区加快产业转型升级，因地制宜发展特色新兴产业。支持革命老区积极推进整县分布式光伏开发试点。在保护好生态的基础上，支持陕甘宁等革命老区因地制宜利用沙漠、戈壁、荒漠以及采煤沉陷区、露天矿排土场、关停矿区建设风电和太阳能发电基地。

（十一）培育发展特色服务业。衔接落实"十四五"革命老区红色旅游发展实施方案，支持革命老区加强红色遗址保护和旅游基础设施建设，打造一批高水平的红色旅游景区、红色旅游精品线路。常态化运营韶山至井冈山等红色旅游线路旅游列车。因地制宜发展乡村旅游、生态旅游、康养旅游、休闲农业等新产业新业态，推进红色旅游与旅游多业态融合发展，创建红色旅游融合发展示范区。支持湘鄂渝黔交界县市依托特色自然和人文资源建设协同发展合作区。支持革命老区培育、创建、发展一批具有地方特色的优质劳务品牌，引进劳动密集型产业，拓展就地就近就业渠道。统筹推进县乡村三级物流体系建设，实施"快递进村"工程，因地制宜推进客货邮融合发展。支持在革命老区建设多功能农村综合商贸服务中心，鼓励引导电商企业开辟革命老区特色农产品网上销售平台，加大品牌宣传推介力度，鼓励临沂等城市发展现代化商贸物流业。

（十二）加强产业园区和产业平台建设。统筹推动革命老区各级各类开发区空间整合和体制创新，全面提升开发区开放能级。支持革命老区现有国家级经济技术开发区、国家级高新技术产业开发区、综合保税区等做大做强，优先支持延安、信阳、遵义以及其他符合条件的革命老区重点城市创建国家级开发区。依托经济技术开发区、高新技术产业开发区等平台，培育壮大特色优势产业集群，因地制宜发展农产品加工、电子信息、生物医药、清洁能源等绿色产业。引导支持社会资本到老区投资兴业，优先支持革命老区创建国家现代农业产业园、农业现代化示范区、国家农村产业融合发展示范园，打造一批农业产业强镇和优势特色产业集群。

| 专栏4 "十四五"革命老区重点开发区建设 |
| --- |
| 支持建设赣州、井冈山、龙岩、六安、安庆、丽水、鹤壁、荆州、常德、广元、遵义、汉中等国家级经济技术开发区，支持建设赣州、吉安、抚州、三明、龙岩、临沂、黄冈、随州、常德、绵阳、榆林等国家级高新技术产业开发区，加快建设长治、萍乡、韶关等产业转型升级示范区，赣州、梅州等综合保税区以及中国（驻马店）国际农产品加工产业园。 |

（十三）加快绿色转型发展。衔接落实"十四五"革命老区生态环境保护修复实施方案，促进革命老区生态建设、乡村振兴和民生保障相得益彰。指导和支持革命老区划定生态保护红线、永久基本农田、城镇开发边界以及城市蓝线、绿线等重要控制线，推进长江、黄河等生态廊道以及秦岭、太行山、大别山、南岭、武夷山等生态屏障建设。统筹推进山水林田湖草沙系统治理，支持赣闽粤、陕甘宁、大别山、川陕、左右江、太行等革命老区重点区域生态保护和修复，加强对长江、黄河源头和重要水源涵养地，以及珠江、淮河、汉江等主要江河源

头和丹江口库区及上游生态保护修复和环境污染治理。支持吉安、安康等符合条件的城市开展生态产品价值实现机制探索，健全新安江流域、东江流域等横向生态补偿长效机制，完善大别山区水环境生态补偿机制，深入推进安徽金寨、福建泰宁、江西井冈山、海南琼中、贵州赤水等生态综合补偿试点县建设。支持革命老区探索开展排污权、用能权、用水权市场化交易，积极参与全国碳排放权交易市场。

## 五、完善政策体系和组织保障

（十四）加强政策支持。中央财政革命老区转移支付、中央预算内投资等积极支持革命老区巩固拓展脱贫攻坚成果衔接推进乡村振兴，加大对重点城市和重点县的支持力度。将赣闽粤原中央苏区、符合条件的易地扶贫搬迁安置点等特殊类型地区县级医院（含中医院）、县级疾控中心纳入中央预算内投资支持范围。支持符合条件的企业发行企业债券、公司债券、非金融企业债务融资工具等公司信用类债券，实行绿色通道，助力满足革命老区乡村振兴资金需求。新增建设用地计划指标优先保障革命老区巩固拓展脱贫攻坚成果衔接推进乡村振兴等重点项目需要，继续实施城乡建设用地增减挂钩节余指标省内交易政策，对革命老区符合条件的增减挂钩节余指标按规定参与跨省域调剂。高校毕业生"三支一扶"计划、全科医生特岗和农村订单定向医学生免费培养计划继续向革命老区倾斜，鼓励和引导各类人才参与革命老区乡村振兴。

（十五）完善帮扶机制。充分发挥中央和国家机关及有关单位对口支援和定点帮扶机制作用，加大对口支援赣州、吉安、龙岩、三明等革命老区城市和定点帮扶井冈山、红安、延川、通江、田东等92个革命老区县市工作力度，巩固提升帮扶成效。鼓励相关省、自治区、直辖市结合实际，参照中央国家机关及有关单位对口支援赣南等原中央苏区和定点帮扶革命老区县市的做法，建立省直机关及有关单位对口支援和定点帮扶省内革命老区县市的机制。继续组织中央国家机关和有关单位选派干部赴革命老区挂职，并向革命老区重点城市倾斜。完善东西部协作机制，东部地区省份要统筹加强对西部地区革命老区县市的资金支持、项目援建、人才支援，开展干部双向挂职，培育增强造血功能。突出革命老区经济社会发展需求，围绕农业、服务业等领域，进一步加大博士服务团、"西部之光"访问学者选派支持力度。鼓励东部地区经济实力较强的县市与革命老区重点县市开展合作协作，支持东部地区有条件的国家级新区、国家级经开区、国家级高新区与革命老区各类产业园区加强合作。鼓励政策性金融机构结合职能定位和业务范围加大对革命老区支持力度，鼓励商业性金融机构通过市场化方式积极参与革命老区振兴发展，对列入本实施方案的有关项目给予支持。引导中央企业参与革命老区振兴，支持社会力量开展"万企兴万村"行动。鼓励相关媒体通过多种方式支持革命老区农村产业发展和特色农产品销售。

（十六）强化组织实施。相关省、自治区、直辖市要将支持革命老区巩固拓展脱贫攻坚成果衔接推进乡村振兴作为革命老区振兴发展的重点工作，加强组织领导，完善工作机制，明确责任分工，细化具体举措，对革命老区重点城市和重点县以及市辖区给予差别化支持，实施差异化分类考核，优化简化革命老区农村小型建设项目审批管理。革命老区各县市要完善工作机制，明确工作分工，落实工作责任，确保方案落实。有关部门要对革命老区给予统筹支持，严格落实"四个不摘"要求，继续支持脱贫革命老区县市按规定统筹整合使用财政涉农资金，加大对革命老区乡村振兴重点帮扶县支持力度。国家发展改革委会同有关部门加强对革命老区巩固拓展脱贫攻坚成果衔接推进乡村振兴各项工作的统筹协调，及时跟踪工作进展情况，推动形成工作合力。

# 第七部分

# 有关组织振兴的文件

# 2023 年数字乡村发展工作要点

2023 年是全面贯彻落实党的二十大精神的开局之年。数字乡村发展工作要坚持以习近平新时代中国特色社会主义思想为指导，全面贯彻落实党的二十大精神和中央经济工作会议、中央农村工作会议精神，认真落实《中共中央　国务院关于做好 2023 年全面推进乡村振兴重点工作的意见》《数字中国建设整体布局规划》部署要求，深入实施《数字乡村发展战略纲要》《数字乡村发展行动计划（2022—2025 年）》，以数字化赋能乡村产业发展、乡村建设和乡村治理，整体带动农业农村现代化发展、促进农村农民共同富裕，推动农业强国建设取得新进展、数字中国建设迈上新台阶。

## 一、工作目标

到 2023 年底，数字乡村发展取得阶段性进展。数字技术为保障国家粮食安全和巩固拓展脱贫攻坚成果提供更加有力支撑。农村宽带接入用户数超过 1.9 亿，5G 网络基本实现乡镇级以上区域和有条件的行政村覆盖，农业生产信息化率达到 26.5%，农产品电商网络零售额突破 5800 亿元，全国具备条件的新型农业经营主体建档评级基本全覆盖。乡村治理数字化水平稳步提高，乡村数字普惠服务不断深化，农民数字素养与技能持续提升，数字乡村试点成效更加凸显。

## 二、重点任务

（一）夯实乡村数字化发展基础

1. 加快补齐乡村网络基础设施短板。深入推进电信普遍服务，不断提升农村及偏远地区通信基础设施供给能力。以需求为导向逐步推进 5G 网络和千兆光网向乡村延伸覆盖。推动有线电视网络升级改造，继续做好地面数字电视传输覆盖网建设，持续实施广播电视卫星直播惠民工程。开展网络安全监督抽查检查专项行动，加强涉农关键信息基础设施安全防护。

2. 持续推动农村基础设施优化升级。继续优化普通省道和农村公路"以奖代补"考核数据支撑系统，持续提升农村公路路况自动化检测比例，探索开展农村公路"一路一档"信息化试点。继续开展数字孪生流域建设先行先试，加强小型水库安全监测能力建设，推动水利基础设施智能化改造升级，提升农村地区水旱灾害防御能力和供水安全保障能力。继续实施农村电网巩固提升工程，补齐农网薄弱地区电力基础设施短板，有条件地区稳步推动农村电网数字化、智能化转型发展。支持农产品供应链体系建设，实施农产品仓储保鲜冷链物流设施建设工程，加快推进冷链物流数字化改造升级。

3. 稳步推进涉农数据资源共享共用。持续深化自然资源三维立体"一张图"、实景三维中国、国土空间基础信息平台等信息系统建设与应用，建设国土空间基础国情共享服务系统，推动农业农村数据资源共享利用。加快完善农业农村大数据平台建设，提升农业农村大数据平台数据算力，构建全国农业农村大数据"一张图"。推进重要农产品全产业链大数据建设，整合共享粮食全产业链数据，推动与气象、病虫害、种植、产量等数据共享共用。加快建设全国农业保险数据信息系统，推动农业保险数据共享。依托全国基层政权建设和社区治理信息系统，统筹推动基层治理数据资源归集融合和开放共享。持续推进高分卫星遥感数据在数字乡村建设中的应用。

（二）强化粮食安全数字化保障

4. 推动粮食全产业链数字化转型。加快 5G、人工智能、大数据等新一代信息技术与粮食的产、购、储、加、销深度融合。加强粮食收储库点信息化建设，完善粮食购销监管信息化网络，建立中央和地方政府事权粮食全覆盖、全链条、全过程数字化监管系统。持续深入推进优质粮食工程，推动粮食产购储加销全链条"上云用数赋智"。推动粮食加工数字化升级，推进加工企业上云、上链、上平台。健全国家粮食交易平台功能，提升线下网点信息化应用能力，运用大数据等技术优化调整粮食产品供给结构。推进以粮食为重点的智慧大田种植试点。持续完善重要农产品市场监测预警体系，分类分品种加强调控和应急保障。

5. 运用数字技术保障国家粮食安全。进一步完善国家种业大数据平台，加快推进数字育种技术应用。加快建成全国农田建设综合监测监管平台，完善永久基本农田数据库。深入推进国家黑土地保护工程，探索运用遥感监测、信息化管理手段监管黑土耕地质量。运用卫星遥感影像和信息化手段，常态化开展全国耕地和永久基本农田"非农化"监测。全方位运用大数据等信息化手段，以加强耕地"非粮化"监测为重点，启动农业农村用地"一张图"制作试点工作。围绕粮食生产和重要农产品供给，提供分区域、分作物、分灾种的精细化农业气象服务，做好国家粮食安全气象服务保障。

（三）提升网络帮扶成色成效

6. 持续做好防止返贫动态监测和帮扶。修订完善《健全防止返贫动态监测和帮扶工作指南》。依托全国防止返贫监测和衔接推进乡村振兴信息系统，对有返贫致贫风险和突发严重困难的农户持续开展动态监测和帮扶。健全低收入人口动态监测和常态化救助帮扶机制，拓展全国低收入人口动态监测信息平台功能应用，将更多低保边缘人口纳入监测范围。继续加大对脱贫地区网络基础设施升级改造支持力度。持续推进智慧广电固边工程、"三区三州"市级广电融合提升工程、老少边及欠发达地区县应急广播体系建设工程等广播电视重点惠民工程建设。

7. 不断增强脱贫地区内生发展动力。继续大力实施消费帮扶，支持脱贫地区探索消费帮扶新业态新模式。提升脱贫地区农副产品网络销售平台运营水平，多措并举扩大脱贫地区农产品销售规模。鼓励中央企业结合乡村振兴和定点帮扶工作，积极参与脱贫地区数字乡村项目开发，加强基础设施建设、运营模式创新和利益联结。依托"万企兴万村"行动，引导民营企业积极参与数字乡村建设，拓宽脱贫地区群众增收渠道。支持和鼓励中西部欠发达地区应用国家智慧教育公共服务平台资源开展县域教师培训，促进乡村教师数字素养提升。

（四）因地制宜发展智慧农业

8. 加快农业全产业链数字化转型。实施数字农业建设项目，继续推进国家数字农业创新应用基地建设，探索重点品种产业数字化转型路径。加快无人农业作业试验区建设，推进先进适用智能农机与智慧农业、云农场建设等协同发展，挖掘5G、千兆光网和移动物联网等在农业生产场景的典型应用。加快"数字供销"建设，优化完善数字供销综合服务平台，持续推动供销经营服务网点数字化改造。持续完善国家农产品质量安全追溯平台，加快推进与省级追溯平台数据对接和互联互通。加强食品农产品认证全过程信息追溯，升级完善食品农产品认证信息系统，推动获证企业提升追溯管理自控水平。

9. 强化农业科技和智能装备支撑。编制发布"工厂化农业与智能农机装备""乡村产业共性关键技术研发与集成应用"重点专项2023年度项目指南，创制典型经济作物全程智能作业装备、大载荷植保无人机等关键装备，持续开展智能农机装备、农业生产工厂、大田智慧农场与数字乡村产业等关键技术研究。利用现有工作渠道，开展农机装备领域项目遴选。积极推动农机装备企业协同产业链上下游加快亟需装备研制。支持北斗智能监测终端及辅助驾驶系统集成应用，引导农民更多购置和使用先进适用北斗终端和设备。持续开展国家产业计量测试中心建设，深化农机装备计量测试技术、方法及设备的研究和应用。

支持打造以农机装备为重点的智能农业信息服务平台，推动信息技术与农机农艺融合。

（五）多措并举发展县域数字经济

10. 推进农村电子商务提档升级。深入推进"互联网+"农产品出村进城工程，发展多种形式的农产品互联网营销渠道。持续深化"数商兴农"，进一步培育壮大农特产品网络品牌，培养新型农村电商人才，发展农村电商新基建。分类推进"快递进村"工程，完善农村寄递物流体系，重点建设村级寄递物流综合服务站。深入实施县域商业建设行动，引导商贸、快递、物流、互联网企业下沉农村，推动农村商业网点设施重点进行数字化、连锁化、标准化建设改造。持续发展"巾帼电商"，开展"青耘中国"直播助农、"自强在线"助残就业帮扶活动。

11. 培育壮大乡村新业态新模式。研究制定《关于推动在线旅游市场高质量发展的意见》，引导在线旅游等平台企业将产品和服务下沉到乡村，加大对全国乡村旅游重点村镇和乡村旅游精品线路的宣传推广。继续举办长三角乡村文旅创客大会，搭建长三角数字文化产业交流合作平台，开展首批文化产业赋能乡村振兴试点。加快培育休闲农业、生态旅游、森林康养等基于互联网的新业态。深入开展智慧广电服务乡村振兴专项行动，推进智慧广电乡村工程建设，拓展智慧广电新业态新模式新场景。深化乡村地名信息服务提升行动，推动乡村地名在乡村文化旅游、社会治理、电商物流等领域广泛应用。

12. 深化农村数字金融普惠服务。持续推进农村信用体系建设，完善各级涉农信用信息系统，建立健全农村信用信息共享机制，创新农村信用评价结果运用。深化实施金融科技赋能乡村振兴工作，因地制宜打造惠民利民金融产品与服务。积极稳妥开展普惠金融改革试验区建设，规范发展数字普惠金融综合服务平台，利用数字技术改善农村普惠金融服务。加快全国农业保险信息管理平台建设，继续推进农业保险承保理赔电子化试点。推进 P2P 网贷存量风险基本出清，依法打击涉农信贷、保险等领域金融犯罪活动。

（六）创新发展乡村数字文化

13. 营造乡村网络文化繁荣发展环境。加强乡村网络文明建设，大力弘扬社会主义核心价值观，传承中华优秀传统文化。继续指导广播电视媒体创作播出乡村振兴题材作品，增加"三农"题材网络视听节目优质内容资源供给。继续支持地方实施全国智慧图书馆体系和公共文化云建设项目，提高农村地区全民阅读、全民艺术普及数字化服务水平。进一步规范互联网宗教信息服务，加大党的宗教工作理论方针政策正面宣传力度，做好农村地区互联网宗教有害信息治理工作。继续开展"净网""清朗"等各类专项行动，为农村地区少年儿童健康成长营造良好的网络环境。

14. 推动乡村文化文物资源数字化。深入实施国家文化数字化战略，依托中华优秀传统文化传承发展工程，加大对乡村优秀传统文化资源挖掘阐释保护传承力度。持续推进中国传统村落数字博物馆建设。积极推动实施"云上民族村寨"工程。加快建设国家文物资源大数据库，推进乡村文物资源数字化永久保存和展示利用。继续实施非遗记录工程，举办"文化进万家——视频直播家乡年""云游非遗·影像展"等非遗数字化宣传展示系列活动。

（七）提升乡村治理数字化水平

15. 加强农村党务政务村务信息化建设。继续推进全国党员管理信息化工程建设，完善农村党员教育信息化平台功能，不断提升农村基层党建工作信息化水平。加强政策研究和试点示范，依托全国一体化政务服务平台推动政务服务向基层延伸，推进便民服务事项线上线下一体化办理。集约化推进智慧社区综合信息平台建设，提升村级事务管理智慧化水平。开展社区服务数字化建设试点，确定一批现代社区服务和智慧社区建设试点单位。将网格化管理、精细化服务、数字化支撑作为乡村治理创新的重要内容，深入推进乡村治理体系建设试点示范，鼓励各地组织开展数字化治理实践。

16. 增强农村社会综合治理数字化能力。继续加大农村公共区域视频监控建设力度，提升重点公共区域视频监控覆盖率，深化公共安全视频图像信息资源应用。完善网格化管理、精细化服务、信息化支撑的基层治理平台，健全城乡社区治理体系。继续深入开展"乡村振兴法治同行"活动，加强法律援助信息化建设，优化公共法律服务平台服务，推动公共法律服务资源向乡村下沉。

17. 完善农村智慧应急管理体系。做好国家自然灾害综合风险基础数据库管理运行，持续推进乡村灾害综合监测预警能力建设，加强面向偏远农村、牧区、山区的灾害预警信息服务。完善农村气象灾害预警信息发布体系，全面提高预警发布覆盖面，推进应急责任人信息和国省联动信息集约化、数字化管理。升级完善气象大数据云平台，提升农业气象灾害风险预警能力。加快推进农村地区应急广播主动发布终端建设，提高应急广播覆盖率，完善灾害事故预警信息发布渠道。

（八）深化乡村数字普惠服务

18. 持续推进"互联网+教育"。深入实施国家教育数字化战略行动，建好用好国家智慧教育公共服务平台，持续增加农村优质教育资源供给。持续推进教育新型基础设施建设，完善农村地区学校和教学点网络及卫星电视教学环境，办好中国教育电视台"空中课堂"频道，不断扩大优质教育资源覆盖面。巩固深化全国中小学教师信息技术应用能力提升工程 2.0 建设成果，积极探索适应乡村学校的数字化教学模式，促进农村教育办学水平提升。建好中国语言文字数字博物馆，推动语言文化优质资源共享。

19. 持续推进"互联网+医疗健康"。进一步推动各级各类医疗卫生机构接入区域全民健康信息平台，加强跨区域跨机构医疗健康信息互通共享。积极稳妥推进医疗机构信息系统上云。持续推进远程医疗服务网络建设，深化推广"互联网+医疗健康"服务应用，推动优质医疗资源下沉和均衡布局。继续推进中医馆健康信息平台建设及应用，保障基层中医药服务能力提升。深化全国统一的医疗保障信息平台应用，探索建立困难群众高额医疗费用负担信息共享机制，优化完善医保电子凭证、医保服务网厅和应用程序（APP）等功能服务。

20. 深化农村就业和社会保障信息服务。持续深化就业服务平台应用，为脱贫人口、农民工、乡村青年等群体提供就业信息服务。继续加强返乡农民工就业情况大数据监测分析。进一步完善国家社会保险公共服务平台，继续探索以社保卡为载体建立居民服务"一卡通"，推动更多人社服务事项在基层"就近办""线上办"。升级完善全国养老服务信息系统、全国儿童福利信息系统，加强农村留守老年人信息管理，持续开展孤儿、事实无人抚养儿童认定申请受理"跨省通办"。建立完善全国残疾人福利机构管理信息系统，建设全国统一的精神障碍社区康复服务国家转介信息平台。拓展农村残疾人大数据应用，优化残疾人证"跨省通办"服务。推进省、市级网站和互联网应用的适老化、无障碍化改造，组织征集一批优秀改造案例并推广，提升面向农村特殊人群的信息服务水平。

（九）加快建设智慧绿色乡村

21. 推动农村人居环境数字化监管。建立健全农村人居环境问题在线受理机制，加快推动全国农村人居环境管理信息化建设。不断完善农村环境质量监测体系，推动各地制定农业面源污染监测评估实施方案，启动农业面源污染监测评估工作。继续加强农村生活垃圾收运处置信息管理。持续提升农村地区水环境、水生态监测能力，建立完善农村供水工程信息管理系统。

22. 提高乡村生态保护信息化水平。依托国土空间基础信息平台，开展生态修复项目监测监管系统建设，逐步构建国土空间生态保护修复信息管理系统。深化林草生态网络感知系统建设及应用，推动感知系统与地方业务系统互联互通。开展2023年全国林草信息化示范区创建工作。依托全国河湖长制管理信息系统，持续完善河湖管理范围划定成果数据，运用遥感、人工智能等技术不断提升河湖水域岸线监管能力。

（十）保障数字乡村高质量发展

23. 加强政策支持。按规定统筹利用现有涉农政策与资金渠道，持续加大数字乡村重点项目建设力度。研究制定金融支持数字乡村发展相关政策，加大金融服务对乡村数字基础设施、智慧农业、乡村新业态等领域和新型农业经营主体的信贷、融资保障。继续稳慎推进农村宅基地制度改革试点，指导试点地区加快完成宅基地基础信息调查工作。做好国家重点研发计划项目组织管理，及时推动数字乡村相关项目成果转化应用。鼓励和引导企业、高校、社会组织积极参与数字乡村建设，持续实施数字乡村聚力行动公益项目。

24. 加强人才支撑。持续开展农民手机应用技能、网络安全防护等课程培训，提升农民数字素养与技能。支持涉农高校布局建设智慧农业、农业智能装备工程等新农科专业，持续推进职业院校涉农相关专业升级和数字化改造，加快培养服务乡村振兴的实用型、复合型技术技能人才。持续派强用好驻村第一书记、工作队，完善基层就业政策，积极引导高校毕业生参与数字乡村建设。完善国家科技特派员信息管理服务系统，提升科技特派员服务效能。持续开展乡村旅游人才、农业农村科技青年人才、复合型巾帼人才信息化培训。

25. 加强标准化建设。统筹推进数字乡村标准体系建设，支持开展数字乡村参考架构、数据治理、服务平台等标准研制。加快推动《物联网智慧农业数据传输技术要求》《智慧农业信息系统接口要求》等智慧农业在研标准研制，推进以数字（智慧）

农业为重点的农业标准化示范区建设。重点推动《农业农村数据分类分级指南》《农业农村大数据平台互联互通技术要求》《大田种植信息遥感精准感知技术规范》《农机辅助驾驶系统接口技术要求》《农机自动驾驶分级》等标准制定。积极推动农产品流通领域立法和标准化工作。继续组织制定《县乡村寄递网络建设指南等》《村级寄递物流综合服务站服务规范》等寄递物流体系标准。组织开展乡村治理数字化标准研究。发布农村房屋综合信息管理平台建设相关技术导则和建设指南。

26. 加强统筹协调。指导地方建好用好数字乡村发展统筹协调机制，滚动实施《数字乡村发展行动计划（2022—2025年）》。举办 2023 年全国数字乡村建设工作现场推进会，总结交流典型经验做法。持续开展数字乡村发展评价工作，推动将数字乡村建设工作情况纳入各级党委和政府推进乡村振兴战略实绩考核。持续开展数字乡村试点工作，深化试点成果应用推广。制订《数字乡村建设指南 2.0》。充分发挥新媒体优势，持续做好数字乡村线上线下宣传报道，组织开展数字乡村发展论坛、主题展览、创新大赛等交流活动，营造数字乡村建设良好社会氛围。

# 关于动员引导社会组织参与
# 乡村振兴工作的通知

民发〔2022〕11号

各省、自治区、直辖市民政厅（局）、乡村振兴局，各计划单列市民政局、乡村振兴局，新疆生产建设兵团民政局、乡村振兴局：

实施乡村振兴战略是以习近平同志为核心的党中央作出的重大决策部署，是全面建设社会主义现代化国家的全局性、历史性任务，是新时代"三农"工作总抓手。党的十九届六中全会通过的《中共中央关于党的百年奋斗重大成就和历史经验的决议》指出，党始终把解决好"三农"问题作为全党工作重中之重，实施乡村振兴战略，加快推进农业农村现代化。参与乡村振兴，既是社会组织的重要责任，又是社会组织服务国家、服务社会、服务群众、服务行业的重要体现，更是社会组织实干成长、实现高质量发展的重要途径和广阔舞台。为贯彻落实党的十九大和十九届历次全会精神，根据党中央实施乡村振兴战略的决策部署，现就"十四五"期间动员引导社会组织参与乡村振兴工作通知如下：

## 一、推动实现巩固拓展脱贫攻坚成果同乡村振兴有效衔接

民政部门、乡村振兴部门要按照"四个不摘"要求，实现巩固拓展脱贫攻坚成果同乡村振兴有效衔接。在中央设立的5年过渡期内，民政部门要从工作机制、发展规划、政策举措、服务对象、考核机制等方面，保持支持、激励、规范社会组织参与帮扶政策总体稳定，聚焦全面加强巩固拓展社会组织领域脱贫攻坚成果同乡村振兴的有效衔接，引导社会组织在促进脱

贫人口稳定就业，加大技能培训力度，发展壮大脱贫产业，加强农村低收入人口常态化帮扶方面发挥积极作用，努力增强脱贫地区的自我发展能力。乡村振兴部门一方面，要坚持有序调整、平稳过渡原则，将社会组织参与帮扶纳入乡村振兴工作统筹谋划、一体部署；另一方面，也要注重从实际出发，根据形势任务变化和社会组织参与特点，出台、优化服务保障举措，进一步鼓励、支持社会组织参与防止返贫监测和帮扶，加大易地扶贫搬迁后续帮扶工作力度。

民政部门、乡村振兴部门要精准对接脱贫地区人民群众帮扶需求，推动社会组织工作重心从解决"两不愁三保障"逐步向助力乡村产业兴旺、生态宜居、乡风文明、治理有效、生活富裕转变，接续引导社会组织从集中资源支持脱贫攻坚转向巩固拓展脱贫攻坚成果和全面推进乡村振兴。

## 二、深入开展社会组织助力乡村振兴专项行动

地方各级乡村振兴部门要会同同级民政部门，围绕产业发展、人才培育、特殊群体关爱、乡村治理等领域重点任务落实，深入开展国家乡村振兴重点帮扶县结对帮扶行动、打造社会组织助力乡村振兴公益品牌行动和社会组织乡村行活动。以开展专项行动为载体，进一步整合社会资源、挖掘社会组织潜力，形成社会组织参与乡村振兴的共同意愿与行动。通过开展专项行动，启动一批社会组织帮扶合作重点项目，打造一批社会组织助力乡村振兴服务的特色品牌，推广一批社会组织参与乡村振兴和对口帮扶的典型案例，在全国范围内形成示范带动作用。

## 三、加快建设社会组织参与乡村振兴对接平台

省级民政部门要会同同级乡村振兴部门利用政务服务网，建设集中统一、开放共享的社会组织参与乡村振兴互联网服务平台。要通过统一平台，及时发布本省和帮扶地区乡村振兴规

划、政策、项目等信息，提高社会组织参与乡村振兴供需对接成功率。省级民政部门会同同级乡村振兴部门，通过政府购买服务等方式，在强化网络安全保障的基础上，鼓励社会力量参与平台建设、加强共享合作，充分利用信息技术提高平台服务的可及性和便利性。要通过定期组织项目对接会、公益博览会、现场考察调研、慈善展览会等多种形式，促成社会组织乡村振兴资源供给与帮扶地区需求精准、有效对接。

## 四、认真做好社会组织参与乡村振兴项目库建设

民政部门、乡村振兴部门要加大投入力度，建设社会组织参与乡村振兴的项目库，推动帮扶工作靶向化、精准化、智能化发展。县级乡村振兴部门要坚持需求导向，组织本地社会组织重点面向现行政策保障不到位的困难群众和地方，加强摸底、走访、调研、筛选，通过"问需于民"、"问计于社会组织"等方式，建成便于社会组织参与、聚焦困难群众关切、"输血"与"造血"相结合的需求项目库。民政部门要不断优化社会组织项目资源供给，通过加大宣传动员、举办展览展示、组织公益创投大赛、开展实地考察等方式，组织本地社会组织提出项目方案，建立健全易于困难群众"点单"、便于本地社会组织"接单"，多层次、多领域、有重点的社会组织参与乡村振兴供给项目库。省级民政部门、乡村振兴部门要统筹好本省社会组织参与乡村振兴项目库建设和共享推送工作，推动资源、项目、人才向基层倾斜、向欠发达地区倾斜、向困难群众倾斜。有条件的地方可探索将区块链技术与精准帮扶数据相结合，通过"区块链+帮扶"方式助推精准帮扶优化升级。

## 五、大力培育发展服务乡村振兴的社会组织

民政部门支持以服务乡村振兴为宗旨的社会组织依法登记，发挥社会组织在产业振兴、科技助农、文化体育、环保生态、

卫生健康、社会治理、民生保障方面的积极作用。大力培育服务性、公益性、互助性农村社会组织。推动有关部门和地区将政策、资金、人才等各项资源更多用于农村社会组织发展。支持高校毕业生、退役军人和返乡创业农民工等依法领办创办农村社区社会组织，参与乡村治理体系建设。

## 六、着力完善社会组织参与帮扶合作机制

乡村振兴部门要会同民政部门完善帮扶合作机制。引导全国性社会组织、省级社会组织集中支持乡村振兴重点帮扶县。积极支持各中央单位，引导相关领域全国性社会组织开展定点帮扶和援疆援藏。搭建东西部协作交流平台，支持具有较大辐射力和影响力的东部地区社会组织参与定点帮扶、对口支援。鼓励、支持社会组织重点参与所在地的乡村振兴。

## 七、持续优化社会组织参与乡村振兴支持体系

民政部门要会同乡村振兴部门推动"五社联动"，创新社会组织与社区、社会工作者、社区志愿者、社会慈善资源联动机制。要注重帮扶地区社会组织能力建设，动员枢纽型社会组织通过强化业务培训、引导参加相关职业资格考试等措施，着力培养一批项目意识强、专业水平高、热心乡村振兴事业的基层社会组织领军人才，确保帮扶项目用得上、留得住、出成效。要坚持系统谋划，推动不同层级、不同类型、不同领域的社会组织精准发力、协调配合，在帮扶行动中实现信息共享、资源互动、功能互补。要鼓励引导社会资金支持服务乡村振兴的社会组织发展，支持有意愿、有能力的企业、个人和其他组织在社会组织中设立乡村振兴专项基金。要大力表彰在乡村振兴中作出突出贡献的社会组织，通过表扬通报、典型选树、案例宣传等方式，提高社会组织参与乡村振兴的积极性。要在社会组织评估、评优等工作中增设社会组织参与乡村振兴指标，加大

有关分值比重，通过政策引导和激励，激发社会组织参与乡村振兴活力。

各级民政部门和乡村振兴部门要按照本通知要求，将社会组织参与乡村振兴纳入重要议事日程。通过强化党建引领，加强组织领导，推进部门协同，优化政策保障等方式，推动社会组织积极参与乡村振兴。省级民政部门、乡村振兴部门要定期向民政部、国家乡村振兴局报告工作进展情况、遇到的困难问题和好的经验做法。

民政部
国家乡村振兴局
2022 年 2 月 15 日

# 关于金融支持新型农业经营主体发展的意见

银发〔2021〕133 号

为贯彻落实党的十九届五中全会、中央经济工作会议、中央农村工作会议和《中共中央　国务院关于全面推进乡村振兴加快农业农村现代化的意见》精神，按照中央农办、农业农村部、人民银行等七部门《关于扩大农业农村有效投资加快补上"三农"领域突出短板的意见》要求，切实做好新型农业经营主体金融服务工作，现提出以下意见。

## 一、充分认识做好新型农业经营主体金融服务的重要意义

当前，家庭农场、农民合作社、农业社会化服务组织等各类新型农业经营主体已逐步成为保障农民稳定增收、农产品有效供给、农业转型升级的重要力量。大力培育发展新型农业经营主体，对促进小农户和现代农业发展有机衔接、培育农业农村发展新动能、巩固拓展脱贫攻坚成果、助力乡村全面振兴和农业农村现代化具有重要作用，亟需加快发展面向新型农业经营主体的金融服务，创新专属金融产品，进一步提升金融服务的可得性、覆盖面、便利度，推动农村一二三产业融合发展，提高农业质量效益和竞争力，为加快形成以国内大循环为主体、国内国际双循环相互促进的新发展格局提供更强有力的支撑。

## 二、加强新型农业经营主体信息共享

健全新型农业经营主体名单发布制度，由各级农业农村部门定期更新发布上级及本级认定的农民合作社示范社、示范家庭农场、规模养殖场和农业产业化龙头企业、农业社会化服务组织名单等。充分利用新型农业经营主体信息直报系统，为新

型农业经营主体提供点对点对接信贷、保险等服务，支持农村中小金融机构接入新型农业经营主体信息直报系统。建立健全家庭农场名录制度。加快建立新型农业经营主体名录、土地、示范、补贴、信贷、保险、监管等相关数据目录、标准以及共享和比对机制，鼓励各地探索建立以农村土地和生产经营数据为核心的新型农业经营主体信息数据库和融资综合服务平台，依法合规共享数据。加强银企融资对接，各级农业农村部门汇集发展前景好、信贷需求强、信用记录好的新型农业经营主体名单，提供给银行和政府性融资担保机构，为金融机构依法合规支持新型农业经营主体提供便利。

### 三、增强新型农业经营主体金融承载力

大力实施家庭农场培育计划、农民合作社规范提升行动、高素质农民培育工程，推动大数据、云计算等新技术在农业农村应用，促进新型农业经营主体健康规范发展。鼓励地方通过政府购买服务等方式为新型农业经营主体提供财务制度优化服务，帮助新型农业经营主体提高财务透明度、可信度和规范性，增强信贷获取能力。鼓励有条件的县（区）行政服务中心增设普惠金融服务窗口，提供更加便利的普惠金融服务，对新型农业经营主体进行辅导，将有信贷需求且暂未获得融资支持的新型农业经营主体作为重点辅导对象，为其提供专业咨询服务，推动规范经营管理。规范发展银行卡助农取款服务点，探索建立县（区）、乡、村三级普惠金融服务体系。

### 四、健全适合新型农业经营主体发展的金融服务组织体系

中国农业银行、中国邮政储蓄银行等大中型银行业金融机构要结合自身职能定位和业务优势，发挥"三农"金融事业部、普惠金融事业部等服务"三农"内设机构作用，积极探索支持新型农业经营主体的有效模式。农村中小金融机构要坚守支农

支小主业，改善公司治理和内控机制，强化支持新型农业经营主体的主力军作用。民营银行（含互联网银行）要在做好风险防范的基础上，运用金融科技手段，积极提供小额、快速、便捷的金融产品和服务。在明确地方政府监管和风险处置责任的基础上，稳妥规范开展农民合作社内部信用合作试点。

## 五、推动发展新型农业经营主体信用贷款

加快推动农村信用体系建设，鼓励各地多渠道整合新型农业经营主体信用信息，用 3 年时间基本建成比较完善的新型农业经营主体信用体系，探索开展信用救助。银行业金融机构要充分整合利用共享信息及其他内外部信用信息，积极运用金融科技手段，优化风险评估机制，注重审核第一还款来源，为更多经营稳健、信用良好的新型农业经营主体提供免担保的信用贷款支持。针对不同类型新型农业经营主体的特点，研究制定差异化的信用贷款政策，对符合条件的新型农业经营主体，积极发放农户小额信用贷款、普惠小微信用贷款等。

## 六、拓宽新型农业经营主体抵押质押物范围

银行业金融机构要积极推广农村承包土地的经营权抵押贷款，支持农机具和大棚设施、活体畜禽、养殖圈舍以及农业商标、保单等依法合规抵押质押融资，在具备条件的地区探索开展集体经营性建设用地使用权、农村集体经营性资产股份、农垦国有农用地使用权等抵押贷款业务。在农村宅基地制度改革试点地区，依法稳妥开展农民住房财产权（宅基地使用权）抵押贷款业务。相关部门要加快农村产权确权登记颁证、价值评估、流转交易、处置变现等配套机制和平台建设，支持活体畜禽、农业设施装备等担保融资业务通过人民银行征信中心动产融资统一登记公示系统进行统一登记，建立健全农村产权流转服务机制。在有效防范风险的前提下，鼓励农业产业化龙头企

业、农民合作社及其联合社为其带动的家庭农场、农户等提供担保增信，创新订单、仓单、存货、应收账款融资等供应链金融产品，探索开展"托管贷"业务。

## 七、创新新型农业经营主体专属金融产品和服务

银行业金融机构要针对新型农业经营主体融资需求和特点，丰富贷款产品体系，开发随贷随用、随借随还产品和线上信贷产品，合理设置贷款期限，加大中长期贷款投放力度，优化"保险+信贷"模式。积极开展新型农业经营主体"首贷"、无还本续贷业务。要单列新型农业经营主体信贷计划，适当下放审批权限，并在内部转移定价方面给予适当倾斜，实现信贷资源增量优化、存量重组。落实尽职免责制度，改进贷款尽职免责内部认定标准和流程，如无明显证据表明失职的均认定为尽职。银行业金融机构要完善绩效评价制度，研究将支持新型农业经营主体工作纳入分支机构和领导班子绩效考核。探索建立新型农业经营主体主办行制度，提供支付结算、信贷融资等一揽子综合金融服务。

## 八、完善信贷风险监测、分担和补偿机制

银行业金融机构应加强对信贷风险的监测，做好贷前调查、贷中审查、贷后检查，确保新型农业经营主体所获贷款资金主要用于生产经营。充分发挥全国农业信贷担保体系和国家融资担保基金作用，适当简化担保业务流程，维持较低的担保费率，降低反担保要求，采取有效措施进行代偿。加强对农业信贷担保放大倍数的量化考核，推动其提高担保规模、优化担保服务。支持政府性融资担保机构和银行业金融机构在风险共担前提下，共同创设"见担即贷""见贷即担"等产品模式，开展银担"总对总"批量担保业务，开发首次贷款担保产品，做到应担尽担。鼓励有条件的地方建立健全风险补偿机制，通过市场化方式为

新型农业经营主体提供信贷风险分担，筑牢金融风险防火墙。

## 九、拓宽新型农业经营主体多元化融资渠道

支持优质农业产业化龙头企业发行非金融企业债务融资工具，募集资金用于支持新型农业经营主体等涉农领域发展。鼓励地方建立完善新型农业经营主体发债项目库，强化培育辅导，推动更多优质企业在银行间债券市场和交易所债券市场融资。支持各类社会资本在依法合规前提下，通过注资、入股、人才和技术支持等方式，支持新型农业经营主体发展。支持符合条件的涉农企业在主板、中小板、创业板、科创板及新三板等上市和挂牌融资。

## 十、提升农业保险服务能力

探索构建涵盖财政补贴基本险、商业险和附加险等的农业保险产品体系，更好满足新型农业经营主体多层次、多元化风险保障需求。积极推进稻谷、小麦、玉米完全成本保险和收入保险试点，将地方优势特色农产品保险以奖代补做法逐步扩大到全国。探索开展一揽子综合险，将农机大棚、农房仓库等农业生产设施设备纳入保障范围，创新开展环境污染责任险、农产品质量险。结合农业产业结构调整、生产成本变动以及农业保险风险区划和农业生产风险地图，加快建立农业保险保障水平动态调整机制与保险费率拟订和动态调整机制，健全科学高效的查勘定损机制。加强农业保险赔付资金与政府救灾资金的协同运用。稳妥开展贷款保证保险业务，发挥保险增信对信贷投放的促进作用。发挥"保险+期货"在支持新型农业经营主体发展中的作用。发挥好中国农业再保险公司作用，健全农业再保险制度和大灾风险分散机制。鼓励保险机构建立健全农业保险基层服务网络。

## 十一、强化金融支持新型农业经营主体的政策激励

继续落实好相关准备金优惠政策，继续运用差别化存款准

备金、再贷款再贴现等货币政策工具，支持银行业金融机构扩大对新型农业经营主体信贷投放。鼓励银行业金融机构发行"三农"专项金融债券。提高不良贷款容忍度，新型农业经营主体贷款不良率高出自身各项贷款不良率年度目标 3 个百分点（含）以内的，可不作为银行业金融机构内部考核评价的扣分因素。允许将符合条件的新型农业经营主体续贷贷款纳入正常类贷款管理。对新型农业经营主体信贷支持力度较大的银行业金融机构，在降低经济资本风险权重等政策方面加大倾斜力度。落实创业担保贷款贴息政策，积极支持符合条件的新型农业经营主体申请创业担保贷款。落实农户小额贷款税收优惠政策，对金融机构向家庭农场、农民合作社、农业社会化服务组织等新型农业经营主体发放小额贷款，符合条件的可按规定享受现行税收优惠政策。

## 十二、切实加强组织领导

充分发挥部门职能作用，人民银行分支机构、农业农村、财政、银行保险监督管理、证券监督管理、地方金融管理等相关部门建立沟通协调工作机制，结合实际细化本辖区金融支持新型农业经营主体的政策措施、职责分工。稳妥扩大农村普惠金融改革试点，依照程序建设金融服务乡村振兴试验区，将服务新型农业经营主体作为重点任务。在建立健全新型农业经营主体名录的基础上，研究建立金融服务新型农业经营主体监测统计制度。落实好商业银行绩效评价办法。将对新型农业经营主体的金融服务情况纳入金融机构服务乡村振兴考核评估，强化评估结果运用。

中国人民银行 中央农办

农业农村部 财政部

银保监会 证监会

2021 年 5 月 18 日

# 关于加强国家乡村振兴重点帮扶县
# 人力资源社会保障帮扶工作的意见

人社部发〔2021〕94 号

各省、自治区、直辖市及新疆生产建设兵团人力资源社会保障厅（局）、乡村振兴局：

为深入贯彻党中央、国务院关于巩固拓展脱贫攻坚成果、全面推进乡村振兴决策部署，大力支持国家乡村振兴重点帮扶县（以下称重点帮扶县），现就加强重点帮扶县人力资源社会保障帮扶工作提出如下意见。

## 一、总体要求

（一）指导思想

以习近平新时代中国特色社会主义思想为指导，深入贯彻党的十九大和十九届二中、三中、四中、五中、六中全会以及中央农村工作会议精神，全面落实《中共中央、国务院关于实现巩固拓展脱贫攻坚成果同乡村振兴有效衔接的意见》和中共中央办公厅、国务院办公厅印发的《关于确定国家乡村振兴重点帮扶县的意见》要求，充分发挥就业帮扶增收入、技能帮扶强素质、社保帮扶保生活、人才人事帮扶促发展的职能作用，倾斜支持重点帮扶县巩固拓展脱贫攻坚成果、全面推进乡村振兴。

（二）目标任务

"十四五"时期，保持重点帮扶县脱贫人口每年就业规模总体稳定，帮助有就业意愿的农村劳动力实现就业持续增收；强化提升技工教育和职业培训供给能力，实现脱贫家庭和防止返贫监测对象家庭有培训需求的劳动力都有机会参加职业培训、有就读技工院校意愿的"两后生"都有机会接受技工教育；全面落实城乡居民基本养老保险保费代缴政策，巩固基本养老保险应保尽保成果；实现乡村人才规模不断壮大、素质稳步提升、结构持续优化，初步满足实施乡村振兴战略基本需要。

## 二、强化就业帮扶，促进持续增收

（三）推进劳务输出。各地要在农村劳动力转移就业工作示范县认定中对重点帮扶县给予倾斜，有条件的地区对吸纳重点帮扶县脱贫人口和防止返贫监测对象就业数量多、成效好的就业帮扶基地，按规定给予一次性奖补。指导重点帮扶县健全有组织劳务输出工作机制，鼓励各类人力资源服务机构和劳务经纪人积极参与，按规定落实就业创业服务补助、一次性交通补助等政策，以脱贫人口为重点大力推进劳务输出。

（四）培树劳务品牌。各地要对重点帮扶县劳务品牌培树工作予以指导和支持，通过多种方式加大推介力度，持续提升重点帮扶县劳务品牌的影响力和竞争力。指导重点帮扶县围绕本地特色劳务群体，制定专门计划，加强技能培训，着力培树劳务品牌，提高劳务输出质量。

（五）促进就地就近就业。各地要加强公益性岗位统筹管理，保持规模总体稳定，并适度向重点帮扶县倾斜，支持其适当加大乡村公益性岗位开发力度，按规定促进符合条件的弱劳力、半劳力就地就近就业。加强与有关部门协作，指导重点帮扶县在发展本地特色优势产业项目和县域经济、建设农业农村基础设施和卫星城镇中吸纳农村劳动力就业，引导农村劳动力积极参与乡村振兴，落实以工代赈、灵活就业、就业帮扶车间、公益性岗位等政策，帮扶脱贫劳动力就地就近就业。

（六）鼓励返乡入乡创业。各地要进一步加大对重点帮扶县返乡入乡创业的政策支持力度，调整和优化扶持政策，鼓励返乡入乡创业发展就业帮扶车间。加大创业担保贷款落实力度，加强政策宣传，优化申请对象资格审核程序。引导农民工等人员返乡入乡创业、乡村能人就地创业，帮助有条件的脱贫人口、防止返贫监测对象自主创业，按规定落实税费减免、场地安排、创业担保贷款及贴息、一次性创业补贴和创业培训等政策。加强返乡创业载体建设，充分利用现有园区、大型易地搬迁安置点等资源建设返乡入乡创业园、创业孵化基地，根据入驻实体数量、孵化效果和带动就业成效按规定给予创业孵化基地奖补。

（七）提升公共就业服务。各地要结合实际对重点帮扶县组织专项就业服务活动。积极发挥"就业帮扶直通车"平台作用，为重点帮扶县农村劳动力提供精准就业服务。优先支持重点帮扶县推进公共就业服务向乡村地区延伸，把就业服务功能作为村级综合服务设施建设工程重要内容，通过政府购买服务等方式强化服务供给。指导重点帮扶县依托全国防返贫监测信息系统对脱贫人口、农村低收入人口、易地搬迁群众等重点人群就业状态分类实施动态监测，加强大数据比对分析和部门信息共享，完善基层主动发现预警机制，对就业转失业的及时提供职业指导、职业介绍、技能培训等服务。

（八）加大就业补助资金的倾斜支持。各地在参与分配下拨年度就业补助资金时，要向重点帮扶县倾斜。定期调度分析资金使用情况，加强对资金使用的监管，加强工作指导。

### 三、强化技能帮扶，实现技能提升

（九）实施国家乡村振兴重点帮扶地区职业技能提升工程。贯彻落实《国家乡村振兴重点帮扶地区职业技能提升工程实施方案》，强化提升重点帮扶地区技工教育和职业培训供给能力，新建、改（扩）建100个左右技工院校和职业培训机构；建设100个左右高技能人才培训基地；建立100个左右技能大师工作室；开发100个左右专项职业能力考核规范；依托"就业创业和职业培训在线服务平台"征集遴选100个左右"互联网+技能帮扶"线上培训资源；累计开展职业技能培训不少于 300 万人次，培养 5 万名左右高级工以上高技能人才和乡村工匠。各地要建立健全人力资源社会保障部门牵头协调、多部门共同参与的工作机制，统筹推进相关工作有序实施。

（十）加大农业农村领域技能培训支持力度。各地要支持重点帮扶县结合当地农业农村发展需要，开展农机操作、农产品加工、乡村建筑工人等领域相关职业（工种）以及乡村工匠的技能培训，支持技工院校加强涉农专业建设、开展涉农职业培训，积极开展乡村创业带头人创业培训、创业青年培训等。

（十一）发挥职业技能竞赛引领带动作用。每两年举办一届全国乡村振兴职业技能大赛，各地要指导重点帮扶县组织动员本地技能人才积极参加选拔。引导支持重点帮扶县结合当地特色产业发展状况，举办具有地方特色的职业技能竞赛，切实发挥职业技能竞赛引领作用，带动重点帮扶县更多青年劳动力技能成才、技能就业、技能增收。

## 四、落实社保帮扶政策，兜牢基本生活底线

（十二）巩固拓展基本养老保险应保尽保成果。各地要指导重点帮扶县完善困难群体参保帮扶，按照最低缴费档次为参加城乡居民基本养老保险的低保对象、特困人员、返贫致贫人口、重度残疾人等缴费困难群体代缴部分或全部保费。开展工伤预防宣传、培训，切实降低工伤事故发生率；推进职业伤害保障试点，加强新就业形态就业人员职业伤害保障；加快推进失业保险省级统筹，支持重点帮扶县提高基金互助共济能力，努力避免因工伤、失业致贫返贫。

（十三）完善便捷高效的社保经办服务方式。各地要支持重点帮扶县社保经办服务能力提升，增强乡镇（街道）、村（社区）社保服务平台管理和服务水平。支持重点帮扶县把社保经办服务功能作为村级综合服务设施建设工程重要内容，通过政

府购买服务等方式保障有专人稳定承担社保经办服务，推进社保经办服务事项"就近办"。指导重点帮扶县全面推行社保经办服务"线下一门办、线上一网通、全程一卡办"，为企业和群众提供更加优质便捷高效的社保经办服务。

### 五、加大人才人事帮扶力度，增强内生发展能力

（十四）创新乡村产业人才支持政策。鼓励支持有条件的地方探索制定高校毕业生（含技师学院全日制高级工班、预备技师班毕业生，下同）岗位津贴政策，允许县域内各类企业招聘高校毕业生从事经营、管理、技术工作后，代为申请享受高校毕业生岗位津贴，吸引优秀高校毕业生到县域内工作。

（十五）落实事业单位人事管理倾斜政策。各地要指导重点帮扶县落实基层事业单位工作人员"三放宽一允许"招聘倾斜政策；将鼓励引导高校毕业生到重点帮扶县基层事业单位工作与做好事业单位公开招聘高校毕业生有效结合；指导重点帮扶县开展基层事业单位专项招聘"三支一扶"人员、公费师范生、定向医学生、退役士兵等工作；根据中央部署，推进县以下事业单位建立管理岗位职员等级晋升制度。

（十六）实施倾斜职称评聘政策。各地要指导重点帮扶县按照有关规定落实"定向评价、定向使用"的基层职称评聘制度。会同相关部门继续做好部分职业资格考试在原适用地区单独划定考试合格线工作。

（十七）加大智力支持和人才服务力度。各地在开展高层次人才服务基层示范活动中，进一步向重点帮扶县倾斜，遴选实施一批乡村振兴专家服务团。实施第四轮高校毕业生"三支一扶"计划，中央财政补助名额向重点帮扶县适当倾斜，并适当放宽专业要求，降低开考比例，提高招募本地户籍毕业生比例。配合有关部门建立城市医生、教师、科技、文化等人才定期服务乡村制度，支持和鼓励符合条件的事业单位科研人员按照国

家有关规定到乡村和涉农企业创新创业，充分保障其在职称评审、工资福利、社会保障等方面的权益。

（十八）落实更加倾斜的工资政策。各地要指导重点帮扶县完善事业单位乡镇工作补贴实施办法，加大倾斜力度；落实《关于完善基层医疗卫生机构绩效工资政策保障家庭医生签约服务工作的通知》，提升全科医生工资水平，促进基层医疗卫生队伍建设；落实对到有关地区县以下事业单位工作的高校毕业生高定工资政策，引导人才向基层流动。

（十九）加大干部人才培训力度。各地要加大人力资源社会保障工作服务支持艰苦边远地区和基层一线工作力度，定期开展重点帮扶县人力资源社会保障部门负责人培训，进一步提升推进乡村振兴能力。在组织开展劳动人事争议调解员、仲裁员培训等活动中名额向重点帮扶县予以倾斜支持。

## 六、加强东西部人社协作，推动人才技能双向流动

（二十）创新协作方式。西部地区要指导重点帮扶县与对口帮扶地区在就业、技工教育和技能培训、人才引智等方面加强工作联动。东部地区要将就业帮扶、技能帮扶、人才帮扶等列入东西部协作重要内容，加大资金、资源、项目投入。鼓励结对关系调整前的东西部协作结对地区通过市场化方式支持重点帮扶县。

（二十一）强化就业协作。西部地区要指导和支持重点帮扶县摸清本地脱贫劳动力、防止返贫监测对象外出务工意愿，做好组织发动、劳务输出。东部地区要畅通脱贫劳动力、防止返贫监测对象流入渠道，帮助脱贫劳动力方便就业、稳定就业、维护合法权益，将在本地务工的脱贫劳动力全部作为工作对象、纳入服务范围。

（二十二）强化技能协作。东部地区要加大对重点帮扶县技工院校的帮扶力度，提升其办学能力和质量。要鼓励和支持本

地技工院校、企业与重点帮扶县技工院校开展校校合作、企校合作，鼓励和支持本地技工院校扩大在重点帮扶县招生和培训规模。

（二十三）强化人才协作。东部地区要加大人才选派力度，选派教师、医师、科技、管理等专业技术人才到重点帮扶县开展帮扶工作。西部地区要加大政策保障力度，为帮扶人才提供便利和支持。东西部地区要推动技术、技能人才双向挂职培养锻炼。

## 七、保障措施

（二十四）提高政治站位。各地人力资源社会保障、乡村振兴部门要深刻认识集中支持重点帮扶县的重要意义，站在践行初心使命、促进共同富裕的政治高度，出台更加有力的政策、采取更加有效的举措、推进更加扎实的工作，为重点帮扶县切实巩固拓展脱贫攻坚成果、推进乡村振兴贡献力量。

（二十五）加强组织领导。各地人力资源社会保障部门要及时调整完善推进乡村振兴工作领导体制和工作机制，调配精干力量，以重点帮扶县为重点做好相关工作。会同乡村振兴部门和民政部门加强数据共享，定期开展脱贫人口、防止返贫监测对象相关信息数据比对，加强监测分析，积极主动开展帮扶。人力资源社会保障部、国家乡村振兴局将加强对政策落实的统筹协调和工作指导。省级人力资源社会保障、乡村振兴部门要及时制定工作方案和实施办法，研究细化政策举措，加强与重点帮扶县工作对接，及时了解工作情况，加大督促指导力度。市县级人力资源社会保障、乡村振兴部门要把工作责任细化、实化、具体化，列出时间表、路线图、施工图，全力落实帮扶工作。

（二十六）强化调度督查。各地人力资源社会保障、乡村振兴部门要按照巩固脱贫成果后评估等有关要求，强化各项工作监测评估,定期开展工作调度,按期全面高质量完成好支持重点帮扶县相关工作任务。要加强资金使用监管,预防和查处套取或违规使用资金等违法违纪行为。要大力宣传重点帮扶县帮扶政策措施、先进经验、典型案例,为推进工作提供借鉴、营造良好氛围。省级人力资源社会保障部门每年 12 月 15 日前将年度工作推进和落实情况报送人力资源社会保障部。

人力资源社会保障部

国家乡村振兴局

2021 年 11 月 26 日

# 关于加强中央财政衔接推进乡村振兴补助资金使用管理的指导意见

财农〔2022〕14号

各省、自治区、直辖市财政厅（局）、农业农村厅（局、委、农垦管理部门）、乡村振兴局、发展改革委、民（宗）委（厅、局）、林业和草原主管部门，新疆生产建设兵团财政局、农业农村局、乡村振兴局、发展改革委、民宗局、林草局：

为深入贯彻落实习近平总书记关于巩固拓展脱贫攻坚成果同乡村振兴有效衔接的重要指示批示精神，认真落实《中共中央　国务院关于全面推进乡村振兴加快农业农村现代化的意见》、《中共中央　国务院关于实现巩固拓展脱贫攻坚成果同乡村振兴有效衔接的意见》、《中共中央　国务院关于做好2022年全面推进乡村振兴重点工作的意见》有关部署，针对巩固衔接过渡期新情况，切实加强中央财政衔接推进乡村振兴补助资金（以下简称衔接资金）使用管理，推动提升资金使用效益，坚决守住不发生规模性返贫底线，现制定以下指导意见。

## 一、总体要求

（一）指导思想。深入贯彻习近平总书记关于巩固拓展脱贫攻坚成果同乡村振兴有效衔接的重要指示批示精神，认真贯彻落实党中央、国务院决策部署，保持过渡期财政支持政策总体稳定，积极适应巩固衔接工作形势的发展变化，更多依靠发展来巩固拓展脱贫攻坚成果，进一步优化资金使用结构，突出资金支持重点，创新资金使用方式，强化资金项目管理，切实提升资金使用效益，为巩固好脱贫攻坚成果，衔接全面推进乡村振兴提供有力支撑。

（二）基本原则。

总体稳定。围绕坚决守住不发生规模性返贫的底线，继续通过原有资金渠道巩固"三保障"。坚持中央衔接资金管理办法不变、主管部门不变、分配方式总体稳定、支持重点进一步聚焦，稳步提高用于产业发展的比重，促进带动就业，力争过渡期内脱贫人口收入增速高于当地农民收入平均增速。

突出重点。突出重点地区，进一步加大对国家乡村振兴重点帮扶县的倾斜力度。突出重点群体，优先支持监测对象、脱贫户增收。突出重点内容，推动帮扶产业提档升级、提质增效。聚焦短板弱项，继续支持弥补农村供水等小型公益性基础设施建设短板和急需的农村人居环境整治设施项目。

聚焦关键。加强工作的系统谋划，紧紧围绕一二三产业融合发展、培育县域富民产业，支持全产业链的关键环节，解决产业提档升级的关键制约。创新资金分配使用方式，强化生产经营主体的引领带动作用，提升到人到户项目的帮扶实效。

压实责任。发挥地方各级党委农村工作领导小组在督促强化资金使用管理方面的领导作用。压实县级主体责任，落实行业主管部门资金项目指导监督管理责任，凝聚资金使用管理合力。聚焦项目储备、项目实施、绩效管理等重点环节，提升项目资金使用管理水平。

## 二、加大对国家乡村振兴重点帮扶县的倾斜支持

有关省份要切实将国家乡村振兴重点帮扶县摆在巩固拓展脱贫攻坚成果的突出位置，统筹整合各方资源，加大对重点帮扶县的倾斜支持力度。在分配中央和省级衔接资金时，根据重点帮扶县巩固拓展脱贫攻坚成果的需要，符合资金管理规定的可以单独给予定额补助支持，也可在因素法分配时适当调高重点帮扶县的困难系数权重、补助系数等，确保中央有关倾斜支持重点帮扶县的要求不折不扣落实到位。强化对重点帮扶县的

工作指导，督促指导编制巩固拓展脱贫攻坚成果同乡村振兴有效衔接实施方案，实施一批补短板促发展项目，提升财政资金使用效益。

### 三、突出资金支持重点

（一）优先支持联农带农富农产业发展。

1. 重点内容。逐年稳步提高中央衔接资金用于产业的比重，支持各地以产业发展规划为引领，重点支持具有较好资源禀赋、良好市场前景、带动增收能力强的种养业，延伸支持农产品精深加工、副产物综合利用和以农业产业为主体的一二三产业融合发展，统筹支持具有民族特色、地域特色的手工业，并建立健全联农带农富农机制。

2. 关键环节。落实高质量发展要求，以促进全产业链发展、产业集聚发展为方向，补上技术、设施、营销等短板，促进产业提档升级。支持推广良种良法和先进生产加工技术，购买技术服务。支持建设配套于具体产业项目的农业生产设施，以当地农产品为主要原料供应的加工、产地冷藏保鲜等产业配套设施，鼓励建设标准化生产、加工、仓储基地。支持农产品、特色手工制品、品牌打造和产销对接，促进解决农产品"卖难"问题。

3. 扶持方式。各地可创新资金使用方式，通过以奖代补、贷款贴息、购买服务等方式，支持重点产业、重点环节，具体由地方根据产业类型和支持环节论证选择。落实精准帮扶要求，中央衔接资金要优先保障到人到户项目的资金需求，重点支持监测对象、脱贫户发展生产增收。通过完善奖补政策设计，引导其扩大种植养殖规模、应用良种良法、调整优化生产结构等，通过参与生产提高家庭经营性收入。

积极发挥龙头企业、专业合作社、村级集体经济组织、家庭农场、农业社会化服务组织的引领带动作用。依托上述主体实施的产业项目，财政投入资金应优先形成固定资产，并通过方案、协议等形式，明确土地流转、就业务工、带动生产、帮助产销对接、资产入股、收益分红等利益联结机制，带动村级集体经济、易地搬迁安置社区发展，避免简单入股分红，确保群众充分受益，并向监测对象倾斜。龙头企业、专业合作社、家庭农场等生产经营主体申报衔接资金项目，一律不得由中介机构直接代理，一律不得将财政补助资金用于支付中介费用。

鼓励各地顺应产业发展规律，立足当地优势资源禀赋，统筹支持产业发展的各渠道资金，用好脱贫县涉农资金统筹整合政策，支持现代农业产业园、农业产业强镇和优势特色产业集群建设，壮大县域富民产业，让农民群众更多分享产业增值收益。

各地在不违反资金管理办法的前提下，利用中央衔接资金支持上述重点领域、关键环节之外的产业项目，要更加充分做好可行性论证、支持方式比选，确保资金使用效益。依托企业等生产经营主体实施的单个项目投资规模达到一定标准的，项目主管部门要组织开展尽职调查，具体限额标准由省级明确。

（二）统筹支持促进增收的其他相关领域。

各地可利用中央衔接资金，支持对符合条件的监测对象、脱贫人口开展小额信贷贴息、生产经营和劳动技能培训，到帮扶车间就业，聘用搬迁群众提供易地搬迁集中安置区公共服务，优先聘用监测对象等从事公益岗位，帮助就业创业增收。可对跨省就业的脱贫劳动力（含监测对象）适当安排一次性往返交通补助，促进脱贫劳动力稳定转移就业。对符合条件的脱贫家庭（含监测对象）安排"雨露计划"补助，帮助提升就业能力。东部省份应结合实际将中央衔接资金主要用于吸纳中西部脱贫人口跨省就业。

各地可利用中央衔接资金（少数民族发展任务）支持实施兴边富民行动、人口较少民族发展、民族手工业等特色产业发展和实施困难群众饮用低氟边销茶试点。利用中央衔接资金（以工代赈任务）支持实施以工代赈项目，带动当地监测对象、脱贫人口等务工就业。利用中央衔接资金（欠发达国有农场、国有林场巩固提升任务）支持发展农场、林场的特色优势产业，挖掘开发优势资源。

（三）支持必要的基础设施补短板。

1. 重点内容。扎实稳妥推进乡村建设，根据城镇和村庄布局分类，支持有条件、有需求的村庄编制村庄规划，重点支持因地制宜补齐农村供水设施短板、稳步提升农村供水保障水平，允许适当安排资金改善影响群众基本生活条件的村（农场、林场）内道路、桥梁、排水等小型公益性基础设施。支持完善易地搬迁集中安置区社区内必要的配套设施，适当补助"一站式"社区综合服务设施建设。支持少数民族特色村寨整村规划建设，集中连片民族村寨整体规划建设，推动民族村寨整体面貌提升，特色建筑保护利用。中央衔接资金支持的村内小型公益性基础设施建设和农村人居环境整治项目，要避免与其他渠道安排的资金重复。

2. 支持方式。各地可因地制宜采取以奖代补等方式实施项目建设，具备条件的可推广以工代赈方式，带动群众就地就业。允许各地在科学规划、统筹谋划的基础上，采取分领域推进的方式，解决符合资金用途的一两项突出短板，看准一件抓一件；或者统筹相关领域资金，集中连片改善村内基础设施条件，确保建一个成一个。利用中央衔接资金支持的基础设施补短板项目，要根据发展水平、发展阶段合理确定建设标准，杜绝形象工程。

（四）杜绝用于负面清单事项。

各地要严格按照中央衔接资金管理办法规定的用途安排使用资金，不得将资金用于与巩固拓展脱贫攻坚成果和推进乡村振兴无关的支出，包括：单位基本支出、交通工具及通讯设备购置支出、修建楼堂馆所、发放各种工资奖金津贴和福利性补助、防止返贫监测预警工作经费；偿还债务本息（不含对纳入"十三五"规划的易地搬迁贷款给予贴息和对调整规范易地搬迁融资方式后发行的地方政府一般债券按规定予以补助）和垫资等。

低保、医保、养老保险、临时救助等有稳定、固定资金渠道的综合保障措施，教育、卫生、养老服务、文化等有相应资金渠道的农村基本公共服务，按原资金渠道予以支持保障。

### 四、强化项目实施管理

（一）建立健全项目库。衔接资金支持的项目原则上从巩固拓展脱贫攻坚成果和乡村振兴项目库选择。各省份乡村振兴、发展改革、民族工作、农业农村（农垦）和林草等行业主管部门，组织本行业开展项目库建设，编制项目入库指南，完善项目库建设管理制度，推动项目库共建共享。各地应高度重视项目储备工作，当年第四季度完成下年度项目申报、评审和入库，避免出现"钱等项目"。入库项目实施动态管理，有进有出，3年未执行的项目自动出库，再次入库按照新项目办理。

（二）严把项目入库质量。各相关行业主管部门严格按程序组织项目申报、评审和报批。项目单位提交项目申请时，应完成必要的前期工作，明确建设内容、投资概算、预期绩效目标、利益联结机制、实施期限等。各相关行业主管部门严格对照入库要求审核，确保入库项目质量，资金到位后可以立即启动。分配到县衔接资金支持的项目，由县级乡村振兴部门统一汇总报县委农村工作领导小组审批。省、市两级实施的项目按规定履行报批程序后，一并纳入巩固拓展脱贫攻坚成果和乡村振兴项目库管理，具体程序由省级明确。在项目申报、评审、批复各环节，严格落实公告公示要求，接受社会各界监督。

（三）夯实项目施工准备。各相关行业主管部门要根据年度资金安排，商财政部门及时制定年度项目实施计划。对于纳入年度实施计划的项目，组织编制项目实施方案，提前做好项目开工准备。编制项目实施方案时，要加强衔接资金与其他财政资金的统筹，同一项目整合不同渠道资金实施的，须在实施方案中明确说明，并区分不同资金的具体支持内容，避免交叉重复，不得利用中央衔接资金承担明确由地方履行的支出责任或者承担的配套资金。年度预算批复后，需要进行政府采购、招投标的抓紧开展，符合规定的村庄小型建设项目可施行简易审批，加快前期工作进度，最大程度用好施工季节。

（四）确保项目有序推进。项目具备施工条件后，项目实施主体要抓紧抓好实施工作，原则上要在明确的实施期限内完成，不得随意变更项目实施内容，确需变更的要按规定履行审批程序。各相关行业主管部门要抓好项目实施工作跟踪督促和质量监督，推动项目按计划如期实施，完成后及时做好项目验收报账工作。

## 五、切实加强资金管理

（一）加快资金下达和支出进度。各级财政部门收到上级补助的衔接资金后，要根据预算法、预算法实施条例和资金管理办法规定，商相关行业主管部门及时做好资金测算分配和下达工作。各相关行业主管部门要及时将本级使用的资金分解到具体项目，纳入脱贫县涉农资金统筹整合使用试点实施方案的衔接资金，可按整合规定安排项目，督促加快项目实施进度。财政部门根据实施进度及时办理资金拨付。各地不得为了抬高支出进度"以拨代支"。规范列支衔接资金，中央和省级衔接资金原则上在"21305"科目列支，并严格按照衔接资金管理办法使用管理。

（二）落实全面绩效管理。各相关主管部门承担项目绩效主体责任。落实全面实施绩效管理要求，建立全过程绩效管理链条。强化绩效目标管理，衔接资金支持的具体项目，事前应明确项目绩效目标，未明确绩效目标的项目不得安排预算。做好绩效运行监控，及时发现和纠正问题。扎实开展绩效评价，加强绩效评价结果应用，作为以后年度申请项目、资金分配的依据。落实资金项目管理各环节的公开公示要求，接受群众和社会监督。

（三）开展定期跟踪督促。省级各相关行业主管部门要定期调度本部门管理的项目实施进度和衔接资金支出进度，每季度结束后次月 10 日前报送上级主管部门，同时抄送财政部当地监管局接受日常监管。在项目推进重点环节或重要施工季节，根据需要开展专门调度。各级行业主管部门要加强资金政策落实情况跟踪督促和调研，及时发现问题、督促整改，推动不断改进工作，确保衔接资金效益和项目成效。

（四）抓细政策落实工作。省级财政和相关行业主管部门要根据本意见精神，结合本地实际情况，进一步细化政策和工作要求，全面加强衔接资金使用管理政策培训，确保有序推进巩固拓展脱贫攻坚成果同乡村振兴有效衔接各项工作。各地要按照"三个区分开来"的要求，在衔接资金支持产业发展中落实好容错纠错机制，鼓励干部干事创业、担当作为，坚决守住不发生规模性返贫底线，推动乡村振兴不断开创新局面。

财政部

农业农村部

国家乡村振兴局

国家发展改革委

国家民委

国家林草局

2022 年 2 月 24 日